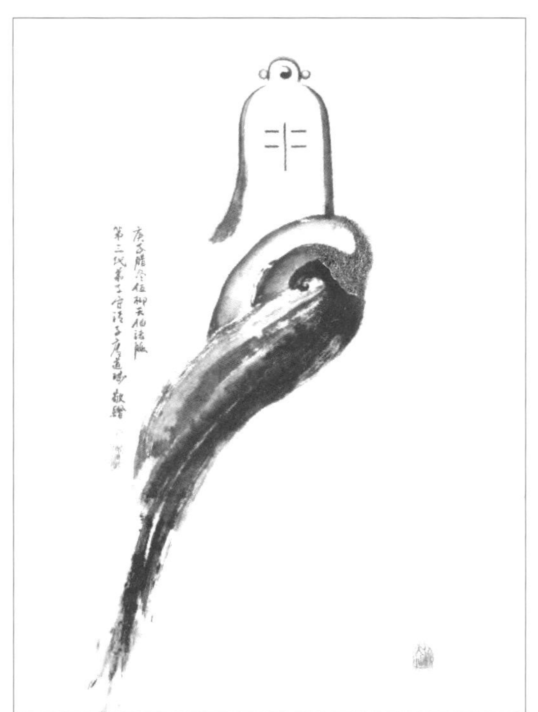

本无乾坤与坎离　一气流行天地场

塞破虚空都是我　未曾洗脸换衣裳

悟道

《道德经》身解

存诚子／著

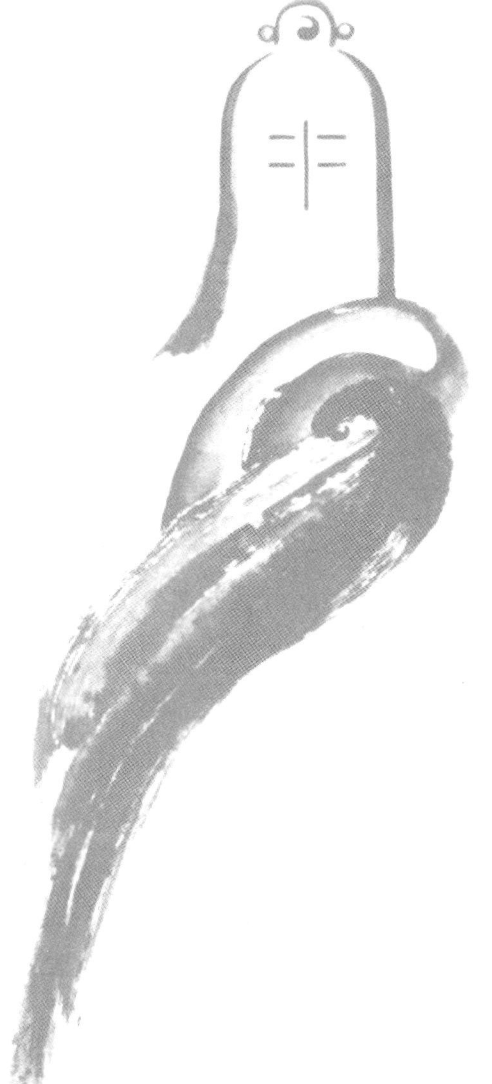

孔子（公元前 551 ～前 479 年）见老子归而谓弟子曰：“鸟，吾知其能飞；鱼，吾知其能游；兽，吾知其能走。走者可以为网，游者可以为纶，飞者可以为矰，至于龙，吾不能知，其乘风云而上天。吾今日见老子，其犹龙邪！”

庄子（约公元前 369 ～前 286 年）：“关尹、老聃乎，古之博大真人哉！”

曾庆余

道号存诚子，1937 年出生，现年 86 岁。先生自幼酷爱传统文化，特别是道家内丹修炼，中年幸得伍柳天仙法脉的传承。因为几十年的身体体验学习法，对老子《道德经》长生久视之道别具慧眼，并在真修实证中加以印证，深刻体悟到《道德经》各篇所表内容的身体修炼真髓，从而指导当代人以身体去真修实证。先生此次特别加以信解、道解、诗颂、画赞等方式，以诠解这部《道德经》，是当前提倡不用识神去理解，而是用身体去体验《道德经》的第一书。

序　一

后天器用，具体之道

朱子说："道犹路也。"路——有脚就有路。道——是通向人生究竟境界的唯一之路，一条心悟之道。故而有诗赞曰：道犹路也通天路，一条心路各自悟。鸿蒙未判悬太空，天地辟后在何处？——参！

《道德经》开篇明义第一章："道；可道；非常道。"可见老子之道是一分为二的：形而上无体的不可尽言之"常道"——真常之道、无极之道○，与形而下具体的器用之道，可以尽言之"非常道"——非真常之道的平常之道，阴阳大化之道的太极之道⊙！

道不虚生，名不虚拟，道以言表，以字解道。形而下可以尽言的具体之道——阴阳大化之道、太极之道的这个"道"字，由"首"字与"辶"组合而成。"首"字的初两点非两点，古写较平，为阴爻"- -"之义，下一横乃阳爻"—"之意。阴爻"- -"之气重浊常下降，阳爻"—"之气清轻宜上升，阴与阳二气在天地之间两相交媾而成"地天泰"卦——地天泰、万物生，阴阳交媾而生生不息！

下面的"自"字是一个太极图⊙——"生态量子场"，表形而下宇宙阴阳二气（炁、氣）自相交媾、自孕自育、自然演化之机。

"辶"表述阴阳二气交媾孕育运转变化的轨迹——"天行健"！

道生一——先天无极之道〇化生为元始祖炁之“一”、浑元一炁之“道炁”，在宇宙之间流行不息！

一生二——元始祖炁、浑元一炁之“道炁”化生阴阳二气（先天祖炁、后天元氣）。

二生三——“三为造化”（吕祖）、“三为器”（静虚子），把二者组合起来就是“三”为“造化之器”，众妙之门，把“二”生万物——阴阳交媾、生生不息化生万物的可能性，转变成具体的现实性，从而化生出天地万物，宇宙从此就热闹起来了！

有人说按照《易经》：“乾资大始，坤作成物”“阳先动，阴后随”的原理，认为形而下后天器用之道，应该把阳摆在前面，宜称“阳阴大化之道”，而不应该是“阴阳大化之道”。

吾人需知，汉字构型依据的是阴阳二气的八卦、五行之生克制化原则，所以只能是“阴在前”的阴阳大化之道。

如果坚持阳在前——阳爻在上，阴爻在下，那就成了“天地否”卦，阴阳相背：阳爻之气不断上升，阴爻之气不断下沉，二气相悖而行不再交媾，其结果必然是阴阳决绝，不化不生，死气沉沉，长冬无春，万物灭，宇宙毁！

形而下后天器用之道、太极之道的具体之“道”，只能是阴在前——阴在上、地天泰的阴阳大化之道！

诗曰：阴爻在上阳爻下，地天相交成泰卦。
二气相冲又相恋，自本自根自造化。

存诚子

序　二

天道人道，本来一道

一、人天合一　天人一体

宇宙是以性、命为中心的。人类个体生命系宇宙性命的杰作——天之骄子，由过去世经历现在世而流向未来世！

人人憧憬未来，未来风光怎样？

人类既是宇宙的杰作，也是未来的主角。未来人类的品位怎样，未来的宇宙就会怎样！无论宇宙怎样千变万化，总离不开它的中心——人类！

古人曰：凡人之心一正，则天地之心亦正；凡人之气一顺，则天地之气亦顺。

“三界唯心”“境由心造”。宇宙未来的风光到底怎样，咸决定于吾人现在身心的“境界”与“层次”究竟怎样！

以黄帝、老子为代表的中华传统道家仙宗性命双修深根固蒂的长生久视之道，是甚深层次的人类大生命学——生命学、生生学、生死学与升华学——宇宙性命之学，人类学问之最的人天合一、天人一体“绝学”！它全面地追索了宇宙伟大的物质存在和同样伟大的精神存在，人类个体生命的昨天、今天与明天——众生生命的来龙与去脉，以及人类如何实现性命双修、长生久视、开智生慧、向上升华，主动进化成为天地之“真善美”之人，和造就未来宇宙的理想境界！

黄帝、老子性命双修的寿敝天地、长生久视之道，也就是中华传统道家仙宗的养生大道，它既关心我们的身，更关心我们的心——心身并重。其终极目标则是使人们心身互化，向上升华，主动进化成为天地“宇标”之“真善美”人：具百病难侵的金刚不坏之体，有济世度人的博大胸怀，成超越生死、自主性命的“逍遥神仙”，从而获得生命的大自由，而享大自在——身自在，心自在，业自在，无不自在！

我们现实宇宙结构是多层次的，其最高层次为生命现象。而人类生命现象则为宇宙生命现象的中心或“基因”，这个基因的“品位”与“质量”，既影响着人类自身这一物种的未来，也影响着人类赖以生存的宇宙的未来。

佛家认为，“三界唯心”“境由心造”，宇宙的运化看似自然的，但也受到现实人类生存活动的严重影响，它随宇宙众生“共业”、精神意识能量运作的惯性之牵引而发生变化。

“业力不灭，万法实有”是宇宙不朽的精神（乾、阳）与不灭的物质（坤、阴）阴阳和合，创生了并丰富着我们的大千世界。其中精神是主导——“乾资大始”，物质为基础——“坤作成物”，二者不可偏废。未来的人类倘能在更高层面上返璞归真，回归生命的元真本性，普遍遵道而行、替天行道，积功累德的人众多，产生的善业浓厚、正能量强盛，宇宙就能光辉灿烂，宇宙就是天堂，我们人类就共享仙福与天趣。反之亦然，人类未来如果仍然是这样物欲泛滥、精神堕落，而且不可收拾，不善的人愈来愈多，导致恶业浓厚，负能量盛，宇宙就破败坏损，天堂遂化为苦海，我们就只得共饮苦酒！

造就宇宙的未来成为天堂或是苦海，其权柄咸操于人我自身！

我们是承前启后的一代，肩负的责任真是任重道远！是把黄帝、老子的传统真善美之道继承下来并发扬光大，成为中华传统民族精神的甚肖子孙，还是任物欲泛滥而醉生梦死，在烦恼河中随波逐流，管它触礁或翻船，见到阎王老子再流泪——二者必居其一！

“八十老翁可还丹，下手速修来得及！”首先研读老子的《道德经》，从下士转变为中士，并争取升迁至上士，以重铸性命，再造乾坤！

二、一法生起　万法响应

人应该是天地人关系的综合，有着演不完的人间悲喜剧，你方唱罢我登场，我们既是演员，又是观众，曲终人散，各奔西东。

人这个生命体由虚在的精神结构“神识”与显在的物质肉身因缘和合而成，负阴而抱阳，冲气以为和。具体到一个人的出生、成长，除了我们内在的“业识亲因”之外，还需要众多的“外缘”与冲和气机齐备，才得以成为一个堂堂正正的人。第一条助缘当然是我们的父母（还有他们的父母……父母，及其各种关联）。出生之时离不开医院的医生、护士。以后的衣食住行，又要依赖农民、工人。受教育时，还要仰仗同学、老师……（包括他们的各种关联）。还有天上的阳光雨露，地上的花鸟鱼虫，为了一个小小的“我”得以出生、成长，其直接、间接的关联真是密如蛛网！“纵观无穷，横观无尽”，吾人不过区区七尺，沧海一粟，渺小得很，具有何德何能，受到如此的恩宠？为了我的出生、长大、成熟，无数的他人和部门都为我辛苦、贡献——人人为我！现在我已长大，我已成熟，不能忘怀他人施予我众多的恩惠，我要充分发掘自身的聪明才智和潜能，向他们学习，以他们为榜样，感恩戴德，投桃报李，去“我为人人”，绝不能成为一个忘恩负义的小人！

确实也有一些忘恩负义、鼠目寸光、利欲熏心、以怨报德的愚痴小人，他们数典忘祖、胡作非为，乃至作奸犯科，做出种种伤天害理的丑事、恶行，而且执迷不悟。对此，连杀人魔王张献忠都看不惯，挥动宝剑怒斥：天生万物以养人，人无一德以报天——该死！杀杀杀杀杀杀杀！杀成一块“七杀碑”，以警世人（据说至今犹存于四川某个公园）。

“一法生起，万法响应”“人人为我，我为人人”；人我正常关系的基本辩证法则，也是人类起码“应知应会”的生活准则。所以我们应该尊天敬地，友人爱物，爱护大自然，爱护我们周围的一切，做一个知恩报恩、以德报德，有觉悟、有远见、有抱负、有决心，自利利他、自觉觉他的大智慧者与大慈悲者，不枉来此人世间一遭，不负“人”这个光荣的称号！

三、八字金诀

古人说：仰止唯圣贤，完成在人格。人成圣贤成，是名真现实。吾人来此人间世界，意欲何为？——重铸性命，再立乾坤！

首先，逐步开发人体自我的各层次潜能，并充分发挥其道用，使之成为一个有理想、有抱负的高尚之人，一个脱离了低级物质趣味之人，一个具有高尚情操、有益于人类及宇宙之人，从而画上圆满生命的半个句号。然后，起心动念皆善念四射，以己之能去“我为人人”，积功累德，共同升华，以期为宇宙的“天行健”贡献正能量而达人天双赢，补画上圆满生命的另半个句号，从而获得生命的大圆满。如此而已，岂有他哉！

“万里之行，始于足下”“天下大事作于细”“高以下为基”——积功累德为基！首先积有利于自我健康成长的微德为小德，再积小德为有利于他人健康及社会进步的中德、大德，乃至德被人间、宇宙的玄玄之德！

积功累德要有扎实的筑基功夫，或八字金诀：首先做好本职工作！如果连本职工作都做不好，就不要侈谈什么行善积德！吾人真要积功累德，并不断向上升华，还是那句老话：首先搞好本职工作！

存诚子曾庆余 2021.02 于成都存诚斋

目 录

导 论

道德经身解

子之道尽在于此。其余五千余言，皆系围着本章之进一步的讲述和展开。

先天虚灵之“道”乃“绝对真理”，是“变动不居，周流六虚”的，故难以名状。可名者皆后天“相对真理”之“德”，可见虚名之不足尚也。老子在本章教导我们，在人生后天之德的道用之中，对天地万物的认识须两面齐观，以把握阴阳，行于中道，效法自然，方为上智。

老子将天地自然之法则，引申、应用于人世间的治世之道；也阐释了上一章“处无为之事，行不言之教”的圣人之治。

“为无为，则无不治”的用而不用之大用，以表谦冲之道用之不盈、不尽。

天地生万物，自然而生，生而又灭，亦自然而然。天地不特别偏爱某物，也不嫌弃某物。

天地人物的性命表现，均存在于一动一静之间，要善加把握、运用，才能自主性命而生生不息。

言天地以不为自我而生，故能长生。圣人效之常忘其身，而能身存。

本章讲“道体”。了知宇宙道化之大规律，无须妄为，须要为时，时时处处皆彰显“道”的妙用。侯王们倘能守此无为之道，顺势而为，万物亦将自化。

本章开始讲德——道之用；道之成果及其效用。老子崇尚上古时代的上品道德，故去彼取此。

本章所讲的“一”，乃大道“孕育生机”“成竹在胸”，准备大干一场而生起天地万物时的“第一个”举动“一”，太极造化之神机，宇宙运化的元动力——冲和气机。当你“心念专一”不再胡思乱想、进入虚极静笃境界之时，即可体悟这个道的复制品、造化神机“一”之妙谛。

常深入静定。弱者道之用，应为“虚”者道之用！器贵实用，道贵虚用。

儒曰，人皆可以为尧舜；道言，个个皆系道种。老子在本章对此进行了充分的阐述。

本章讲的是宇宙及天地万物演化经，大道为体，冲和气机为用，

导论

一、东方圣哲

——老子和他的《道德经》

不知老天是有意或是无意，在两千五百年前让一大群圣哲“下凡”来到人间，如群星灿烂，散布在地球村的东西两端。圣哲们播撒智慧种子，扫除愚昧迷信，指示人生真谛，追索终极真理。为了让智慧之花开遍人间，了却这一大事因缘，他们甚至不惜以身殉道——伟大的圣哲！

西方——在欧洲中心论者眼中仍然是东方——圣哲如德莫克里特、苏格拉底、柏拉图、亚里士多德…… 高瞻远瞩，精思入神，拨乱反正，直探本原——物质的本原与精神的本原。他们发现“一切皆流，无物常住”，与东方孔夫子“逝者如斯夫，不舍昼夜”相呼应。哲人窦可里士指出，在自然界存在着两种对立的力量——精神的力量与物质的力量——西哲们的太极思维萌芽。精神的力量也一分为二：爱和恨——“爱”使物质聚合，而“恨”使它们分散。

东方传统哲学分为西天佛家的“慧眼”之学，与东土医、道、仙诸家的“天眼”绝学。两家都属“一目了然”的“道眼”系统，能够透视虚实，洞晓阴阳，天人一体，深参造化，承先后天一脉，纳精气神一体，涵天地人一统，了知阴阳结构是形而下后天具体宇宙的根本结构——最初结构与最终结构，是大宇宙结构总纲的 XY 轴，天地万物不过是 XY 轴诸象限中的无量节点与网眼。形而下具体宇宙本身以及天地万物之间，阴阳之互化，虚实之互变，乃一气之往来——精气之聚散。

“万物自得以道，宇宙统一于气”——天上天下，唯“气”独尊！

“道自虚无生一气，便从一气产阴阳。”阴（物质）也是道，阳（精神）也是道，天地万物两家抱。

“万物负阴而抱阳，冲气以为和。”我们不可以去此取彼或去彼取此，执其一端而自生障碍，否则会犯片面、偏激的错误而离开中正之道。

东方哲学与众不同之处在于，它们特别着重探索了人类生命的后天现象，与先天生命本元之间密不可分的大辩证关系，以及人类个体生命可以全面开发自身本有的各层次潜能，而自修、自省、自证、自悟，从而彻底认知心与身——心与物之间相互促进，最终达到“心物一体”“心能转物”而超越物我，主动进化成为“宇标”之“完人”：作佛——悟觉宇宙、人生究竟真谛而获大解脱；成仙——自组自己生命密码、超越生死而得大自由！

（一）孔子之道与老子之道

相传孔子曾经问道于老子。老子把嘴一张，“老太太打哈欠”——一望无牙：牙齿既坚且强，然而最先掉落；舌头既柔又顺，至今舒卷自如。

老子主张知其白、守其黑，知其雄、守其雌；“上善若水”，柔弱胜刚强；主张不争，天下莫之与争；无为，才能无不为——大有为。老子深知阴阳互化之理的大辩证法，执自然之道而顺应之。

孔子是现实主义者，喜欢讲人道、仁学，肚子饿了，总得先解决吃饭问题。

老子是理想主义者，总是讲天道、道学，“致虚极，守静笃”，炼气辟谷，争取不食人间烟火。

孔子就人生正面立论，主张积极应世，忙得不得了，没多少时间谈论天性与大道。

老子以人生全面立论，崇尚天道之自为，顺天理而行之可也，其哲理意境高深。

孔子讲事理之显然、当然。

老子讲事理之必然、所以然。

孔子也了解天道："分于道者谓之命，形于一者谓之性……"只是面临的现实问题实在太多，而没有时间多讲。

老子也并非不以仁义为美德，只是担心仁义成，大道废也！

孔子的理想与行动纲领是"修身、齐家、治国、平天下""挽起天河长流水，洗尽甲兵不再用"，以期建成理想的统一的中华礼义之邦、君子之国。

老子痛恨世风之不古，侯王们的打来杀去没完没了，主张"执古之道，以御今之有，能知古始，是为道纪"；不尚贤，世人就不会去争夺功名利禄，人民遂能安居乐业，虽"鸡犬之声相闻，老死不相往来"争赢斗狠。

老子之道是内涵无比丰盛的精神美餐，上自帝王将相，下及黎民百姓，各业各行人士，都可以在里面吸取自己所需的精神食粮而升华、开悟。

老子浑宇宙、人生百味为"一"味——道味。道味无味而又百味俱呈，唯亲尝者方知道味之醇厚：天得"一"以清，地得"一"以宁，神得"一"以灵……万物得"一"以生……道之无味之味，唯践道者能心味之。此无中能生妙有之味深藏于文字相的背后。

"天书无一字，真经本来空。""在此境界中，方知其中味。"

孔子之道与老子之道，表面看来似乎相反，实质一致。从阴阳之道、究竟之理上来看孔、老的思想，相反而又相成，我们不必去此取彼而自生障碍，善养己浩然之气可矣！

（二）伟人与圣人

伟人与圣人都认为：发现一条真理比征服一个帝国更为重要。伟人们的聪明是长于发现适应于当时时空条件下的相对真理。圣人们的智慧则远不止此，他们着重关注的是宇宙及人生的根本问题——大事因缘！古圣们着重关注天道的大用流行，或曰绝对真理、第一义谛！只有透彻认知了究竟真谛、绝对真理，才能够把握相对真理。比如《易经》《道德经》《黄帝内经》……所证得的天理、地理、人理、医理等道理，一经建立便常用而常新，成了长生不老的"婴儿文化"。如大家熟知的中医医理，阴阳、表里、寒热、虚实的八纲辩证，望闻问切的诊治理法，汗吐清补等治疗原则，君臣佐使之药物配方……数千年来一直如此，数千年后仍会如此，可谓数千年一贯制，"任凭病浪起，稳坐元气论"，以不变而应万变！东方圣哲们所开示的究竟真谛的究竟优势，必将继续保持下去！

廿一世纪骑老牛，今人反向古人求——因为古圣慧眼独具，把握住了绝对真理，不受时空制约，因而头头是道，时时在道，此乃绝对真理的绝对优势；否则不能称为圣哲！

（三）理悟与智悟

在认识论方面，持西方机械的、割裂的片面认识论观点者，自分为"唯心论"与"唯物论"两大派别。他们以己机械的眼光、孤立的认识、肤浅的分类，来对中国古代圣哲们贴标签：孔子是唯心主义者，老子是唯物主义者——理由是老子有句名言："道之为物。"

其实老子之"物"并非只是指实在的物质而言，乃是说"道这个东西"的"东西"，它既是物（实象、色法）又是非物（虚相、心法）。道这个东西其大无外，其小无内，迎之不见其首，随之不见其后，它就是这么一个把你弄得恍兮惚兮的东西！物质有这么大的本事吗?

老子一旦看到现代文明的聪明人给他贴的标签之后，一定会哈哈大笑地说：老子既非他们所说的唯心主义，也非唯物主义，老子是“唯道”主义、“唯气”主义——道因气而立，气遵道而行！

老子的方法论也与他们不同，是传统的“唯象”论——观象（实象与虚相）穷理！老子启用了他们也有却不会应用的“第三只眼”——“道眼”“一目了然”地心物齐观，隐显悉察，对宇宙万物的认知是先唯物——唯象，包括隐在的虚相，如道、性、神、元炁、精气、经络、穴位……进行彻参，然后穷理，于以悟证——唯心，之后心物一体、隐显同悉、人天共参，加以透彻地认知，由物悟到心悟，从心悟至理悟，经理悟而智悟，最终提挈天地、把握阴阳、统摄心物而大彻大悟。老子的《道德经》及其他诸圣们的经典，都是这样著作而成——成为万古常青的“婴儿文化”，放之四海而皆准，置之万年亦不易！

我们应当跟着老子的脚印走，“天行健”——和宇宙的运化同步，一步一印地走下去，便可与道为一，与道共运，与天地同寿，与日月齐龄！

笔者借两首诗愿与广大读者共勉：

人生七十古来少，先除少年后除老，中间所剩无多子，又有一半睡着了。

研身心内真学问，做宇宙间妙文章！还天地浩然正气，立功德地球家乡！

二、老子长生久视之道 与生命密码的自我重组

（一）

探索人类个体生命之秘密宇宙及普遍生命之谜的主要有三大家：现代西方科学家、东方传统的佛家与医、道两家。

西方科学家们着重剖析生命体的实体组织结构，其最高成就是发现了人体内存在着“生物钟”或“生命钟”——略似医、道家之“神”、佛家的“识”——和具有遗传功能的大分子脱氧核糖核酸 DNA，及其上面的生命密码结构序。

西方科学家们认为，人体生命过程就是人体“生物钟”对“DNA 上的生命密码进行有序地阅读”。阅读完毕，合上生命之书，我们就寿终正寝——多么悲凉的人类生命前景！

西方科学家们后来又发现，在我们的生命“原声带”上，只有 5%~7% 安排有生命密码，可以活到 80~100 岁，其余 90% 以上竟然是空白的，无任何遗传学意义。科学家们由此推断，如果将生命原声带上的空白部分依序排满生命密码，人类个体生命将有望活到（80~100）/7% = 1142~1428 岁，或（80~100）/5% =1600~2000 岁。

DNA 大分子链能否加以延长？假设可以，我们当然就能够长生不死！活到千秋万岁！

现代生命科学像这样继续深入地研究下去，我们相信它将会对老子的长生久视之道做出更加精彩的科学证明！

能否利用现代科学技术自主编制和安排DNA上的生命密码呢？西方科学家辛苦探索之后慨叹：安排生命密码是上帝的专利，我们凡夫俗子无能为力！

20世纪80年代中国集医、道于一身的一位医生，曾与科学家们合作进行了“道炁”的生命科学试验，对小牛胸腺予以道炁处理，发现在527毫微米处出现了“紫光吸收效应”，这就意味着小牛胸腺DNA上的生命密码遭到了改写！同样的科学试验，这位医生在美国与美方科学家们合作之下，也进行了同样的实验，也收到了同样的效果！美国科学家们大为惊诧：你们中国的道炁真厉害！

在现代科学看来，自主安排自我的生命密码比登天还难！

其实早在两千多年前东方传统道家养生家们，应用自己特有的“内求理法”早已给解决了！“专利技术”也非常简单，就四个字：积功累德！

“睫在眼前长不见，道非身外更何求。”道、佛两家都认为，“身外求法”乃外道行径，终归劳而无功！用不着端着金碗去向外乞讨，还是怀抱《道德经》《黄帝内经》开发自身无尽的潜能吧！做一个中华传统养生学文化的甚肖子孙！

（二）

东方传统生命学与养生学认为，先天的生命本体“天命之性”是不生不灭的，后天的生命现象“生命之神”是变来变去的，生命就是不生不灭的生命本体与有生有灭的生命现象之统一体——生命的大辩证法！故生非真生，生了又灭（变）；灭非真灭，灭了又生——天道好还！所以面对正常的死亡我们无须那么恐惧！我们来此地球村志在开发、修炼、升华自我生命体的结构层次，或建功立业、观光旅游也行；

干累了、游完了，就安排你去大休息一场——暂时“死”去，休息够了再来。所以，“死”无所谓，重要的是如何“生”！要在有生之年生得很有意义，亦即不要稀里糊涂、枯燥无味地虚度此生！

东方先圣们“道眼圆睁”，提挈天地、把握阴阳，早就发现人体生命之“神”、生物钟、俗谓之“灵魂”是迁流不息的，受宇宙因果律的制约：“欲知前生事，今生受者是；欲知来生事，今生作者是。”因此我们也就能够充分发挥自己的主观能动性，主动改造自己的不良习性而归道性，只有自己才能解脱自己、升华自己！求神拜佛没有用——那是庸俗的愚氓行为，仅为得点心理安慰而已。

（三）

人体生命密码的展开、起用，离不开能量流之“气”做后盾！我们积功累德，增添自己DNA上的生命密码，增写了生命的续集，如果没有能量流之“气”作为后盾，仍然没法当下启用！只好迁流到下一期生命中去享用——善人福报！假使在行善积德的同时又能炼气、聚气、用气，而达“神气一体”，本期生命过程就能享用，而不必等待来生——这就是老子固蒂深根、长生久视之道、之理！

美国生物学家海弗里克发现，人体细胞具有自主分裂、自我复制能力，每2.4年更新一代；到了第50代便停止分裂、复制。那么人体正常寿命就应该是2.4×50＝120岁！

那么细胞为什么不愿意继续分裂、复制下去呢?

东方的医、道两家揭穿了这个谜底：气竭数尽！

气——生命能量流；数——道的复制品、特定的生命密码结构序，或曰阴阳五行数理神机。当一个生命程序运转完毕，生命能之“气”已经用尽，细胞即使想继续分裂、复制，也因无“能（气）”为力而不得不停止工作——人焉得不死！

要想不死也很容易，只能虚心求教于道家仙宗养生家们！按钟离、吕祖制定的“三成全法”进行修持：“炼精生真炁，炼炁化阳神，炼神合大道”，达人天合一、天人一体，把个人的滴水之命“炁”融入浩瀚的性海“道”中，如此则生命能之“炁”就会永不穷竭，就能超越阴阳五行而自主性命，从此命不得而拘之，数不得而限之，来去自由，长生久视！

（四）

古圣真人，言不苟发，论不虚生，以免贻误后人。

大江西派宗师李涵虚自己多次谈到，他在峨眉山同吕祖、丰师相遇，传其法诀，嘱其著书。在他整理的《三丰全集》及诗稿中，有多首是他与丰师、吕祖……诸位仙人的相互唱合；二位祖师分别比他年长五百余岁和千余岁，以仙道看则无须大惊小怪！

清代的柳华阳禅师，在他的《慧命经》自序中写道：“因自叹曰：人生难得，遂此虚度乎？忽发一念，于每夕二鼓，五体投地，盟誓，虔扣上苍，务求必得。阅即半载，幸遇合洪（笔者注：应为壶云）、冲虚二师传余秘旨。豁然通悟。”伍、柳二人彼此相距一百六十余年，在仙道来说本不算什么，还是遭到一些人非议。赵避尘在他的《性命法诀明指》一书中叙述到华阳禅师多次“聚则成形”度化他一个姓李的弟子，按世寿当时华阳禅师一百八十多岁了。吾师静虚子先生确知“寻法觅师问正传，不得真诀难成仙”，便矢志乞求上天，切望已经功成的上仙传他天仙正法！得传吕祖“三成丹法”全诀、全法后，开始整理《伍柳仙宗》以冀供后贤参学。静虚子先生经过十多年的真修实证及资料的校刊、标点，终于在 2007 年出版了《伍柳天仙法脉》。

（五）

“读尽丹书千万篇，末后一段无人传。”直到柳华阳禅师大发慈悲，才传出丹道修持者们望眼欲穿的这末后一段。《伍柳天仙法脉》[①] 中有具体描述：

一轮金光，本是我所有之灵物，取而归之，为化形之妙药。

（自注）且出定之初，万物不可著。只候身中一轮金光现于空中，将法身近于光前，以法聚光，取于法身内，遂即法身入于凡身。久久乳汁，则凡身立可化气也。此即万古不泄之天机，今则泄矣。

历代宗师们的经典著作已大量出版，给我们指明了回家的路，构筑了登天之梯，我们应当拾级而上，回到生命本元之家，去参谒乾父坤母，亲领无何有乡的本地风光而超凡入圣。然后再超圣入凡，普度众生，在济世度人中获得自度！

诗曰：盛世难逢今已逢，中土难生今已生，正法难闻今已闻，顺随道风度此身！

天无弃物与弃人，如有弃人系自弃。自助师助天亦助，天人合助成道器。

① 静虚子著：《伍柳天仙法脉修持指要》，华夏出版社 2015 年版。

三、太极图
——宇宙道德文化的始点与终点

盘古魂魄　天地初心

无言之言　可道之道

太极混沌之炁，阴阳互化之道，乃形而下具体宇宙的具体真理。它下化天地万物，上皈无极之道，处于形而上下间；它就是形而下后天具体宇宙之无言之言，可道之道，盘古魂魄，天地初心。也就是修真证道者们苦苦追寻的明心见性之性，超凡入圣之圣，本来面目，天地初心。

（一）阴阳结构乃宇宙万物的根本结构
——最初结构与最终结构

道炁一体，无极而太极。静为无极，先天道体，无为而无不为；

动即太极，后天道用，有为而有以为。无极乃本寂之体，天命之性；太极为本智之用，生命之神——天命元神！道之代表或特派员！

万物归类于五行，五行衍源于阴阳，阴阳合抱于太极，太极肇始于无极——无极本无〇，太极始有⊙。

太极阴阳，名殊体同。太极乃具体宇宙全息大统一的象征，后天形而下道之代表；“天下万物生于有”——生于太极。阴阳为宇宙结构总纲的XY轴，万物即诸象限中的无尽网眼或节点。古哲们对此深不可测、奥不可议、妙不可言之形而上下之道，勉强以可测、可议、可言的太极图（体）来形象之、图解之：纳千言万语于不语之中，含千义万理于一理之内，集千经万典于一典之下，状千物万体于一体之构，聚千征万象于一象之属，毕千符万图于一图之上，汇千科万学于本学——精气神一体、天地人一统、先后天一脉——性命之学的绝学，以表形而下具体宇宙阴阳大化之道，一分为二又合二为一、既对立复统一的心物大辩证法至理，尽显乾坤交泰、变化万千，化化无穷、生生不息的阴阳演化之机。

形而下具体的道种太极真种子，圆陀陀、光灼灼，先天一点灵光，生生化化与天地终；负阴抱阳，冲炁为用，蕴含大宇的无穷消息。太极真种常处形而上下间，为万物万象未始之始的“元始天尊”：静归无极之道，动化万物之器。

（二）鱼眼也系太极结构

人人皆系一太极，物物各具其太极；“太极中复有太极”——鱼眼亦系太极结构。事如此，物如此，人更如此！向上望，我们为父辈的一个鱼眼，把握阴阳，承先启后；朝下看，鱼眼之中有太极，子又生孙，生生不息——大道繁衍生化之太极圆理。

圆满和谐的太极之家，阴阳相须，神仙伴侣，乾始坤成，元亨利贞。

我们应当遵道而行，沿着理想的太极曲线，一个螺旋接着一个螺旋不断地向上攀升，一直攀向那没有究竟的究竟境界升华而去，超凡入圣，与太上老子共享道果，画上圆满生命的半个句号而获生命的小圆满；然后再超圣入凡，和光同尘，替天行道，入世济人，补画上圆满生命的另半个句号，在济世度人中获得自度，实现生命的大圆满：人人得道，个个成圣——道成佛成，人皆尧舜；与道为一，人天双赢！

如此上乐之道，其乐无穷，何乐而不为之！

正是：死死生生生复死，来来去去去还来，截断去路与来路，生死来去自安排！

四、老子慧学与西方科学之间

东方传统慧眼之学乃不分科的大科学——“一目了然”之道眼学问，或曰心物一体的大一统悟证之学，其中尤重视宇宙生命能——道炁的运动变化之象，包括隐在之虚相，故而能够深参造化，把握阴阳，透识宇宙的绝对真理、第一义谛。

西方现代科学系实证科学，依靠的是肉眼及其延长工具三大镜，在格物致知方面，独领风骚，左右逢源。但一接触活灵灵的生命现象，以及无限丰富的精神现象、更高境界的天命之性，西方科学则满眼都是秘、迷、密、谜。

世间最重要的东西是生命，科学应当将最大的精力集中于探索精神、生命现象方面，如东方佛家的慧眼与道家的天眼的悟证之学。然而西方的实证科学却弃伟大的精神、生命科学而少顾，把它们推给了神学家、宗教学家，将其物力、财力、人力贯注于浅层次的物质领域。

这也难怪，凡接触精神、生命现象领域，现代实证科学就眼花缭乱，莫知所措，注定它只能在浅层次的物质世界里去认知某些相对真理，为绝对真理增添“例证、促进和精确化”而添砖加瓦。反之亦然，现代科学家们如能启用中间那只“慧目”“道眼”，对宇宙事物能正反齐观、虚实共参而认识绝对真理，就更容易地把握相对真理。

东方的圣哲们之所以成为圣哲，是他们都毫无例外地独具“慧目”“道眼”，能够透彻认知宇宙及宇宙万物的来龙去脉，正反两端，虚实两面，心物齐观，而行于中道，故而所获结果都是绝对真理、第一义谛，放之四海而皆准，置之万年亦不易，形成独一无二的“婴儿文化”，日久愈新！其典型中之典型就是《黄帝内经》和《道德经》两部传世经典！

在对司空见惯的生命现象的认知方面，古哲们启开慧目、道眼，虚实皆观，质能共参，把自体当作被认知、研究的客体，同时自我又是进行认知的主体，主客一致地自己解剖自己、认知自己——认知活的生命过程。由于没有仪器作中介，因而不会产生曲解，从而能够清晰地认知活灵灵生命物质结构之“精”，以及在生命物质间运化不息的生命能之“气”，如“脾黄、肝青、肺白……”生命能“气”的形态及其色彩，并进一步认知到令生命能之“气”运行有序的主宰、生命之“神”——与现代生命科学之“生物钟”略近其义。高推圣境，直入先天，还可悟知到为生命之“神”编制吾人生命元码的天命之“性”——“道生天命之性”、后天生命的先天本源。所有这些奥妙的生命层次，西方生命科学可能连猜都没法猜——到现在为止，它们仅能测到反宇宙、反能量、反物质或曰隐秩序、暗物质、暗能量、黑洞、白洞……皆不敢涉及奥妙的精神与生命世界。

就人们熟知的中医学而论，在掌握了究竟真谛、阴阳大化之道的《易经》《黄帝内经》《道德经》的指导下，所建构的中医理法模式，其中的精华核心“精气神”“阴阳”“五行”“生克制化”等生化原理，“望闻问切”“八纲辩证”“辩证论治”等诊治理法，“汗吐清补”“君臣佐使”等治疗原则，一经建立，便是真理，数千年前如此，数千年来如此，数千年后仍将如此：“任凭病浪起，稳坐元气论”；以不变而应万变，整体调治，标本兼治。这就是东方传统文化的绝对优势。

五、老子道学文化与西方近代文明

（一）老子西行

楼观台诗："经已讲完愿已了，有无相生没玄妙。牛鞭一甩说再见，关外去传德和道。"

老子《道德经》在西方的传播，实际上经历了四个阶段：首先是1275年意大利人马可波罗的中国游记；其次是明清时期来华的传教士，推动了"东学西输"；再次是清末鸦片战争后，国门大开，传教士、学者、商人等涌入中国，同期西方国家也设立汉学，推动了老子思想西进；最后是改革开放，国门再次洞开，同期马王堆帛书《老子》、郭店楚简《老子》等考古新发现，推动了老子研究。西方社会、自然、物理、宇宙等研究结果一再被老子预测到，再加生态危机等因素，世界性的老子热一浪高过一浪。

英国的李约瑟博士从20世纪40年代开始陆续编著出版多卷本《中国科学技术史》，他的著作和观点使人们耳目一新，所以我们得以重新认识中国的道家和道教文化。

传教士时期，特别是正在兴起的启蒙运动时期，欧洲传教士们为了成功地在华传教，积极从中国的典籍中寻找《圣经》教义的依据，对中国典籍进行了与基督教的比较研究，从而推动了道家思想的传播。进一步发现儒家学说的封闭性和老子学说的普适性，才开始将目光转向《道德经》，并视其为东方智慧的泉源。

法国的传教士在此充当主流，积极翻译了《四书五经》及《道德经》等经典，还在华鼓动出了一个“《旧约》索隐派（Figurisis）”曾在欧洲流行一时。其核心思想是用中国历史来验证《旧约圣经》的可靠性，核心问题是：中国的上帝、中国的起源、文明的时代（即伏羲即位应比《旧约》挪亚洪水发生的年代迟）、美德根植于宗教、信仰源于基督等。真是得来全不费工夫，《道德经》中关于“天下之母”“人类之始”“天地之源”的道，以及《易经》中能生万物的太极，不就是造物主基督吗？

“索隐学派”的开创人物白晋[①]，于1698年自法国返回中国，此后半生皆致力于对中国典籍中的象征作深入的探讨。他的理论可以大致归纳为两个方面：一是认为《易经》《老子》及中国古史以“先知预言”表达了基督教教义。二是认为伏羲是将人类最原始宗教传于中国的先知。他曾经长时间研究伏羲的八卦图，惊叹八卦图的数字极其神秘，认为“在八卦中可以看出创世及三位一体的奥秘”。

另一位传教士马约瑟，自认为从《老子》第十四章中发现了上帝耶和华名字：视之不见名曰夷（Yi），听之不闻名曰希（Hsi），抟之不得名曰微（Wei），所以，拉丁文YiHsiWei（雅赫维）等于“夷希微”。法国文豪伏尔泰读了《赵氏孤儿》之后，以此为蓝本创作了一部名为《中国孤儿》的悲剧在巴黎上演，轰动了法国和欧洲。

“索隐学派”们的创见，吓坏了罗马教廷，当然不能容忍，因此有些人便退出了基督教。

法国是欧洲的汉学中心，法兰西学院于1814年12月11日设立了欧洲第一个汉学讲座。第一位中文讲席雷慕沙（Jean Pierri Abel Remusat，1788～1832），被视为法国新派汉学之始祖。他称老子的思

① Joachim Bouvet, 1656–1730年，法国传教士，科学院院士。

想与稍后的毕达哥拉斯和柏拉图学派所提出的学说“有不可争辩的共同之处”。他的高徒儒莲（Stanislas Julien，1797～1873）在1842年完成了老师雷慕沙的生前嘱托，出版了全译法文本《道德经》，书名为《关于道和德的书》，参考了至少七种注本，包括河上公、王弼注本，汉学家们公认为最佳译本。

英文译本以自学成才的东方学家亚瑟·韦利（Arthur David Weley，1889~1956）于1934年出版的王弼《老子注》译本最为典型：《道德经及其力量》。

最著名的汉学家，当是毕生研究中国科学技术史的英国人李约瑟博士（1900～1995），自称“名誉道家”，姓李名约瑟，字“丹耀”，号“十宿道士”，又号“胜冗子”；以出版《中国科学技术史》五大卷、发现了道教（家）思想的世界意义而闻名世界，被世界科学家联合会授予“乔治·沙顿奖章”，并被聘担任国际科学史研究院院士，中科院和中国社会科学院名誉教授。他指出：“说道家思想是宗教的和诗人的，诚然不错，但是它至少也同样强烈地是方术的、科学的、民主的，并且在政治上是革命的。”

其他几位如庄子、列子、抱朴子等的著作，也被陆续翻译成西文。

德国虽是汉学的后起之秀，但德国是欧洲哲学的故乡，老子的思想在德国已经融入了人们的生活之中，《道德经》被称为“汉学中的汉学”，在这点上可以说老子故乡的中国远不如德国。《人民日报》海外版曾有一篇题为“老子在一个德国人眼中”的文章中说：“在联邦德国几乎大小书店都有老子著作的翻译本。如果有人要找中国书籍，那么他最先接触到的可能是老子的名著《道德经》。”

作家施特劳斯（1808～1889）、传教士卫礼贤（Richard Wilhelm，1873～1930）分别出版了德译本《道德经》，并一版再版，广泛传播。前者把“道”当作“神”，认为“道”的概念几乎完全符合神的精神。

后者以基督教精神来理解“道”，把“道”当作意识来看待。其他还翻译了《列子·冲虚真经》（1912）、《庄子·南华真经》（1012）、《易经》（1924）、《太乙金华宗旨》（1929）。

荷兰有欧洲最古老的大学——莱顿大学，附设有历史悠久的汉学研究院。现任院长许理和（Erik Zurcher），他说：“《道德经》在西方人眼中，无论从任何西方的思想派别来看，都是最重要的哲学典籍，也最富于中国智慧，或甚至更广泛而言——东方智慧。但其中许多的研究并不完全是哲学性的，例如有些人用福音的语词来解读老子；有些人将老子的‘道’与叔本华的‘世界魂’，或柏格森的‘生命冲力’，或是印度的‘大梵天’相比拟。虽看法各有不同，但都表示对老子《道德经》的重视。最初西方人推崇儒家思想，后转为重视道家。西方人对老子的理解，随着他们对中国观点的变化而变化，而往往只是把老子作为他们的观点的一种外在见证罢了，每一个时代都能利用《老子》作为灵感的泉源。”

俄罗斯汉学家俾丘林，1842 年在《祖国之子》杂志上发表的《老子及其学说》，第一个较系统地译介老子学说，该文认为老子与宗教没有任何关系，后世老子的继承者脱离了老子思想方式，构建新原理，进而创立了道教。

俄国大文豪列夫·托尔斯泰（1828 ~ 1910）从 1877 年起开始阅读和研究老子的著作，并准备翻译《道德经》——后同波波夫一起根据德文译本进行了翻译。1910 年他又出版了自己选编的《中国贤人老子语录》，封面上印有老子骑着青牛的图，就在这本书里，他还写了《论老子学说的真髓》一文。托尔斯泰非常欣赏老子的“道”和“无为”的思想，后来他就把它发展成为“不用暴力抵抗邪恶”的理论。主张用“无为”来对待一切事物。由于托尔斯泰的名望，使《道德经》在俄国得以广泛传播。

（二）西方对老子《道德经》的注译与传播

1997年，克鲁特·沃尔夫教授第四版《西方道教书目》统计，从雷慕沙1823年选译《道德经》起，到1995年德国汉学家汉斯·格奥尔格·穆勒出版马王堆帛书本《道德经》的德译本止，182年间，共有363种外文译本，涉及23种语言。

截至2007年，据中国道教协学统计，《道德经》的外文译本已近500种，涉及30多种语言。

《环球时报》2007年3月22日在“《〈道德经〉风靡欧洲》”一文中说：“几百年来，《道德经》的西文译本总数近500种，涉及17种欧洲文字，在译成外国文字的世界文化名著发行量上，《圣经》排第一，《道德经》高居第二，由此可见老子及其思想在西方受欢迎的程度。”

日本早在7世纪中叶就开始了对《道德经》等道家著作的研究，目前可见各种版本的日文《道德经》典籍多达数百种。

（三）老子成了西方文明的先知

1. 西方的老子热并非偶然

如果我们自己说老子及其《道德经》如何高、如何妙，别人会认为我们是王婆卖瓜——自卖自夸。下面我们就来看看西方人士——大科学家（包括社会学家）们是怎样评介老子及其《道德经》的。

目前，世界性的“老子热”“大道热”，不是出于偶然，而是老子道家文化的真理光辉的现实再现。老子道家文化不仅有着无与伦比的精神力量，亦蕴含着伟大的科学智慧与物质力量，是中华传统文化的源头活水，也是西方文明的源头活水。李约瑟博士认为道家思想具有重大的世界性意义，他说：“老子似乎用惊人的洞察力看透个体的人和整个人类的最终命运。”

老子凭其思想的科学性、统一性、远瞻性，启迪、拓展人们的智力潜能，成为西方文明真正的先知。当西方人陶醉在自由经济创造的巨大财富中时，英国学者指出，其实自由经济思想来源于老子的《道德经》；当人们为系统科学高歌猛进而欢呼时，三位自组织理论大师普利高津、哈肯、托姆都谦虚地承认，他们的研究成果与老子是相通的；当人们走在信息化的高速路上时，其二进制理论发明人莱布尼茨承认，我这个二进制就来源于中国道家；与爱因斯坦齐名的大物理学家玻尔谦虚地说“我不是个理论的创立者，我只是个（道家的）得道者”。当创立互补理论、自足理论、质朴理论、混沌理论、场理论等一批物理宇宙学大师们发现，他们那一套理论，中国的老子2500年前就提出了。

此类事例不胜枚举。当前的生态危机、文明冲突，以及自然哲学、粒子物理、宇宙演化等科学理论进展，都再次证明，老子是预言家，是伟大的先知。

2. 道家学说在社会科学及政治经济学中的应用

道家理论在中国古代政治史上有过短暂的辉煌，与此相反，老子所倡导的“无为而治”理念，在西方世界却一再得到发扬光大，许多学者从不同的角度阐述了道家“无为而无不为”的神奇效果，如魁奈的重农经济学论证了自然法则是财富之源；亚当·斯密的《国富论》阐述了自由经济是财富之源；萨伊法则论证了自由市场是经济发展之本。洛克的《政府论》阐明了“有限政府”是最好的政府；哈耶克阐述自由是秩序之源。这些作为西方文明奠基石的理论，不仅与道家思想一脉相通，而且大都是受了道家思想的启发，这就更让人扼腕三思了。

美国学者邓正莱（Jarmes A Don）1998年发表《中国的前景：市场社会主义或是市场道家？》一文，指出：“《道德经》就是中国的自由宪章。老子关于天道、自由与无为的思想，跟亚当·斯密一样，既是道德的，又是实用的；说它是道德的，是因为它建立在美德基础上；说它是实用的，因为它能导向繁荣。按照天道所演化的秩序就是哈耶克所阐发的那种自发秩序。”他又说，天道思想，一传到西方，也很快得到了西方自由主义者的高度认同。许多西方的古典自由主义对老子和天道思想十分推崇，并把天道思想视为人类共同的自由大传统的一个重要组成部分。包雅士的《古典自由主义精粹》一书中，称老子是古典自由主义第一人。

“冲开脑门一只眼，阴阳虚实一串穿”，再加上左右两只肉眼及其延长工具三大镜，我们就能够对宇宙万物、万事进行正反齐观，洞察隐显，把握阴阳，而深参造化，对宇宙万物的成、住、坏、空，对人类生命的生、长、化、藏……皆能“一目了然”——不但知其然，而且知其所以然，从而掌握真理。“宇宙在乎手，万化生乎身”，还可以改造现有相对真理的缺陷，使之更加完善，从而推动宇宙万物的运化循着自然规律滚滚向前——天行健！如此这般，我们也就没白来这人世间一番！

道德经身解

研身心内真学问　做宇宙间妙文章

仔细研读《道德经》所讲的八十一章，老子最期望的读者是那些侯王们——“域中有四大，王居其一焉”。希望他们修道、悟道，遵道而行，回归到无为而治的上古“道治”时代，从而根本熄灭春秋无义战的战火，使人民得以永久地安居乐业，虽“鸡犬之声相闻，老死不相往来”争赢斗狠！

老子还特辟几章，专门讲授了天地万物生化之理，固蒂深根之法，长生久视之道，入手兴功之基，登堂入室之阶……看似短短五千余言的《道德经》，其内容浩瀚深邃无与伦比，实乃人、神、鬼、仙争相共餐之精神大宴，享之不尽、受之不完。

正是：师传虽一悟有别——悟解有别是非生！即使是同一师门弟子，修持门中亦见凡圣之差，因而导致注解蜂起，两千年来各是其是，各非其非。信解方面，憨山大和尚的解读值得重视，也是笔者简要译释《道德经》的主要参考文献之一。

道家认为“身国同构”：精气神一体，神如君，气如民，精如财；君良则国治，民聚则国强……治国之道亦治身之道。

“善言入耳，永为道根。”老子《道德经》之五千善言，上可以用于治国，近可以用于治身——就治身、道解方面，从古以来议之甚多，唯吕祖、黄元吉真人解读得颇为精切，可供真修行人参读。

正是：道法大海信能入，灵台即是楼观台。放松身心虚且静，静听老子讲经来！

第一章　大道体用

题示：

秦汉以前，诸子百家共奉一道。形而上先天无体、无极〇的恍惚之道与形而上下间太极道，后天阴阳大化之道。

无极而太极——太极处于形而上下间，上归无体的无极之道，下化具体的后天阴阳、器用之物。

形而上、下间的不可尽道之"道"，按古人的论述约有以下几个意义：（一）宇宙先天元生态的"太和元气"是也：自然而然，自由自在，无遮无拦，无挂无碍，涅槃寂静的"一真法界"，宇宙本来面目的清凉世界；（二）宇宙"真宰"：大道真宰指挥宇宙太和元气化而为"元始祖气"，生出天地万物，独让地球村山青水秀、人类繁衍，在两千五百年前，"宇宙真宰"令东、西两方空降一大批圣贤，对打杀不休的愚氓们进行教育启发，号召大家和谐共处；（三）朱子曰："道犹路也。"然有脚就有路；而"道"则是通向宇宙究竟境界的唯一之路——心悟之路；（四）"离有离无，即有即无之谓道"的不可言说的"常名大道"，或曰无极〇；（五）宇宙"心物一元"互生互化的普遍规律——天地运化的大法则、总规律；（六）人们行为举止的准则——盗亦有道。

可以再加一个（七）道家仙宗养生之道的金丹大道——超越生死、自主性命之道！

就具体修道而言，本章既言道之体用，也讲了入道功夫。老子之道尽在于此。其余五千余言，皆系围着本章之进一步的讲述和展开。

道（无极〇）；可道（太极⊙）；非常道（器，不道）。

名（强名）；可名（道气）；非常名（器、物）。

无名（无极〇）天地之始，有名（太极⊙）万物之母。（以上言道之体、用）。

故常无欲（静、虚）以观其妙（生化）。

常有欲（妄、动）以观其徼（边界；关窍）。（言入道功夫）。

此两者同出而异名，同谓之玄（奥、妙）。

玄之又玄，众妙之门（道门）。

道（无极〇）；**可道**（太极⊙）；**非常道**（器，不道）。

【曾解】

诗曰：道犹路也通天路，一条心路各自悟。鸿蒙未判悬太空，天地辟后在何处？

老子在《道德经》里把“道”划分为三种状态，三个层次。第一个层次之“道”，形而上不可尽言之道，万物本元、未始之始的无极之道〇，宇宙元生态之常名大道“太和元气”，或曰“绝对真理”，大道之体——宇宙的“大脑”。

第二个层次之“道”，可以强言的形而上、下间的太极之道⊙，阴阳大化之道，亦即“天下万物生于有”的“有”之道；或曰“相对真理”，大道之用——宇宙的“双手”。

凡宇宙之物，有体必有用！故无极为体，太极为用；静为无极（孕），动即太极（育）；无极为宇宙大脑（混沌），太极为宇宙双手（阴阳）；无极而太极，太极归无极；无极即太极，太极亦无极；无极纯先天，太极表后天。

凡是真理都是不生不灭、生灭自在的，皆可称之为“常道”——常名大道！无极本无生，无生则无灭！太极乃宇宙本来面目——真种子；后天宇宙劫运有坏，太极真种子不坏！

第三个层次之“道”，形而下器用之道，一生一灭之道，亦即“物壮则老，是为不道”之“道”，故非真常之道——非常道也！

宇宙形而下器用的人、事、物“物壮则老，是为不道”之非常道，一生一灭之道，当其功德圆满，化尽收藏——气竭数尽，则回归形而上真常之道的太极、无极之道。

形而下宇宙器物运化，井井有条，万物繁衍，欣欣向荣。谁为主宰？就是从古至今，古今贤圣，都喊“不知道”的那个“道”！老子名之曰“真常之道”——真实而恒常不变的常名大道，我们宇宙的真宰；或曰第一义谛！它虚而无形，但灵而有相——无象之相；无象则无名，强名之曰“道”。故而真常之道，可以叫它“道”，也可以不叫它“道”。

形而上虚灵的先天大道，名“道”字“气”⊙号“无极”○，或曰元始天尊。

宇宙静为无极（○体），动即太极（⊙用），动静一如。故天下万物生于有——生于太极⊙，有来自无——来自无极○。或者：万物归类于五行，五行衍元于阴阳，阴阳合抱于太极，太极肇始于无极——无极本无，太极始有。

太极⊙——“宇宙之砖”“干能量、干细胞”。但它是心物一元的“宇宙砖块”“干能量、干细胞”，既是物质“干细胞”，也是精神“干能量”——宇宙“全息坯”；佛家“三界唯心”“万法唯识”之识，与之相似。两家异曲而同工——道佛一家亲；或曰：“道是佛来佛是道，一个孩儿两个抱（刘海蟾真人语）。”

太极⊙之义深也、远也、元也、玄也，不可思议也！——不是不能思议，更不是不准思议，而是思之不及，议之不得，只能像老子、庄子那样，在深深的定境中去慧而悟之、证之！

虚灵的无极之道、宇宙真宰○“元始天尊”的满腹经纶，它不能总是处于先天的本然状态（静、虚），其化生形而下宇宙的通天大志、本智功能在因缘汇聚之时终归是要起用的，无极而太极⊙（动、用），化而为一，亦即道生一之“一”，乾坤八卦的第一划——太极混沌之炁元始祖气之“道炁”，在宇宙间流行不已。

故古人曰：“本无乾坤与坎离，一气流行天地间！”

气聚、精生、形成、器具，生出后天的天地万物，及人间万事。万物、万事历经生、长、化、收、藏之后，复又叶落归根——归根复命，回归到太极之家⊙、无极道海○，休息休息，等待新命——天道好还！也就是修道者的“天道轮回”。

这就是老子“至虚极，守静笃”，达人天合一、天人一体之时，在深深的悟境之中，游心于万物发生之初，所观察到的道化万物、万物归道的全过程。

道何以要化生不灭的物质（坤、阴）与不朽的精神（乾、阳），同时又给它们提供生生不息的能量（道炁），以及令阴阳交媾而产生日月星辰、天地万物，和它的杰作、天之骄子“人”……乃至天灾地难、病祸苦痛？

“天意从来高难问！”对此老子未予论述。他的传人庄子给予了说明：六合之外，存而不论！

与老子同时现世的佛祖，也遇到过同样的事情——外道向佛祖提出了十四个宇宙现象的根本问题，佛祖也未予回答，称为十四无记。比如“时间有没有开端？”“宇宙有没有边际？”等。佛祖也只是笑了一下——笑而不答，或者是难以回答之苦笑！

诗曰：日日颂读仍是雾，大道微妙赖心悟；真到若有所悟时，却嫌语言欠工夫。

名（强名）；**可名**（道炁）；**非常名**（器、物）。（以上言道之体，

今言道之用）

【曾解】

诗曰：一气流注宇宙间，化生天地与万物，呼它是啥就叫啥，化尽收藏虚名录。

常名大道〇，无状之状，无象之相，难以名之，强名曰“道”、字“气”、号“无极”。

可名者万物，常名者大道——宇宙元始祖气之“道炁”。

万物有生则有灭，灭则名存而实亡，故可名者非常名也——非常道也。

由此可见，常名曰道、字炁——元始祖气之“道炁”！常言道：“万物来源于道，宇宙统一于炁。”炁化万物，化不易炁。常名“道炁”不生不灭，生灭自在，深入于万物之中——其小无内，独立于天地之表——其大无外，任凭万物、万名怎样变来化去，宇宙元炁自身及其可名、常名之“道炁”则永恒不变。

童心是道：大道道体本平常，像我粗布花衣裳。七嘴八舌议论多，哎呀说坏我的娘！（注：古人曰：道本无言，被人说坏。）（以上言道之体）

无〇名天地之始；有⊙名万物之母。（言道之用）

【曾解】

诗曰：无极之道〇难把捉，万物之母⊙有实凭。高处着眼低处修，不觉修进玄妙门。

“有物混成，先天地生。”“有⊙为众形之始，无〇在元化之先。”无形无相、虚而且灵的宇宙元始祖气之道炁，乃是未有天地万物之先、却能生起天地万物的无始之始的“元天尊”——天尊姓“无”，强名无极；或曰宇宙大统场能——统心物于一体之生命信息能量场。

牛实院士曾经为它取了一个现代名字，曰“生态能量场”——具有生命形态的量子场。

无极而太极。无极虚灵之道化而为太极混沌之气的“道炁”，无形有灵，是能够生起天地万物的始基精微之物，或曰“宇宙干能量、干细胞”的“全息坯”，但它仍然是无象之相，无状之状，天地之始，万物之母，宇宙有始之始的“始天尊”——天尊姓“有”，太极混沌之气的道炁，常处形而上下间，下可化生天地万物，上则回归无极道海。

这位始天尊怀抱无极之道的阴阳数理神机，内蕴大宇无穷消息，来到人世间意欲何为？

诗曰：有是道来无是道，天地万物两个抱。无能生有有还无，有无相生显道妙。

故常无欲（静、虚）**以观其妙**（生化）。（自此以下言入道功夫）

【曾解】

诗曰：丹经道书多假（喻）话，假话背后藏玄机。老子妙道无中有，玄之又玄上天梯。

“至虚极，守静笃，万物并作，吾以观其复。”修真证道，至无思无欲，日久功深，深入静虚、由定而虚，自后天而返先天，“道眼”洞开，大慧生起，道光朗彻，智照无碍，“一念不生全体现”，宇宙的过去、现在、未来，天地六合内外，精神与物质的相资互用……历历显现在“道眼”之前，如此则我们就能游心于万物发生之初，彻观道生一、一生二、二生三、三生万物之微妙的道化过程，以及无中生有之玄，归根复命之奥，有无相生、循环不已之妙——天地万物演化的绝对真理、第一义谛便昭然若揭矣。

诗曰：道本无言法本空，空中走来一灵童。无心拨动没弦琴，声声天籁醒痴聋。

常有欲（妄、动）**以观其徼**（三维世界；关窍）。

【曾解】

诗曰：所可道者道之迹，言夫名非道之真。实中之虚无中有，悟解有别是非生。

常人为习惯所囿，总想表现自己后天的聪明才智和欲望，便不能进入虚极静笃的甚深境界，“道眼”难以开启，只能依靠自我的主观心智之用，其视界被限制在三维之内，其能见度极其有限。即使观察到天地间万事、万物的生、长、化、收、藏，和人类个体的生、老、病、死、亡……也只知其然，而不知其所以然，仅能认知宇宙运化一段时空、节序中的“相对真理”。

诗曰：通天大道只一个，登天路标何其多？左道右道都是道，走向邪道莫怪我！[①]

此两者同出而异名。

【曾解】

诗曰：太极判而阴阳显，阴阳分兮善恶出。祸福于焉相往来，有人笑兮有人哭。

无思无欲时“道眼”开启而妙观到的宇宙绝对真理，与有作有为时肉眼功能发挥而认识到的宇宙相对真理，同为宇宙真理，皆来自太上老子之道，因以其境界不同致名称各异。

无为而无不为的宇宙绝对真理元天尊，和有为而有以为的宇宙相对真理始天尊，同为天地构成、万物演化、生命繁衍的元始天尊，两者相互依存，彼此互为其根，并同根于道——出而异名。

诗曰：仰之弥高钻弥深，韦编三绝读道经。豁然心领神会时，顽铁有望化为金。

---

① 注：古人曰：道本无言，非言不显；言有不达，道无以明。

同谓之玄（奥、妙）。

【曾解】

诗曰：无上天机天已泄，河图洛书太极图。知此道者二三子，道德五千用心读。

有为法相对真理的有欲观微，玄而且妙；无为法绝对真理的无欲观妙，妙而且玄；两者都叫做“玄”。

“玄”者，原也、源也、元也、道也。相对真理有为法观表象之玄，门外之玄——观的是三维世界之内的玄；绝对真理无为法在门内观玄，道里观玄——观的是天地六合内、外之玄。或曰有为法观的是万物泉源之玄，无为法观的是宇宙本元之玄；所以两者同谓之玄——同谓之道。故而“无”是道来“有”是道，天地万物两家抱。

诗曰：氤氲混元太和气，流行宇宙育群生。天变地变它不变，元天尊兮始天尊。

玄之又玄，众妙之门（道门）。

【曾解】

诗曰：玄之又玄众妙门，入门便把老子寻。他在高高山顶立，我等深深海底行！

“玄之又玄。”——道玄之，德又玄，道成德就、德复归道，玄之又玄；无玄之，有又玄，无中生有、有还归无，玄之又玄；天玄之，地又玄，人居天地之中，把握阴阳，提挈天地，呼吸精气，独立守神，寿敝天地，无有终时，玄之又玄。玄知大道生化，生生不息，引导修真证道者沿着理想的太极弦线，螺旋式不断地向上升华，就能玄入大道之门——众妙之门，回归久违了的道乡，得以欣赏本地风光，拜见乾爹坤娘，汇报自己的立功、立德、立言。

玄不玄？玄！玄！玄！妙不妙？妙！妙！妙！我们一起来修道，

修道悟到玄玄玄，悟道证到妙妙妙；始知：不悟道时妙而玄，悟道之后玄而妙，要知玄妙真消息，除了修道、悟道、证道无别道！

诗曰：大道全凭静中悟；大象得从心死后；大智若愚默如雷，大音希声彻宇宙！

［黄元吉证道解］

下手工夫，在玄关一窍。太上首章即将无名有名、观妙观窍指出，足见修道之要，除此一个玄关窍，余无可进步也。故开头四句，说大道根源，实属无形无状，不可思议穷究。惟天地未开之初，混混沌沌，无可端倪，即如人直养于静时也。天地忽辟之际，静极而动，一觉而醒，即人偵气于动，为炼丹之始基。第此转眼之间，非有智珠（元神真意）慧剑（元气），不能得也。要之，念头起处为玄牝，实为开天辟地之端。自古神仙，无不由此一觉而动之机造成。又曰无欲观妙，有欲观窍，两者一动一静，互为其根，故同出而异名。凡有形象者，可得而思量度卜，若此妙窍，无而有，有而无，实不可以方所名状。纵舌如悬河，亦不能道其一字，所以谓之玄玄。学者亦不有视为杳冥，毫不穷究一个实际下落。果于此寻出的的确确处，在人视为恍惚，在我实有把凭。久之著手生春，头头是道矣。

诗 颂

（一）

老子传道一字：无！须凭真意炼功夫；

全凭无意得功夫；任凭心意用功夫。

（二）

太朴未雕童真体，不假作为显道妙。

一入红尘天真破，难复纯朴风与貌。

炁字诗

泯灭三心现天心，老子一炁化四清。

天地人物从此始，此真真外更无真。

第二章　后天道用

天下皆知美之为美，斯恶（丑）已（矣）；皆知善之为善，斯不善已（矣）。故有无相生，难易相成，长短相形，高下相倾（反复），音声相和，前后相随。是以圣人处无为之事，行不言之教，万物作焉而不辞，生而不有，为而不恃，功成而弗居（恋）。夫唯弗居，是以不去（消失）。

题示：

先天虚灵之“道”乃“绝对真理”，是“变动不居，周流六虚”的，故难以名状。可名者皆后天“相对真理”之“德”，可见虚名之不足尚也。“全德即道！”——无数相对真理之和就是绝对真理！吾人要认知“道”这个绝对真理，只有在后天相对真理“德”之“道用”上去体会，如美与丑、善与恶、有与无、难与易等，溯流而识源，才能了知同出而异名的先、后天之“道”的妙用而能头头是道。

老子在本章教导我们在人生后天之德的道用之中，对天地万物的认识须两面齐观，以把握阴阳，行于中道，效法自然，“处无为之事，行不言之教”，方为上智。

天下皆知美之为美，斯恶（丑）**已**（矣）**；**

【曾解】

大家都知道真善美之美：美就是做高尚、慈善之事！

纯朴之美就是做高尚、慈善之事！说明这时人们的丑恶习惯由来已久。突然有人做了一件高尚、慈善之事，大家都感到很稀奇。

大道圆满，没有二元对立。一落后天德化、器用，分别心一起，美与丑、善与恶就顺势而生，从此生生不息，不可收拾。

皆知善之为善，斯不善已（矣）。

【曾解】

大家都知道什么是真善美之善：做了高尚、慈善之事就称为善举！

有人做了一件高尚慈善之事，受到夸奖，说明这时早已没有与人为善的风气了。现在终于有人做高尚、慈善之事了，大家都感到很高兴。

修真了道，就是从后天之器用层次返还至先天的圆明道境，没有“真善美”对待的“元真”真善美境界。

故有无相生，

【曾解】

后天阴阳德化、器用之道，相反而又相成，乃势之必然，如美与丑，善与恶，有与无，皆是吾人之分别心的发明创造：臭鱼虾，川人嫌而广人爱；麻辣烫，广人惧而川人嗜。

名则有无相生：先是无名的先天之道，化为有名的太极之德，生出名名的天地万物。化尽收藏，名名的万物又弃有名之器而归无名之道——复命归根。如此反复循环——天道好还！

难易相成，

【曾解】

事则难易相成：容易之事不做，久之必积为难事。先把容易做之事尽快地做好，后面的难题就会迎刃而解。

大道至简，大法至易。道因气而立——修道即从补漏筑基，炼精化气下手，呼吸为工，“气气归玄窍，息息任天然”，持之以恒，量变质变，即化难为易，更上一层楼矣！

长短相形，高下相倾（反复）**，音声相和，前后相随。**

【曾解】

宇宙万物、万事，皆系德化之阴阳结构——好事成双！物则长短相形；位则高下相倾；言则音声相和；行则前后相随，你前走，我后随；立正，向后转！我在前，你后随。

修道实践，长短相形——小周天气运任督往来，出入呼吸，后行路长而前行路短。

高下相倾（反复）——进阳火自下而上，退阴符由上而下，反复循环。

音声相和——神融气畅，百脉流通，同声相应，虎啸龙吟。

前后相随——活子时至，阳升于后。活午时至，阴降于前。如此地阴阳交媾，时至功成，玉液还丹，灵丹妙药产矣。

是以圣人处无为之事，行不言之教，

【曾解】

所以圣人以无为——顺其自然之理来处理一切事情。

身教重于言教，圣人事事示范，皆可作为我们的模范和榜样。

“安闲自得长生道，昼夜无声转法论。”率皆大道自然，自然而然。

万物作焉而不辞，生而不有，

【曾解】

天地万物赖道以生，依德而长，道与德之不辞辛劳如此！万物生长壮大，成为可用之材，大道也不把它们据为己有，对它们发号施令。

小周天烹炼完成，任督一通则脏腑百脉无有不通，足以补足吾人数十年来耗损之元气，令虚耗了的坎中之满真个地重新满起来，达龟缩不举而返老还童矣。

为而不恃，功成而弗居（恋）。

【曾解】

圣人做了数不清的好事、善事，而不自以为是，以之作为傲视他人的本钱。就像天道那样，宇宙运化，日月递照，风雨博施，万物繁衍，大功告成，也不以功臣自居。

到此方可谓“筑基”完成——成为“人仙”而返老还童。但也不必骄傲，还有更妙的“地仙”“神仙”……境界在前。这点成就只不过是修道有基，通天有路而已。

夫唯弗居，是以不去。

【曾解】

圣人唯一的是不居功自傲，德就道自立，实至名自归，不居功而功同日月，不矜名而名重古今，所以才能流光万代，和天地同寿，共宇宙同俦！

“药为玉液滋脏腑，丹为金液换骨髓。”小周天玉液还丹完成，强筋健体，后面还有更高健康层次的金液还丹，脱胎换骨的“地仙、神仙”境界，那里风光更加美妙！

［黄元吉证道解］

《易》曰：“一阴一阳之谓道。”是阳非道，阴亦非道，道其在阴阳之间乎！又况道者理也，阴阳者气也。理无气不立，气无理不行。

单言道实无端倪可状，惟即阴阳发见者观之，庶确有实据。此章言无善无美之真，直抉大道根源，望人端本立极，以为修身治世之基。有无易难数句，是教人由有对待之阴阳，返乎真一之气。其中又教人从有无相入处，寻出玄关一窍，为炼丹之本根。至于守中养丹，阳生活子，运转河车，亦无不层层抉破。惟圣人直指其源，故恭己无为，不言而信，虽有生有为，而在己毫无德色。迨至功成告退，视富贵为不足重轻，非圣人孰能与于斯学？学者玩索而有得，非但下手有基，即通天亦有路矣。他注云：天下皆知美善之所以为美善，则自不为恶与不善矣。此讲亦是。但太上之经，多在源头上说，不落二乘。

配画：陈彦雄

诗 颂

（一）

天下皆知美为美，无人不晓善为善；
美善风拂三千年，吹来吹去在纸面。

（二）

生而不有道者怀，为而不恃德者胸；
功成弗居果弗居，才是古道淳德风。

（三）

无极之道难把捉，阴阳相推有实凭。
高处着眼低处修，不觉修进玄妙门。

同气相求

同声相应远亦近，同气相求道为邻。
尽完人道步天道，细论人情与道情。

第三章　虚心实腹

不尚贤，使民不争。不贵难得之货，使民少为盗。不见可欲，使心不乱。是以圣人之治，虚其心，实其腹，弱其志，强其骨，常使民无知（小聪明）无欲，使夫智者不敢为也。

为无为，则无不治。

题示：

本章老子将天地自然之法则，引申、应用于人世间的治世之道；也阐释了上一章“处无为之事，行不言之教”的圣人之治。

不尚贤，使民不争。

【曾解】

上面侯王好贤尚名，下面群臣争端即起；上面不装贤，更不造贤，下面则不争名夺利。

心如君，气如民。心君如果妄想生、欲念多，民气必失却节序而错乱运行。

不贵难得之货，使民少为盗。

【曾解】

上面侯王不看重难以得到的贡品、奢侈品，以免争相效尤，乃至你抢我夺，如此则民间盗贼自然就会减少。

心君能够清心寡欲，民气运化则自然有序。

不见可欲，使心不乱。

【曾解】

在上的统治者不利欲熏心，下面百姓则各安其志，民心不乱。

气行有序，身康体健，“正气存内，邪不可干”。

是以圣人之治，虚其心，实其腹，

【曾解】

所以圣人之治是先治心：在上的侯王们首先断除妄想，端正根本，减少欲望；下面老百姓则食饱喝足，心不妄驰，国富而民安。

圣人治身也是先治心，且实腹。心肾相交，欲念自消，“精神内守，病安从来。”理法则至简至易：虚心以养神，实腹而培气。如古人所云：实腹真常在，虚心道自成。不劳施寸刃，谈笑定乾坤。

弱其志，强其骨，

【曾解】

在上的统治者能清净自正，下面臣民则自绝贪求，凿井而饮，耕田而食，安居乐业，强筋坚骨。

神清则心量广大，欲念日弱；气足则筋骨坚强，敢挑重担。

常使民无知（小聪明）**无欲，使夫智者不敢为也。**

【曾解】

在上的统治者能带头简朴，下面臣民们就不会去追逐声色货利，自然趋于无妄无欲；使那些胡思乱想的所谓智者，也不敢乱动歪脑筋而胆大妄为。

为学日益，为道日损，后天有为知见越少越好，故而聪明人必须装傻，自造一个安静的修道环境，功夫才能迅速上进。把握住此个原则，假聪明的所谓智者，就不敢乱出馊主意也。

为无为，则无不治。

【曾解】

侯王若能体会这些清净自正、无为之道的利益，并按上述要求做到了，也就没有不可治理之事矣。

妙心无为无不为，欲心不起道心圆，大摇大摆地与天，烦恼河边去撑船！

［黄元吉证道解］

道本平常，不矜新颖（旁门），不尚奇异（小术）。如国家尊贤，原是美事，若以此相夸相尚，则贤者固贤，而不肖者亦将饰为贤。甚至贤以否为否，而不肖者又以贤为否，于是争端起矣。彼此互相标榜，迭为党援，而天下自此多事矣。国家理财，亦是常经，而若贵异物，宝远货，则民必梯山航海，冒险履危，不辞跋涉之苦、性命之忧，搜罗而致之朝廷。至求之不得，千方百计，虽奸盗劫夺所不顾也。至于衣服饮食，亦日用之常，而若食必珍羞，衣求锦绣，见可欲而欲之，奢风何日正也？是以圣人内重外轻，必虚心以养神，实腹以养气，令神气打成一片，流行一身之中——条畅融和，苏绵快乐，而志弱矣；且神静如岳，气顺如泉，而骨强矣。常常抱一（孕药），刻刻守中（调药），非独一己无欲无思，即聪明才智之士，亦观感而自化，不敢妄有所为。或曰有为，则纷更致诮；无为则清净贻讥，为不为之间，亦几难矣。讵之顺理而为，非有冒昧以为，有为仍与无为等。所以孔子赞舜曰：无为而治者，其舜也欤？

诗 颂

（一）

圣人之治先治心，治心之要在实腹；
腹实心灵坎离交，肾水充足汞火伏。

（二）

坐破蒲团觅自性，澄清定水现金身。
离苦得乐即得道，息妄休心自达真。

配画：陈彦雄

虚心实腹

弄罢琴弦（调心）吹玉笛（调息），金花吐蕊露珠滴。
同声相应同气求，天涯海角缘数奇。

第四章　道冲不盈

道冲（虚）而用之，或不盈（尽），渊兮似万物之宗（元）。（挫其锐，解其纷，和其光，同其尘）（与第五十六章重复），湛兮似若存。吾不知谁之子，象帝之先。

题示：

承接上一章“为无为，则无不治”的用而不用之大用，以表谦冲之道用之不盈、不尽。

道冲（虚）**而用之，或不盈**（尽），

【曾解】

大道无象之相，虚而且灵，用则浑元一炁，其大无外，充塞于宇宙无极，其小无内，渗入于万物之中，独立于天地之表，昂然于众事之上，虽无形可见，而用则之不盈、不尽。

“道自虚无生一炁，便从一炁产阴阳。”“本无乾坤与坎离，一炁流行天地间。”欲识大道真面，必须重返虚无——后天复返先天，欣赏道乡风光，认识冲虚之道，何以用之不盈、不尽。

渊兮似万物之宗（元）。

【曾解】

虚灵大道的功能渊深难测，育养万物，似乎又为万物之依归——

复命归根之宗。

先天之虚无道境——万物之源，归根之宗，浩浩渊渊，不可穷究。

挫其锐，解其纷，

【曾解】

吾人的刚毅之志，勇悍之气，于修身、治国有碍，当挫去其尖锐之棱角，使之趋于圆融。是非纷争，众口莫辩，我则以“大辩若讷”解之。

人心死而道心生，知见灭而慧见昭。为此则须挫其锐——息事宁人，解其纷——过后放下，方能深入静定。

和其光，同其尘，湛兮似若存。

【曾解】

道者韬光内照，亮而不耀，不分彼此，智而不显，傻而不愚，与众同流。

定而生慧，慧光朗然，复返先天，回到大道之乡，参见本来面目，一尘不染，自然而然。

吾不知谁之子，象帝之先。

【曾解】

虚灵大道，妙用若此，我不知道它从何而来，也不知它是谁家的孩子，好像在有天帝之前它就已经存在了。

丹产珠圆，身内生身的“真身”“阳神”——吾人本来面目，天真烂漫，一丝不挂，瞥然一见，不知是谁家小子：

“你是谁呀？”——“我是你呀！”

“那么我又是谁呀？”——“你是现在的我呀！”

“你越说我越糊涂啦！”——“我就是你不生不灭的‘真我’嘛！在有你以前‘真我’就已经存在了！”

《灵源大道歌》：“借问真人何处来？从前原只在灵台。昔年云雾深遮蔽，今日相逢道眼开。”

正是：不识庐山真面目，只缘我在“我”身中！

［黄元吉证道解］

太上（此段文）将道之体（〇），画个样子与人看，又教体道者欲修大道，先认道源。欲寻道源，先从自家心性中闲邪存诚，自下学循循修之，久则底于神化之域，方知吾心性中有至道之精，常常不离怀抱也。须从静中寻出端倪（无极而太极⊙），用存养省察之功，以保守天真，不以盛气凌人，不以繁冗乱性，即张子所谓解脱人欲之私也。拨开云雾，洞见青天；斩断葛藤，独露真面〇。一旦动与人交，不知有光埋光，在尘混尘，或显才智，或炫功能，抑或现烟霞泉石之身，露清致高标之态，历观往古，惹祸招灾，为大道之害者不少。如汉朝常锢之禁，晋时清流之祸，虽缘小人之奸，亦由己不知明哲保身之道也。人能混俗和光，与世同尘，一若灵芝与众草为伍，凤凰偕群鸟并飞，不闻其香而益香，不见其高而益高。如是藏拙，如是直养，则湛寂真常之道，则恍惚于眉目间，不存而若存，有象而无象。《中庸》云：“上天之载，无声无臭”，至矣！非居帝之先而何？

诗 颂

（一）

独来独往古至今，天上天下道为尊。
觅之不在无不在，和光同尘伴众生。

（二）

明心见性真实性，定而生慧大智慧。
未能证见本面目，自欺欺人非我辈！

配画　陈彦雄

法航横渡

欲海横流觅砥柱，老子道柱自擎天。
德航本是渡人舟，有缘众生自上船。

第五章　守中之道

天地不仁（偏爱），以万物为刍狗。圣人不仁（偏爱），以百姓为刍狗。天地之间，其犹橐龠（风箱）乎？虚而不屈（jué，竭尽），动而愈出。多言数（阴阳五行数理）穷，不如守中（静、虚）。

题示：

天地生万物，自然而生，生而又灭，亦自然而然。天地不特别偏爱某物，也不嫌弃某物。同理，代天行道的圣人、明君，心如天地，明比日月，对万物一视同仁，一切作为，皆自视为理所当为，同样不会去偏袒此物而厌弃彼物，而持中正之道。

天地不仁（偏爱）**，以万物为刍狗。**

【曾解】

先儒曰："仁者，人欲尽净，天理流行，无一毫人为之伪。"又曰："生生之谓仁。"今曰不仁者，乃"上德不德，上仁不仁"之至仁也。至仁无偏心，故曰不仁——"天行有常，不为尧存，不为桀亡"，无偏心之大仁也。令万物各归其所，各得其用，不加干预。宇宙无弃物。刍狗也同万物一样，自有其可用之时、之处，亦即道虽无为，任万物之自为尔。

太和元炁，生养万物，有条不紊曰理；弥纶万有，婉转流通曰炁；理炁合一曰仁——生生之谓仁。欲令吾体之生命元炁生生不息，以疏理经络，滋养脏腑，健强身体，必令五脏六腑四肢百骸，充满元炁，身国才得以气血充足，生生不息。

圣人不仁，以百姓为刍狗。

【曾解】

圣人眼中无亲疏，今曰不仁，乃不私亲某一人之大仁也。

大仁则一视同仁，善人要帮，不善人尤其要助——助他们改过自新而向善，并尽其所能，竭其所用。如草扎的刍狗尚可用之于祭祀，何况人乎！

元炁滋养身国，并不偏重某一脏腑，而是使五脏六腑、四肢百骸之间的功能协调平衡，阴平阳秘，各得其所，各显其用。

天地之间，其犹橐籥（风箱）**乎？**

【曾解】

大道元炁充塞于天地之间，化育万物，无声无臭，它的功德，就像虚而灵用、巧而妙为的皮袋——风箱，其中充满了空气，静而无为，动而起用，不是吗？

无底曰橐，有孔曰籥。中、下丹田之间，好似一个风箱，有玉管沟通，呼吸之气往来其间。然呼吸有后天呼吸与先天呼吸，即凡息与真息。《规中指南》：道者真息的先天之呼吸乃是身中真炁，被息引动，悠悠来往。斯时也，是息动耶？是炁动耶？息动炁亦动，两不分明。息中有气也，故曰真息氤氲；气中有息也，故曰真息橐籥。

虚而不屈（竭尽）**，动而愈出。**

【曾解】

风箱虚时静处，空空如也；动时起用，虎虎生风。

南华真人曰："凡人之息以喉，真人之息以踵。"入手宁心调息，凡人之息至喉而返，仙人之息可入丹田，阖辟橐籥，生生不息。

多言数（阴阳五行数理）**穷，不如守中。**

【曾解】

谚云："是非只为多开口，烦恼皆因强出头。"夸夸其谈，喋喋不休，辩红论白，言尽辞穷，其实去道甚远。不如抱一守中，从意息相融，至心息相依，达身心合一，一切洞然，自然而然，则近道矣。

"欲从纸上觅大法，笔尖蘸干洞庭湖。""纸上得来终觉浅，绝知此事要躬行。"悉心修道是实实在在的功夫，"为道日损"，随时宁心调息，不用翻拣经书，去穷尽阴阳数理。具体理法就是守中抱一——精神内守，心息相依，神气相抱，形神合一，足矣。

［黄元吉证道解］

此是一元真气，修身在此，治世亦在此。除此以外，所谓制度法则，犹取鱼兔之筌蹄也。鱼兔必假筌蹄而得，谓取鱼兔不用筌蹄不可，谓筌蹄即鱼兔亦不可。金丹大道，如采阳补阴，前行短、后行长；玉液小还、金液大还，皆是取鱼兔之筌蹄，若竟视为道源，差毫厘而谬千里矣。惟此元气无声无臭，无象无形，天地人物公共之生气，学者修炼，必寻得此一件丹头，方不空烧空炼。否则，炼精、炼气、炼神、炼虚，皆属无本之学。一任童而习之，到老犹无成焉。太上教人从守中用功：而消息在橐籥，学人须自探讨！章内"不仁"二字是设词。

诗 颂

（一）

天地万物皆有用，道贵虚用用无穷。
天施地化法自然，物尽其用功德同。

（二）

天机多在不言中，道人先要学痴聋。
聋到家复痴到家，兜率天宫有路通。

配画　陈彦雄

多言数穷

大巧若拙道者乐，虚怀若谷圣者风，
直心道场曲则全，大道尽在不言中。

第六章　玄牝之门

谷神不死（天命元神有炁则灵，自然惺惺不昧），是谓玄牝（元神指挥元炁做功化生天地万物，生生不息、化化无穷，叫做大道的玄牝功能）。玄牝之门（玄为天门［阳］，牝为地户［阴］。阴阳交而万物生，天地合而玄牝出——玄牝之门开合，天地万物蜂涌而出），是谓天地（所以玄牝之门是万物繁衍之本）根。（宇宙元炁）绵绵若存，用之不勤（尽）。

题示：

承接上一章，永恒常存之道体，“虚而不屈，动而愈出”之道用，天地人物的性命表现，均存在于一动一静之间，要善加把握、运用，才能自主性命而生生不息。

谷神不死（天命元神有炁则灵，自然惺惺不昧），**是谓玄牝**（元神指挥元炁做功化生天地万物，生生不息、化化无穷，叫做大道的玄牝功能）。

【曾解】

道生天命之性，性生生命之神——天命元神；或曰谷神，修道者所修具体之道的主宰——天道之代表或特派员。

神有炁则灵——元神得元气之用则虚灵不昧，生生不息，故曰不会死寂。元气的生生化化功能就叫玄牝，谷神有此绵绵不断的元气作后盾，才能充分发挥其本智之用。

神如君，气如民。君无民则为寡君、“光杆司令”，当一事无成。神无气则为孤神，冥顽不灵。神气交媾，混沌为一——“得其一，万事毕”，玄窍成，玄牝立，元气从此生生不息，元神则灵用不疲，是谓玄牝——玄牝之义妙也哉！

玄牝之门（玄为天门［阳］，牝为地户［阴］。阴阳交而万物生，天地合而玄牝出——玄牝之门开合，天地万物蜂涌而出）**，是谓天地**（所以玄牝之门是万物繁衍之本）**根。**

【曾解】

天玄地牝，阳玄阴牝，雄玄雌牝，神玄气牝，两扇道门，一开一阖，万物化生——万物从玄牝之门中蜂涌而出。此门就是天地万物孕育、发生之本根。

神气混沌而玄牝体立，阖辟机缄自现，橐籥之相自成，上下往来，道门开合，“虚而不屈，动而愈出”，生生不息，是谓人体修道之本根。

（宇宙元炁）**绵绵若存，用之不勤**（尽）。

【曾解】

道化万物，无穷无尽，连绵不断，若亡若存。动而愈出，虚而愈生，生而不宰，化而无心，不勤而自勤。

元神者太极之理，玄牝者阴阳之气。以生生之气，养虚灵之神，不即不离，勿忘勿助——“绵绵若存，用之不勤（尽）。”

［黄元吉证道解］

大道无形，生育天地。大道无名，发育万物。圣人以有而形无，实而形虚，显呈此至隐至微之一物曰谷神。谷神者，空谷之神，问之若答，应焉如响，即不死也。其在人身，总一虚灵不昧之真。自人丧厥天良，谷神之汩没者久矣！后之修士，欲得谷神长存、虚灵不昧，以为金丹之本、仙道之根，从空际盘旋，无有把柄；惟从无欲有欲、观妙观窍下手，有无一立，妙窍齐开，而玄牝立焉。（紫阳真人）故曰：“此窍非凡窍，乾坤共合成。名为神气穴，内有坎离精。”总要精气神三者打成一片，方名得有无窍、生死门；否则为凡窍，而无一元真气存乎其中——虚则落顽空，实则拘形迹，皆非虚灵不昧之体。惟此玄牝之门，不虚不实，即虚即实，真有不可名言者，静则无形，动则有象，静不是天地之根，动亦非人物之本，惟动静交关处，乃坎离颠倒之所，日月交关之乡，真所谓天根地窟也。学人到得真玄真牝，一升一降——此间之气，凝而为性，发而为情——所由虚极静笃中，生出法象来。知得此窍，神仙大道尽于此矣。其曰“绵绵若存”者，明调养必久，而胎息乃能发动也；曰“用之不勤”者，言抽添有时，而符火不妄加减也。人能顺天地自然之道，则金丹得矣。

诗　颂

（一）

天地相交玄牝出，玄牝开阖谷神灵。
凡人顺之为死户，圣人颠倒是生门。

（二）

呼吸一起谷神死，凡息停时元神活。
胎息叩开玄牝门，门内风光不可说！

（三）

胎息起时杂念消，天应星兮地应潮。
到此方识无中有，男儿怀胎当自豪。

老子之道

玄牝之门众妙门，入门便把老子寻。
青牛载道足力健，不问收获问耕耘。

配画　陈彦雄

第七章　天长地久

天长地久，天地所以能长且久者，以其不自生（为己），故能长生。是以圣人后其身而身先，外其身而身存。非以其无私邪？故能成其私（个人抱负）。

题示：

此言天地以不为自我而生，故能长生。圣人效之常忘其身，而能身存。依“谷神不死”“用之不勤”，进而说明天地万物之生命现象，所以能自然而长生之理。

天长地久，天地所以能长且久者，

【曾解】

无始以来，天地一直长久地生存着，之所以如此，自然有其道理。人欲长生久视，则当效法天地“能长且久”的自然之道、之理。

以其不自生（为己）**，故能长生。**

【曾解】

其理就是：有生必有灭；不生则不灭！天地以其不为自我生生为目的，故而能够长久生存。

人体生命“能长且久”的表现在于呼吸，“人活一口气”的生命元气。无呼吸则无生命！一呼一吸，即一生一灭；不呼不吸，则不生不灭。前者为凡息，呼吸不停，有生则有灭；后者乃真息——真息无息，无息则不生，不生则不灭。

是以圣人后其身而身先，外其身而身存。

【曾解】

圣人深知此理，所以他把自己的生存置之身后，摆在最下，结果反而得以高高山顶立。他把自身生死置之度外，从而能够“其名不去”——长久不泯。

一呼一吸乃后天呼吸，每呼吸一次都要消耗一点生命元气；元气竭则呼吸停、生命止。吾人能把身外之物如功名利禄、得失利益通通放下，达心如止水，一念不生。念止则息止，便能从后天一呼一吸的外呼吸，过渡到先天不呼不吸的内呼吸——真息。真息无息，无息则不消耗元气，人体生命就能够“长生久视”。

非以其无私耶？故能成其私（个人抱负）。

【曾解】

圣人以其“深深海底行”之无私精神，才能够实现其“后其身而身先，外其身而身存”的个人抱负之“大私”——大私亦公！

大道至简——能看破世事，无得无失。大法至易——能放下私心，深入静定，定而生慧，慧光朗彻，心想事成——成就无私之大私！

［黄元吉证道解］

天地不言，全凭一元真气斡旋其间，所以周而复始，生机毫无止息，天地之长久，故历万古而常新也。圣人参天两地，养太和之气，一归浑沌之真。处则为圣功，出即为王道。何世之言修己者，但寻深山枯坐，毫不干一点人事；云治世者，纯用一腔心血，浑身在人物里握算！若此者各执一偏，各为其私，非无事而寂寂，有事而惺惺者焉。圣人穷则清净无尘，而真形与山河并固；达则人物兼善，而幻身偕爵位俱轻。迨其后名标宇宙，身独居先；功盖环区，形存异世，非以其无私耶？学人能去其私，一空色相，永脱尘根，积功则留住人间，飞升则长存天壤。不私其身而卒得长生，转世之为身家计者，不啻云泥之判也。人可不绝外诱之私耶？

配画　黄道强

诗 颂

（一）

世人皆惧因果报，报上一回又何妨！
不造新殃消旧业，因果报尽现道场。

（二）

生命本来无生死，生命现象至缤纷；
且将生死置度外，不求长生自长生。

天长地久

天地无私运长久，天良丧尽无常临。
昂首天外看人间，遍布云雾与红尘。

第八章　上善若水

上善若水。水善利万物而不争，处众人之所恶（厌），故几（近）于道。居善地，心善渊，与善仁，言善信，正善治，事善能，动善时。夫唯不争，故无尤（过错、失误）。

题示：

大私亦公，水之妙用——水之道用。水的不争之德，无往而不善。道者应当效法自然之道的似私（个人抱负）而实无私之善行，做到如水一样，至柔之中的至刚品德，至净而又至容的胸襟和气度。

上善若水。

【曾解】

谦虚不争之善德，为上等至善之德，唯水堪当此誉！故曰：上善若水！

人体至善之德，乃先天元气，人体真水，它能培补后天形躯之不足，升华吾人生命体的结构层次而更上一层楼。

水善利万物而不争，处众人之所恶（厌），**故几**（近）**于道。**

【曾解】

水之善德，随方就圆，利益万物而不争功；它愿处众人厌恶之不愿去的低洼潮湿之地，从不嫌弃；所以水的上善之德，最接近大道精髓。

先天元气，即宇宙正气，能化生后天天地万物，包括万物之灵的人——宇宙杰作、道之骄子。有志者困而修德，穷而修道，进而悟道、弘道，令德光长朗。

居善地，心善渊，

【曾解】

水之善德，是它所到之处都成了宜人居住的好地方。住在那里的人们，心旷神怡，恬静如渊。

虚极静笃，静中一动，元气生发，团聚之处即玄关妙窍——人体至善之地。玄窍通则百窍通，如此则丹田春暖，心旷如渊。

与善仁，言善信，

【曾解】

上善者，与物和谐相处，仁爱之心油然而生。与人相互往来，言无不诚，诚无不信。

此个至善之地，即修真了道者之道场。有了道场，正好修道，令道境不断地向上升华。

正善治，事善能，动善时。

【曾解】

上善者，为政不争，治无不顺；为事不争，生机勃然；诗圣杜甫诗："好雨知时节，当春乃发生，随风潜入夜，润物细无声。"——动善时矣。

首先补漏筑基，疏理经络，协调脏腑功能，达气和心平。静中一动，活子时至，周天烹炼，玉液还丹，基成不漏矣！

夫唯不争，故无尤（过错、失误）。

【曾解】

上善者，如水的不争之善德如此，所以阳无人怨，阴无鬼责，上得神佑，何来怨尤！

先天元气之善德，深且广也，不得开发，即随人老物化而去，导致人体生命潜能的最大浪费！可惜“百姓日用而不知”——知之且能开发利用，则无忧也！

［黄元吉证道解］

指点上善之心，平平常常，无好无恶，浩浩荡荡，无陂无偏，极其和柔。是以居上不骄，为下不倍；于己无尤，于人无怨。顾其所以能至此者，究非世俗之学所能造其巅，亦非无本之学所能建其极也。故太上处众人所恶之后，旋示一善地。究竟此地何地？寸衷寸地是也。得其地则性命有依，失其地则神气无主。无主则乱，安能事事咸宜，合内外而一致，处人己而无争哉？然，谓其地为有，则多堕于固执；若谓其地竟无，又落于顽空。此殆有无不立，动静不拘者也。欲修至道，请细参其故，予以多积阴功，广敦善行，庶几上格神天，或得师指，或因神悟，予以会通其地，而始不堕旁门左道，得遂生平志愿也。此地了然，道过半矣。以下曰“心”、曰“言”数语，明在在处处，俱将检点至善，使不先得善地而居。以后所云，无一可几于善者，此真头脑学问，本原工夫，如或昧焉，则持己接物，万事皆瓦裂矣。吾故略泄于此，愿世之有志者，勿自恃才智，妄猜妄度，而不修德回天；惟虚心访道可也。

诗　颂

（一）

天一生水水之德，善利万物不争名。

或方或圆都自在，随缘起用显本能。

（二）

水性元本通道性，现代科学亦作证。
看似柔弱如书生，水滴石穿谁能胜？

（三）

牙齿刚坚先下课，舌头柔弱犹在班。
识得柔弱胜刚强，天一水德是师范。

上善若水

水性性德善能下，一入大海展胸襟。
登天化为及时雨，随缘润物细无声。

配画　陈彦雄

第九章　功遂身退

持而盈之，不如其已（止）。揣而锐之，不可长保。金玉满堂，莫之能守；富贵而骄，自遗其咎。功成、名遂、身退，天之道。

题示：

本章老子讲道：急流勇退，知止不耻。须信“上善若水”“不争故无尤”，绝非虚言！

持而盈之，不如其已（止）。

【曾解】

天道恶盈，盈满则溢。已经满盈，当持盈保泰。如还想更加丰盈，须知月满则亏！不如早点打消念头。

后天人道——有为法尚且忌盈，先天天道——无为法更加恶盈。盈满则亏，庸人亦知，何况道者。

揣而锐之，不可长保。

【曾解】

宝剑已经锋利，欲要打磨得更加锋利，锋则易折，利则易损。

后天有为法乃没有办法的办法——方便法门，一般入门须用，适时而用，但须适可而止。

金玉满堂，莫之能守；

【曾解】

金银玉器太多，活着总有人在打你的主意，难以长期守住。死则“金玉满堂带不去，只有善恶业随身”，如此而已。

【曾解】譬如熊经鸟伸、导引舒筋……或河车搬运进阳火的武火煅炼，到一定时候即当转入文火退阴符，抱一守中，文火温养。一味地武火煅炼，不知止足，反遭殆辱。

富贵而骄，自遗其咎。

【曾解】富贵后就骄横起来，倒霉时就会树倒众人推。

如果仅以武火煅炼成就以为满足，不知文火温养以培育壮大，其成就极其有限——限于小成。

功成、名遂、身退，天之道。

【曾解】大功告成，功成名遂，就要适时隐退，自前台而退居后台，为新秀让出舞台，甘做铺路石子或梯子而发挥余热。这就是天道——人道演化的规律，违之者将走向反面。

经过武炼文养，持之以恒，后天有为法满足，即当转入先天的无为之道，达无为而无不为——大有为，行“九年面壁”之功，以期实现生命的自我超越！

［黄元吉证道解］

此教学人修炼大道，做一节丢一节，不可自足自满，怠心起而骄心生，祸不旋踵而至矣。即无渗漏之患，然亦半途而废，无由登彼岸以进神化之域焉。《悟真》云：“未炼还丹须速炼（武火炼精），炼了还须知止足（文火温养）。若也持盈未已心，不免一朝遭殆辱。”

足见道无止境，功无穷期，彼满假何为哉？古来修士，多罹杀身亡家之祸，皆由不知韬光养晦，混俗同尘之道也。丹经云；“修行混俗且和光，圆即圆兮方即方。隐显逆从人不识，教人怎得见行藏。”是以有道高人，当深藏不露，随时俯仰，庶几不异不同，无好无恶，可以长保其身。否则修德而谤兴，道高而毁来，虽由人之无良，亦自张扬太过。《易》曰：“慢藏诲盗，冶容诲淫”，诚自取也。又何怪自满者之招损乎？吾愿后之学者，未进步则依法行持，既深造当止火不用，庶可免焚身之患欤。

诗颂

（一）

圣人常施不言教，以身示范传要妙。
道通天心与人心，人道全处即天道。

（二）

觉世知机守天道，金玉满堂散去好。
居富能仁道上人，功成身退道自了。

（三）

圣不居功功不朽，贤不尚名名常存。
居功尚贤争端起，争得黑发白似银。

功成身退

王侯燕子百姓家，达官贵人阶下囚。
功成身退天之道，不遵天道不自由。

配画　陈彦雄

第十章　童心是道

载营魄抱一，能无离乎？专气致柔，能婴儿乎？涤除玄览（鉴），能无疵乎？爱民治国，能无为乎？天门开阖，能为雌（宁静）乎？明白四达，能无知乎？（生之畜之，生而不有，为而不恃，长而不宰，是谓玄德。）（与五十一章重复）

题示：

以上九章，老子似已把天道、人道、世道讲得差不多了，告一段落。此章开始讲具体的修道，首先修心、炼气，炼到营魄合一，专气至柔，心为童心，体如婴儿，差不多就快进道门了。

载营魄抱一，能无离乎？

【曾解】《易》曰："精气为物，游魂为变。"魂为气之所化，魄为精之所生。

下手兴工，心意主之，静则载魄，昏昏默默，动则载魂，思虑营营；魂与魄合，动而含静；魄与魂合，外静内动。你能修炼到魂魄一体，彼此有两相知之微意，动静一如，而互不相离么？

专气致柔，能婴儿乎？

【曾解】心之与气乃系同类——"同类易施工"。气能专一则心不妄动，心息相依则气自柔调。婴儿能够做到——你能做到么？

涤除玄览（鉴），**能无疵乎？**

【**曾解**】修炼到虚极静笃、由静而定，各种玄象出现，必须统统予以扫除，所谓“魔来也扫，圣来也扫”，彻底扫除干净，不留一点疵痕，如此则心光朗照，智慧生起——你能办到么？

爱民治国，能无为乎？

【**曾解**】道之真以修身，其余绪可治国。你能爱护身家，宝精裕气，心不妄动，身不妄为么？

天门开阖，能无雌（宁静）**乎？**

【**曾解**】一阴一阳，之谓道也，一开一阖，道之机也。天门开阖，道气随机出入，内而修身，外以应事，做了就放下，不留痕迹，你能行么？

明白四达，能无知乎？

【**曾解**】含光内照，心镜朗然，了了常明，无知而知，视天下事如在掌中，你达到了么？

生之畜之，生而不有，为而不恃，长而不宰，

【**曾解**】跳出身外看宇宙，虚灵大道之元始祖气，生成天地，畜养万物，并不把它们据为己有，也不自恃有功，长大成为可用之材了，让其自作主张。

是谓玄德。

【**曾解**】“生而不有，长而不宰”，如此之盛德，就叫做“玄德”——玄玄之德大也哉！

［黄元吉证道解］

此（段文）将筑基得药、炼己还丹、脱胎得珠九节功夫一一说出，要不外虚极静笃、含三抱一、恍惚杳冥为主，自守中以至还丹，皆离不得浑有知于无知，化有为于无为。夫以先天一元真气，隐于虚无之中，不在见见闻闻之地。人能泯其知觉，去其作为，则一元真气常在。故太上曰：惚兮恍，其中有象；恍兮惚，其中有物；杳兮冥，其中有精。此可知道生天地，原是浑浑沌沌，无可拟议，惟浑其神智，没其见闻，道即在其中矣。倘起大明觉心，则后天识神应念而起，已非先天元神，故必恍惚中求，杳冥中得，修士其亦知所从事矣。

配画 陈彦雄

诗 颂

（一）

专气致柔如婴儿，凝神守中抱营魄。
豁然悟觉大慧启，弘法利生在娑婆。

（二）

潜心修道累功德，赤心不怕入红尘。
居欲无欲欲自消，一轮明月照金庭。

童心是道

道本无言法本空，空中走来一灵童，
一吹笛子一吹箫，余音袅袅遍苍穹！

第十一章　无之为用

三十辐，共一毂，当其无（空），有车之用。埏埴（粘土）以为器，当其无（空），有器之用。凿户牖以为室，当其无（空），有室之用。故有之以为利（实用），无之以为用（虚用）。

题示：

世人但知有用之用——实用、器用，不知无用之用——虚用、道用。物重实用，道贵虚用。本章专讲空、无之用，以道远任重的车毂为例。

三十辐，共一毂，当其无（空），有车之用。

【曾解】

世人但知有形物体有用之实用、器用，而不了解无形道体无用之虚用、道用。譬如三十根轮辐组成一个轮毂，当中做出一个空孔。有此空孔，就可以装配成车子来用。

车职载物，行千万里，任车轮之转动。炼精化炁小周天之移星换宿，採取烹炼，周而复始，也是这样。就修炼而言，轮毂中之空孔乃车之黄庭，如人之中宫——人无中宫、土釜，不成道场。

埏埴（粘土）**以为器，当其无**（空）**，有器之用。**

【曾解】

用陶土做成的器物，当中也是空的。有了空间，就可以拿来作盛物之器皿。

器用乃埏埴之中宫、黄庭。黄庭虚无，乃为产珠结胎之处所——“乾坤交媾吧，一点落黄庭。”以期丹产珠圆。

凿户牖以为室，当其无（空），有室之用。

【曾解】

开窗户，造门框，筑成房室，房室中间也是空的，才能作为居室之用。

筑室必凿户牖，修道必修黄庭。三丰祖师曰：“黄庭一室须要精，精在中间一点灵。功莫糊涂为隐秘，黄庭便是真玄关。不识玄关端的处，真铅採来何处安？”

故有之以为利（实用）**，无之以为用**（虚用）。

【曾解】

所以有车，有器皿，有房室，我们才能有具体的利用、实用。然而真正让我们可以利用的是“空”是“无”——车、房室、器皿的空无部分。

佛讲真空，空生妙有；道兼有无，无中生有；道佛无二，佛道无别。不能生妙有者为顽空、断灭，不生不化，长冬无春。

［黄元吉证道解］

道本无名，强名曰道。道本无修，强名曰修。夫以道之为物，至虚至无，方能至神至圣。试观天地一气清空，了无一物，及伏之久而气机一动，阴阳生焉。于是形形色色，斐然有文，灿然成章，充满于四塞之中。谁为造之？谁与生之？何莫非道生一气，一气化为阴阳，而万物生矣。故曰：“道自虚无生一气，便从一气产阴阳。阴阳自是成三姓，三姓重生万化昌。”修行人欲求至道之真，以成仙圣之体，必先以阴阳为利器，后以虚无为本根，而大道得矣。章内三“无”字，指其空处曰无，大约言修炼人自无而有，自有还无，以至清空一气，而大道方成，其意殆取于此耳。

诗　颂

（一）

器之为用有以用，无之为用用无穷。
无而生有有还无，有无相资古今同。

（二）

道在鸿蒙未判中，视之不见觅无踪。
动观山水静观月，千江千月体还同。

德牛载道

青牛大德堪载道，埋头耕耘宇宙间。
跟着德牛脚印走，后天尽处即先天。

配画 陈彦雄

第十二章　物欲之害

五色，令人目盲；五音，令人耳聋；五味，令人口爽；驰骋田猎，令人心发狂；难得之货，令人行妨。是以圣人为腹不为目，故去彼取此。

题示：

上一章讲善于用物，不为物所用。本章老子则讲为物所役的物欲之害。

五色，令人目盲；

【曾解】

人心本自虚明，为各种花色的外物引诱，则致眼花缭乱，失去“正见”“正知”而盲。

凡人顺行，外逐五色，心花怒放，忘乎自性。道人逆修，一心内守，神返身中，气自氤氲。

五音，令人耳聋；

【曾解】

耳则听声外驰而去，失其“真闻”“正听”而聋。

神行则气行，神住则气住。神外驰则耗气，神内守则聚气。气聚则精旺，精旺则耳聪。

五味，令人口爽；

【曾解】

舌则趋味而忘乎所以，失其“真味”“正感”而麻木起来。

黄元吉真人曰：修道有如啃铁馒头，明知无味，却要啃个不停。故而道者有诗曰：“耐得寂寞与凄寒，无味馒头啃不完。无味中有味中味，味中味藏甜上甜。”味中味者，乃真味也，道味也，正感也，唯道者能体味之、感知之。

驰骋田猎，令人心发狂；

【曾解】

外物映心，法生种种心生，心则追逐外境奔驰，触景生情，失去“正定”“正觉”，若疯若狂。

心神外驰不已，终日兴奋欲狂，凡眼缭乱而道眼难开，离正道日远。

难得之货，令人行妨。

【曾解】

行则追求货利，失其“正操”“正道”，利令智昏，走向斜路、邪径，后果难料。

“通天大道人不识，旁门小术易见功。”小术有如难得之货，颇为诱人，难免受骗上当。

是以圣人为腹不为目，

【曾解】

所以圣人虽居五欲之中，在欲无欲，而修离欲之行，知足不辱。有如鼹鼠饮河，不过一饱实腹即止，其余的不过看看而已。

吕祖曰:“道之成在于‘耳口目’三字,三者聚而成道,散而成鬼……慎之!”故而修真者目不外视,一心内守下腹丹田,令元气氤氲不散,则身国泰安。

故去彼取此。

【曾解】

是故应去贪欲之害,修离欲之行。

是以圣人修内不修外,为腹不为目,外闭耳目,内强五脏,脉清气和,气和道立,道立则基固矣。

[黄元吉证道解]

(圣人)教人修身大旨,原与尘世相反,须知世人之所好者,道家之所恶;世人之所贪者,道家之所弃。盖声色货利,百般美好,虽有利于人身,究无利于人心;又况人心一贪,人身即不和焉。惟性命一事,似无形无象,不足为人身贵者。若能去其外诱,充其本然,一心修炼,毫不外求,卒之功成德备,长生之道在是矣。天下一切宝贵,孰有过于此乎?但恐立志不坚,进道不勇,理欲杂乘,天人迭起,遂难造于其极。愿后之学者,始则闲邪存诚,继则炼铅伏汞,及至返本还原,抱朴归真,又何难上与仙人为伍耶?是以圣人修内不修外,为腹不为目,去彼存此,予以一志凝神,尽性立命,岂不高出尘世之荣华万万倍乎?

诗　颂

“唯物”主义令心盲，“唯欲”主义忒疯狂。

中庸之道守中道，夫子老子语深长。

配画 陈彦雄

上士道乐

物欲俗乐下士乐，上士妙乐与天通。

为道日损又日损，损到无为化春风！

第十三章　重道忘身

宠辱若惊，贵大患若身。

何谓宠辱若惊？宠为下（贱），得之若惊，失之若惊，是谓宠辱若惊。

何谓贵大患若身？吾所以有大患者，为吾有身；及吾无身，吾有何患？

故贵以身为天下者，若可寄天下；爱以身为天下者，若可托天下。

题示：

物欲之害大矣，甘为物之奴隶，悲夫！名利之害，则更大焉！吾人如能做到宠辱皆不动心，必终身无大患。

宠辱若惊，贵大患若身。

【曾解】

身为苦本，贵为祸根。受宠或受辱，都会使人感到肉跳心惊。世人以贵为荣，须知爬高则跌重，荣时卿相败时囚。

“无身不成道，有身不归真。”入门修道，借假修真——借后天假幻之身，修成先天不朽真身！

何谓宠辱若惊？

【曾解】

世间皆以宠为荣，却不知宠乃是辱，俱能使人不安。不是吗？

“无情何必生斯世，有心终须累此身。”有凡心、凡身，即有凡事、凡行，必有烦恼相随。

宠为下（贱）**，得之若惊，失之若惊，是谓宠辱若惊。**

【曾解】

阿谀奉承以邀宠，乃下贱之事；受到宠爱时感到惊讶，失去宠爱时就很惊慌；这就叫做“宠辱若惊”。

“人生最大的福德是悟道，最大的福报是智慧。”那么，智慧从何处来？——从烦恼中来！宠也罢，辱也罢，但能看破、看淡，然后放下，烦恼即转化为智慧。

何谓贵大患若身？

【曾解】

贵为祸根。贵之患，即身之患，不是吗？

诗曰：“看破容易放下难，真能放下半个仙。”放下荣贵，何来忧患？

吾所以有大患者，为吾有身，

【曾解】

身乃大患之本，既有此身，众苦来集，生死来临，不可避免。

无形真身原在有形肉身里面。没有形身，真身乃是孤魂野鬼——感谢形身，无须忧患！

及吾无身，吾有何患？

【曾解】

当我们修真证道，从有至无，一切放下，乃至无无亦无——连放下都放下了，此时无我无物无挂牵，大摇大摆地与天，还有忧患存在的余地么?

一旦依形身修出不朽真身，从此命不得而拘之，数不得而限之，一切烦恼忧患，如风卷残云，无影无形，正好直插昆仑峰顶，静听那里美妙的天籁之音!

故贵以身为天下者，若可寄天下;

【曾解】

圣人之君，之所以宝贵己身，并非单为自己，乃思道济天下，利益苍生，亦即为天下人尽责而贵己。有如此者，乃可以寄托天下于他。

吕祖曰:“莫言大道人难得,自是功夫不到头。”功夫到头,得道之后，还须传道弘道，以圆满功德。

爱以身为天下者，若可托天下。

【曾解】

圣人之君，虽曰爱身，乃为天下人爱其身，非单单私爱己身，这样的人君就可授之以天下重任。

语云:所谓得道,实无所得。——非也!得道之后,即行弘道、传道，才算是真得道!才会真有所得!——否则乃顽空外道!

[黄元吉证道解]

此(段语)言人身自有良贵，不待外求，有非势位之荣可比者。人能从此修持，努力不懈——古云“辛苦二三载，快乐千万年”，洵不诬也，有何宠辱之惊，贵患之慨耶?学者大道未得时，必赖此身以为修炼，若区区以衣服饮食、富贵荣华为养身之要，则凡身既重，而先天真身未有不因之而损者。先天真身既损，而后天凡身亦断难久存焉。此凡夫之所以爱其身而竟丧其身也。惟至人知一切事情，皆属幻化之端，有生灭相，不可认以为真，惟我先天元气，才是我生身之本，可以一世，可以百世，可以千万年。若无此个真修，则凡身从何而有？此为人身内之身，存之则生，失之则死；散之则物，凝之则仙，不可一息偶离者也。太上教人兢兢致慎，不敢一事怠忽，不敢一念游移，更不敢与人争强角胜，惟恬淡自适，清净无尘，以自适其天而已。虽未出身加民，而芸芸赤子，早已庆安全于方寸。斯人不出如苍生何？民之仰望者，深且切矣。所谓不以一己之乐为乐，而以天下之乐为乐，不以一己之忧为忧，而以天下之忧为忧，其寄托为何如哉？

诗 颂

（一）

世人皆以宠为荣，奉承邀宠下贱甚！
吾自无欲傲然立，得失利害心不竞。

（二）

明哲保身乃古训，有身才能立性命。
独坐空山参枯禅，怕入红尘亦是病。

（三）

此时辛苦两三载，它年快活千万年。
修身反而害身者，另拜明师寻正传。

借假修真

五行假合凝此身，而今借假以修真。
宠辱苦乐炉中火，炼去妄心归道心。

配画　陈彦雄

第十四章　大道希夷

视之不见，名曰夷（无色）；听之不闻，名曰希（无声）；抟之不得，名曰微（无形）。此三者，不可致诘（穷究），故混而为一。其上不皦，其下不昧，绳绳不可名，复归于无物。是谓无状之状，无物之象，是谓惚恍。迎之不见其首，随之不见其后。执古之道，以御今之有，能知古始，是谓道纪。

题示：

从本章起，老子又开始讲道——道的各种表象。

视之不见，名曰夷（无色）；

【曾解】

道体无象之相浑一虚灵，元不可分；如今分而论之，不过是为了方便。

夷曰无色。“道眼”未开的常人，想看看虚灵大道的庐山真面，是看不见的。

听之不闻，名曰希（无声）；

【曾解】

希曰无声。“天耳”未通者，要想听听大道发出的天籁是听不到的。

抟之不得，名曰微（无形）。

【曾解】

无象曰微。层次未达“人天合一”的甚深功境，局限于小我之内，要想抟聚、感触大道的虚实，是不可能的。

此三者，不可致诘（穷究），

【曾解】

这三种情况，曰夷、曰希、曰微，皆不可思议。

故混而为一。

【曾解】

思之不即，议之不得，所以只能浑而为一来加以粗略地考察。

其上不皦，其下不昧，

【曾解】

向上仰望虚灵道体，日月不足以增其明；低头俯视道体虚灵，也不是晦暗不清。

绳绳不可名，复归于无物。

【曾解】

绵绵若存的虚灵道体，无形之形，无象之相，无状之状，无名之名，说来说去，也只能说它是个无物之物，不是任何具体东西的东西——“说是一物即不中。”

是谓无状之状，无物之象，是谓惚恍。

【曾解】

虚灵道体乃无形状之状，无体象之象，特有的似有若无的惚恍之相。

迎之不见其首，随之不见其后。

【曾解】

迎面过去看不清虚灵道体的头，跟着后面也看不到它的尾。

执古之道，以御今之有，

【曾解】

尽管如此，只要把握住了这个元始大道的虚灵之体，及其无穷的妙用，就能较好地了知和驾驭当前的万事万物。

能知古始，是谓道纪。

【曾解】

得道的圣人，之所以是圣人，是他们能够执此妙道以应人事——大道纲纪，其体其用，大率如此。

［黄元吉证道解］

此（段言）状道之体，学道人会得此体，方有下手工夫。若真一之气，是先天性命之源，非后天精气神可比。欲见命气，必将性真融成一片，始得真一之气。第此气浑浑沦沦，浩浩荡荡，虽无可象可形，而天下之有象有形者，皆从此无形无象中出，诚为大道纪纲，天地人物之根本也。道曰守中，佛曰观空，儒曰慎独，要皆同一功用。故自人视之，若无睹无闻，而自家了照，却又至虚至实，至无至有。所以子思曰：“莫见乎隐，莫显乎微。”君子慎独之功，诚无息也。要之隐微幽独之地，虽有可显可据，而大道根源，只是希夷微妙，无可状而状，无可象而象，极其浑穆。学道人总要于阳之未生，恍惚以待之，于阳之既产，恍惚以迎之，于阳之归炉入鼎，恍惚以保之、养之，绝不起大明觉心，庶几无时无处而不得大道归源焉。前言阳神出现，明天察地，通玄达微，及了悟之候，光明景界，纯任自然，有知若无知，有觉若无觉——况下手之初，可不恍恍惚惚，死人心以生道心乎？

诗　颂

（一）

希夷大道难思议，还从人道觅至真。
道不远人回光照，以心观道道即心。

（二）

道不可见修而见，人何能仙修成仙。
钟离吕祖张三丰，前赴后继昆仑山。

红尘道缘

大道行也天下公，惠己及人旧家风。
天涯海角萍风聚，心心相印感而通。

配画　陈彦雄

第十五章　微妙玄通

古之善为士（道）者，微妙玄通，深不可识。夫唯不可识，故强为之容（描述）。

豫兮（慎重），若冬涉川；犹兮（警惕），若畏四邻；俨兮（庄重），其若客；涣兮（流散），其若凌释；敦兮（淳厚），其若朴；旷兮（空阔），其若谷；浑兮（浑朴），其若浊。

孰能浊以止？静之徐清；孰能安以久？动之徐生。

保此道者，不欲盈。夫唯不盈，故能敝而新成。

题示：

老子生生不息的徐生之道，“微妙玄通，深不可识”。然得此道者，形神俱妙，如人饮水，冷暖自知。

古之善为士（道）者，微妙玄通，深不可识。

【曾解】

古时候修道的善知识，不浅露己见，不夸夸其谈，所谓“得道者，不言道”。他们行事微妙，处事玄通，无可无不可；随缘而应，藏而不露，莫测高深。

人与道似二而一，皆系真一之炁，至微至妙，深不可识，但感而遂通。

夫唯不可识，故强为之容（描述）**。**

【曾解】

唯因大道高深莫测，老子也仅能勉强为之描绘，形容其动态：

感而遂通，同频共振。人体内境界能级达到什么样的高度，就能感知外宇宙相应层次的宇能，就可以描述其无象之相的相状。

豫兮（慎重）**，若冬涉川；**

【曾解】

真得道者做事绝不草率，凡事都预先慎重考虑周详，谨慎得如像冬天履冰过河那样，战战兢兢，小小心心。

性命双修中，命功的内修过程，首先要对人体生理状况进行脱胎换骨的彻底改造，生理与心理的反应极大，必须小心谨慎。

犹兮（警惕）**，若畏四邻；**

【曾解】

有时像犹鼠那样地小心谨慎，出洞或下树前，四面八方都要先看清楚，绝不轻举妄动。

人过中年，进入老年，元气虚衰，培元补气的过程较长，没有捷径可循，尤宜小心，勿堕入诱人的左道旁门。

俨兮（庄重）**，其若客；**

【曾解】

待人处事，庄严而又雍容，谦虚且又客气。

坚持正道，一门深入，一旦功成名就，即弘道、传道，惠及他人，化独乐为众乐，不亦乐乎！

涣兮（流散）**，其若凌释；**

【曾解】

人人与修道者相处，好像阳和回暖，冰雪即将融化，令人倍感亲切。

“机锋转语如何好，没有定力总不成。”吕祖释此句曰：“入静大定时，如履春冰一般，防其惊异，恐走失灵根，致生不测，保身之要也。”

敦兮（淳厚）**，其若朴；**

【曾解】

道者率皆温柔敦厚，朴实无华。

修道“尚愚不尚智”“为道日损”，损尽有为，跃迁无为，则无不为矣。

旷兮（空阔）**，其若谷；**

【曾解】

修道之人胸襟宽广，虚怀若谷。

最基础的就是最高级的，低处起修，高处自到——到此方觉天高广，无限风光扑面来。

浑兮（浑朴）**，其若浊。**

【曾解】

修至与道浑一，和光同尘，不拒污浊——赤心不怕入红尘。

其实，浑朴之道，“本来无一物，不怕惹尘埃”。

孰能浊以止？静之徐清；

【曾解】

谁能在污浊之世中，安闲自在，入污秽而不染，慢慢澄清下来，身心俱得清净呢？

吕祖曰：古之善士“浊内求清，清中更澄，要时时徐行……乃可近道”。

孰能安以久？动之徐生。

【曾解】

谁能在安静自守中，不动且不摇，需要应世时，待时而谨慎用事，从容不迫，生生不息呢？

吕祖又曰：“如此清矣，久久如一，体本末始终，先后不改如初，而生定、静、虑、得之妙。”

保此道者，不欲盈。

【曾解】

天道忌盈。保此从容不迫的徐生之道，不要贪多务得，而应知足知止。

古云：知道易，信道难；信道易，修道难；修道易，得道难；得道易，守道难。——若使不难，遍地神仙。

夫唯不盈，故能敝而新成。

【曾解】

唯有不欲不贪，知止即止，有现成旧东西可用就差不多了，不必忙着置备新的物品。

修真证道，一步一印，如冰、如邻、如客、如浊、如川、如古善士，能保此道，乃得全真。

[黄元吉证道解]

（太上）此言体道者之谨慎小心，虽曰道本虚无，而有道高人，自能无形而形，无象而象，若内外一致者然。章内“若”字七句，皆借物以形容道妙，正见微妙玄通，渊深不可测度处。“孰能”以下数句，是言未能成德，而求以入道者。浊不易澄，静存则心体自洁；安贵于久，动察则神智不穷。满遭损，故不欲盈也；速易敝，故不新成也。吾愿学人虚而有容，朴而无琢，浑浑灏灏，随在昭诚悫之风，斯人心未有不化为道心、凡气未有不易为真气者。切勿以深莫能测，遂逡巡而不前也！

诗　颂

（一）

常言真人不露相，又言露相非真人。
俨兮敦兮其若朴，被褐怀玉待风云。

（二）

古朴之道本平常，今人之道梦黄梁。
善为道者无我相，偶发妙语味深长。

（三）

天若有情天亦老，日唯无意日常明。
老天爷常开玩笑，欲进此门进彼门。

玄通善士

鸡心鸭肠非道者，品清德高是丈夫。
能入污泥不染泥，亭亭荷花化仙姑！

配画　陈彦雄

第十六章　虚极静笃

致虚极，守静笃。万物并作，吾以观其复。

夫物芸芸，各复归其根。归根曰静，静曰复命。复命曰常，知常曰明；不知常，妄作凶。

知常容，容乃公，公乃王，王乃天，天乃道，道乃久，没身不殆（危险）。

题示：

修道能致虚极静笃，由后天而返先天，才算跨入道门，有望参见本来面目，欣赏道乡本地风光。否则这一辈子，乃至下一辈子，都只能在道门之外徘徊，望道兴叹而已。

致虚极，守静笃。

【曾解】入道功夫，虚要虚至极，静要静至笃；虚极静笃，归于妙无〇之道源无极——妙无能生妙有⊙之太极。

万物并作，吾以观其复。

【曾解】修真证道，归于妙无——无极而太极，“道眼”洞开，后天的三维时空界限消融，突破二十八维（天）可以慧观到天地日月发生之初，及万物成长壮大至极而衰，至朽而化，化尽收藏复命归根，返回生命本源无极道海——天道好还！

夫物芸芸，各复归其根。

【曾解】天地万物，历经了生长壮大，欣欣向荣阶段，充分发挥其道用。用尽大道赋予之元气，至气竭数尽，功成名遂——功德圆满，化尽收藏，返回其本源无极道海而归根复命。

归根曰静，静曰复命。

【曾解】回归生命本源之乡曰“静”。安静下来，正好闭门思过，静思“旅游”人间一趟，是否充分发挥了自我的道用，也就叫做“复命”——向道祖报告自己的“不辱使命”。

复命曰常，知常曰明。

【曾解】先天之天命谓之性，不生不灭；后天的人命谓之神，有来有去。而今人命功德圆满，回归天命的真元性海——常道大海，阅历更丰。知此常道化物，化尽归元之规律，心地一片光明，豁然而悟，大智慧油然而生。

不知常，妄作凶。

【曾解】不知此常道化物、化尽而藏之规律，所谓“人定胜天”，乃至逆天而行，胆大妄为，破坏大自然，必然凶多吉少。

知常容，容乃公，

【曾解】了知常道化物规律，天人一体，物我同根，此心就能容纳一切；心胸广阔，了无个欲，自然大公无私。

公乃王，王乃天，

【曾解】真常大道，藏之于内则为圣，施之于外则为王。遵道而行的侯王法天行令，合乎天心民意，老天爷也会感到很高兴。

天乃道，道乃久，没身不殆。

【曾解】天效法道，资始万物；地效法天，滋养万物；如此天地相参，则道化长久。得此真常之道者，必死而不亡，慧光永存。

［黄元吉证道解］

太上示人本原上工夫，头脑上学问。此处得力，则无处不得力。学者会得此旨，则恪守规中，绵绵不息，从无而有，自有而无——虽一息之瞬，大道之根本具焉；即终食之间，大道之元始存焉。从此一线微机，采之炼之，渐渐至于蓬勃不可遏抑，皆此一阳所积而成也。纵浩气塞乎天地，阳神贯乎斗牛，何莫非一点真气所累而致乎？学人不得这个真气，但以后天形神为炼，不过如九牛之一毛，沧海之一粟耳，何敢与天地并论乎？惟行此道而与天地同体，乃极亿万年不坏，修道者须认真主脑，采取不失其时可也。

诗　颂

（一）

万物并作观其复，循环往复有我不？
我与万物同根生，功德圆满返太无。

（二）

归根复命见老君，老子翻看记事本。
功无其功德无德，面皮真厚给我滚！

（三）

固守静笃致虚极，贯通古今真妙诀。
静中一动真水生，虚中一觉慧光烨！

配画　黄道强

虚极静笃

相伴唯有石老道，浓云飞去轻雾绕。
一静十万八千年，沧海桑田不知晓！

第十七章　上古明君

太上，下知有之；其次，亲而誉之；其次，畏之；其次，侮之。信不足焉，有不信焉。

悠兮其贵言，功成事遂，百姓皆谓：“我自然！”

题示：

上古的人们无知无识——不会耍小聪明，淳朴自然，不言而信，老子常向往之。

太上，下知有之；

【曾解】

太古时代的有道明君，行不言之教，施无为之治。下面老百姓“日出而作，日入而息，凿井而饮，耕田而食”，百姓安居乐业，好像知道上面有一个太古明君——“帝力于我何有哉！”（古《击壤歌》）

身国如家国。上丹田元神即身国之君王，君良则国治。下丹田元气如民众，民聚则国富。好像知道上丹田有一个国君元神——两相知之微意。

其次，亲而誉之；

【曾解】

太古以降，自中古以来，世风日下，只能求其次，“失德而后有仁”——君王推行仁政可见，故百姓亲而誉之。

元神怀抱大宇宙的无穷消息，不需要修——修之亦不会增加，不修也不会减少。需要修的是下丹田元气，元气充足之后去会上丹田元神，神有气则灵。

其次，畏之；

【曾解】

再其次，仁义失，君王就设刑法以治理，使天下人畏之。

大道自然，时至而功成。修道最畏惧者，因见地不明，老是喜欢耍弄自我的小聪明，则会走向反面。

其次，侮之。

【曾解】

复其次，统治者禁多令烦，“官逼民反，民不得不反”，百姓激愤，群起而侮之。

因为火候不当，人为搬运，易致炉毁丹倾。历代修道者不乏此类教训！

信不足焉，有不信焉。

【曾解】

为君王者信德不足，说话不算数，朝令夕改，老百姓则应之以不信任。

黄元吉真人言：信属土；土生万物——万物不离土。故曰：道法大海，唯信能入。不信此道者，不必勉强！

悠兮其贵言，功成事遂，百性皆谓："我自然！"

【曾解】

为君王者应当言必信，行必果，上下同心，天下太平，民风淳朴，自然而然："日出而作，日入而息，凿井而饮，耕田而食，帝力于我何有哉！"（古《击壤歌》）

丹经贵言：信为丹本，诚为丹根。有此本根，功成事遂，日久功深，自然而成。

［黄元吉证道解］

道德一经，原是四通八达，修身在此，治世在此，推之天下万事万物，亦无有出此范围者。即如此章太上二字，言上等之人，抱上等之质，故曰太上。上德清净无为，六根皆定。其次敬爱化民，有感即通。其次威严驭世。其次以智巧导民，所谓术也。而其极妙者莫如信。信属土，修炼始终，纯以意土为妙用。故太上云"其精甚真，其中有信"，是丹本也。信非他，一诚而已。人能至诚无息，则丹之为丹，即在是矣。但信与伪相去无几，克念作圣，罔念作狂。人禽界，生死关，所争只一间耳。吾愿后学寻得真信，以为真常之道可也。信在何处？即是玄关一窍，人其知之否？

诗　颂

（一）

身在道中不知道，大道日夜伴人行。

遍观世上论道者，围着名词好辛勤。

（二）

心中无事真无事，任人赞许任人嗤。

管它清眼与白眼，一切善法是我师。

配画　陈彦雄

见素抱朴

日出而作日入息，凿井而饮耕田食，

帝力于我何有哉！牛背牧童自横笛。

第十八章　大道仁义

大道废，有仁义；智慧出，有大伪；六亲不和，有孝慈；国家昏乱，有忠臣。

题示：

承上一章，老子慨叹世道愈下，世风日颓，思复太古之道治。

大道废，有仁义；

【曾解】

大道无亲疏，普施恩德，世人自然安居乐业。中古以下，大道荒废之后，只好讲仁讲义。

虚极静笃，大道元乡！庄子曰："至德之世，相爱而不知以为仁，端正而不知以为义。"大道无仁义，仁义在其中。

智慧出，有大伪；

【曾解】

上古民朴，无为而治——无不治矣！及乎中下，民情日躁，人君乃以智巧设法治之。奈何"上有政策，下有对策"，大家因此反而都变得诈伪起来。

大道者太极之珠，仁义者阴阳之气。元神智慧、真意抟阴阳二气以凝聚道胎。识神则总想卖弄后天小聪明之有作有为，结果往往走向反面——结成幻丹。

六亲不和，有孝慈；

【曾解】

父不慈，子不孝；子不孝，父不慈。六亲不和睦，只得宣传孝、慈，以期教育之。

六亲：眼、耳、鼻、舌、身、意，闭目、塞听、不臭、不味、死心、忘意，返本还元，神抱其气，气伏其神，母慈子孝，子母相亲。

国家昏乱，有忠臣。

【曾解】

及乎衰世，昏君主国，一片混乱，就出现了“杀身诤谏”的忠臣。

神气不融，母不慈、子不孝，汞火易飞，身心不宁，入世而昏，逐境而乱。胎息、真意乃忠臣也，穿针引线，撮合神气，以烹以炼，方能胎产珠圆。

［黄元吉证道解］

此太上感慨世道，伤今思古，欲人返朴还真，上与下同于无知：其德不离，同乎无欲，其道常足；熙熙皞皞，大家相安于无事，而不知其所之者。即有仁义智慧、孝子忠臣，一概视为固然，不知其为有，且羞称其为有，此何如之浑朴乎！虽然，此为治世之论，推之修身之法，亦不外是。首句喻言浑沦之俗，太朴未彫，犹章贞之体，不假作为，自成道妙。若一丧本来之天，则不得不借先天阴阳以返补之。夫阴阳一仁义也，即“大道废，有仁义”之说。至于审取一身内外两个真消息，凭空以智慧采取温养，此中即不纯正，多杂后天，不能不有伪妄。此又“智慧出，有大伪”之意也。他如采阴补阳，所以和六根之不和，使归于大定，即孝慈之喻也。猛烹急炼，所以靖一身之昏乱，使跻于清明，即“忠臣”之旨也。知此则道不远矣。此太上明复命归根之学，究有何道哉？不过率其浑然粹然之天而已，修之者亦修此而已。

诗　颂

（一）

三千年前古风淳，那时无佛也无神。
要明大道亲修证，圣人真人一大群！

（二）

君国昏乱有忠臣，身国混乱何为人？
正本清源致虚极，虚中一觉元神灵。

配画　陈彦雄

仁义之乡

上古之世民皆“笨”，安居乐业风俗淳，
不欲不知顺帝则，不明义亦不识仁。

第十九章　绝圣弃智

绝学无忧，绝圣弃智，民利百倍；绝仁弃义，民复孝慈；绝巧弃利，盗贼无有。此三者（智、义、利），以为文不足，故令有所属：见素抱朴，少私寡欲。

题示：

此章承前义，智不可用，巧不可为，以回归淳朴之道为要。

绝学无忧，

【曾解】

忘物体道，道成慧生，智照无碍，非学而得，故曰无学之学——绝学。境界至此，和光同尘，不和人竞，不与物争，何来忧患？

修真证道之初，不识大道真面，“见山不是山，见水不是水”，一片茫然，“忧从中来，不可断绝”。证得大道之后，“见山还是山，见水还是水”，不弃有为，不着无为，行于中道，逍遥自在。

绝圣弃智，民利百倍；

【曾解】

中古以来，圣人之君只好推行仁、义、礼、智，本欲利民，而民情因法作奸，反为民害，故当弃而不用，让人民回归上古之天性自然，以安居乐业。

绝圣弃智，神入太虚，后天诸气化淳，不假作为，自然而然。

绝仁弃义，民复孝慈；

【曾解】

仁义本为规劝不孝不慈者，民情却因之为乱，今亦当弃之，人们就会恢复其孝慈天性。

不再自作聪明，就不会有节外生枝，在无何有乡中，尽享仙福与天趣！

绝巧弃利，盗贼无有。

【曾解】

智巧本为安定天下而设，结果反为盗贼之资，亦须弃之，盗贼也就不存在了。

后天有为之道，圣人不得已而用之以治其身。吾人欲复返虚灵之无为道境，须绝仁弃义，绝巧弃利，如此则身心和谐，“六贼（眼、耳、鼻、舌、身、意）”归伏，身安心安。

此三者（智、义、利）**，以为文不足。**

【曾解】

此三种措施，用于文饰天下、装潢门面，显然不够充分。

身心和谐，禅道双安，则进入“虚、空、灵”三清境界。故此三者（智、义、利）对于修持朴实之道者咸属多余。

故令有所属：见素抱朴，少私寡欲。

【曾解】

令人们系属于朴实之道：人人皆崇尚朴素，自然私心欲望减少，则天下太平矣。

步入朴实之道境界，咸归于虚、归于空、归于灵，无得而得之道乡见矣！

［黄元吉证道解］

（太上）此喻修养之道，先要存心养性，心性一返于自然，斯后天之精气，亦返于先天之精气。倘未见性明心，徒以后天气质之性、知觉之心为用，则精属凡精，气属凡气，安得有真一之精、真一之气合而成丹乎？修行人须从本源上寻出一个大本领、真头脑出来作主，于是炼精炼气炼神，在在皆是矣。悟得此旨，不但知太上之经，治世修身，处处一串，即四书五经，无在非丹经矣。它注言在上之人，绝弃圣智，而民只知有利，故趋利者百倍；绝弃仁义，而民不知爱亲，故大反乎孝慈——此不当绝弃者而绝弃之，其弊如此。至于巧利圣智仁义相悖，能绝之弃之，盗贼何有？此当绝弃者绝弃之，其效如此。此讲甚"高"。三者以下，谓治民不必以令，但命令必本于躬行所系属者为要。见素则识定，抱璞则神全，少私寡欲，所谓有天下而不与也，非裕无为之化者，曷克臻此？

诗 颂

（一）

见素抱朴玄关启，去私寡欲识锁开。
没弦琴奏无声曲，余音了了孕道胎。

（二）

修真之事自有根，依根立基信愿行。
愿中行兮行中证，不觉证入不二门。

配画　罗鸿声

绝圣弃智

一丛荷花水灵灵，飞来好友是蜻蜓。
根入污泥不染泥，花之精神道精神！

第二十章　无学之学

唯之以阿，相去几何？善之与恶，相去何若？人之所畏，不可不畏。

荒兮，其未央哉！众人熙熙，如享太牢，如登春台，我独泊兮其未兆，如婴儿之未孩，乘乘兮若无所归。众人皆有余，而我独若遗。我愚人之心也哉！

沌沌兮，俗人昭昭，我独昏昏；俗人察察，我独闷闷。泽兮，其若海；漂兮，若无所止。众人皆有以，而我独顽且鄙。我独异于人，而贵食于母。

题示：

老子上一章言绝学无忧，绝圣弃智，乃无用之用。本章讲无学之学。极言智巧、小聪明之为害，不但不可用，而且不可学。

唯之以阿，相去几何？

【曾解】

应物之心，圣凡各异——圣人随缘无为而无忧，凡人用巧辛劳而多虑。就像唯敬与阿慢，两者差之毫厘，结果却谬以千里，不是吗？

道生天命之性，性生生命之神——道之代表。神有“气”则灵，神无“气”则归性！

神之与灵，相去几何？无“气”则神顽不灵，难以起用；有“气”则神用不疲，越用越灵。

善之与恶，相去何若？

【曾解】

善人与恶人的行为及其后果，难道不也是这样的吗？

常人意识，是非清楚，善恶分明。至人物我一如，与天地同根——“同出而异名”，何须分别过甚？

人之所畏，不可不畏。

【曾解】

伤天害理之事，伤生害道之物，人人应当畏惧；圣人何尝不畏惧之！

道人唯畏虚之不寂，静之不笃，气之不聚，命之不恒，神之不灵，道之不成。

荒兮，其未央哉！

【曾解】

若不畏惧，将闹得天下大乱，田土荒芜，不可收拾！

道在鸿蒙未判先，那时无神也无仙，所谓天玄地黄，宇宙洪荒。

众人熙熙，如享太牢，如登春台，

【曾解】

众人见物可欲，贪图享受；来往奔忙，大吃大喝；登高望远，乐而忘返。

天道化为地道、人道，道淳德化，古风和顺，修朴德者多，熙熙然相安而乐。

我独泊兮其未兆，如婴儿之未孩，乘乘兮若无所归。

【曾解】

唯老子离物欲而修大道，超然无个人私欲，淡泊于利欲发生之前，如婴儿那样天真烂漫，似乎无识无知，游戏人间，泛然应物，若不系之舟，随流漂荡。

修道者淡泊恬静，如天真无邪的赤子，随顺大道之自然，日夜用功，不敢苟且。

众人皆有余，而我独若遗。

【曾解】

众人智巧多方，积累丰厚；修道圣人则弃智忘物，物亦忘我，遗世独立。

众人有为法门丰富，一套又一套，初、中、高、超……我只守中抱一，神入太虚，独“笨拙不堪”，排除在众多“大法”“秘法”之外。

我愚人之心也哉！

【曾解】

如果有人说我像个傻子，我的确傻劲十足！

须知，修道尚愚不尚智，任人当作牛马呼！

沌沌兮，俗人昭昭，我独昏昏；

【曾解】

在这混沌的人世间，一般人都有明确的打算和目标；唯独修道圣人混混沌沌，不与人争，与物同化。

众多有为法门，有板有眼，花样百出。独我无为法虚极静笃，等待静极生动，动而产出灵丹妙药，药灵气足。

俗人察察，我独闷闷。

【曾解】

常人处事都斤两分明，而修道圣人似杳然无知。

然后虚中有觉，觉而混沌，入于杳冥。

泽兮，其若海；漂兮，若无所止。

【曾解】

修道圣人心量，湛然虚明，如海之宽广，不可测度；随缘应物，漂流无方。

混沌归无极，无极而太极，豁然开朗，情怀若海之阔、天之广。

众人皆有以，而我独顽且鄙。

【曾解】

众人都依恃其聪明才智，有为而有以为；修道圣人独无知无欲，很像是一个顽固而又笨头笨脑的愚人。

海阔天广，恍然有悟：任它万千差别法，总与金丹事不同。或曰：万般大法皆小术，唯有空而不空是大道。

我独异于人，而贵食于母。

【曾解】

修道圣人的确异于常人，他唯一的嗜好是虚无大道。

道因气而立——气为万物母。常人嗜肉，勇敢而悍；道人食气，神明而寿。

[黄元吉证道解]

（太上）首言圣人绝学。已得常乐我静，并无忧虑。日用行习，一归混沌之天。不彫不琢，无染无尘，所谓仰之弥高，令人无从测度，真有可望而不可及者。顾功虽如此之极，究其相隔，不过一念敬肆之分。人可畏其高深莫测，而却步不前耶？颜子谓“舜何人也，予何人也？有为者亦若是”，洵不诬也。然，却非等顽空之学，了无事功表见于世。圣人自明德以至新民，使群生食德饮和，嬉游于光天化日。斯道也，何道也？至诚尽己性、人性、物性之道。噫！尽性至此，复何学哉？不过食母（道）之气而已。

诗 颂

（一）

俗人察察我闷闷，俗人昭昭我昏昏。
打打杀杀何时了？我不关心谁关心！

（二）

名方唱罢利登台，我如婴孩看过来。
随顺世缘装糊涂，谁是替天行道才？

（三）

巧者多劳智者忧，道者无欲无所求。
豁然悟到得意事，更得意事在后头！

（四）

无学之学谓绝学，无忧之忧生远忧。
若言放下放不下，银河也有多事秋。

配画　陈彦雄

片云亭论道

片云亭前无片云，天风徐来天籁鸣。
风动籁鸣心即动，心若不动不是人。

此时无声胜有声，视而不见听不闻。
对境无心心不竞，辜负飞来一片云。

第二十一章　孔德之容

孔（大）德之容（貌），唯道是从。道之为物，唯恍唯惚。惚兮恍兮，其中有象；恍兮惚兮，其中有物。杳兮冥兮，其中有精，其精甚真，其中有信。自古及今，其名不去，以阅（察）众甫（始）。吾何以知众甫之然哉？——以此。

题示：

恍字，竖心为旁，心光明亮；惚字，亦竖心为旁，对境勿动心，则一觉独灵。初入道境者，率皆如此。

道者“腹中有宝好论道，无限春光满面容”。本章老子具体讲述了他的修道感受，即道的光明境界，及其道用。

孔（大）德之容（貌），唯道是从。

【曾解】

修真证道的大德，腹中有宝，和气存内，内真外应，容光焕发——独有修道有成者，能够具备如此盛德之容。

道之为物，唯恍唯惚。

【曾解】

常年修道证得的这个东西、道之代表——天命元神、先天一气，恍而无象之相，惚而无状之状，似有似无，似无似有，妙不可言。

惚兮恍兮，其中有象；

【曾解】

惚恍之中，好像又有形有象——似有一法相存在。

恍兮惚兮，其中有物。

【曾解】

恍惚之中，好像又有某种东西呈现。

杳兮冥兮，其中有精，其精甚真，其中有信。

【曾解】

道之代表天命元神、先天一气这个东西，冥而无形，灵而有相，在这个无状之状中，确有个真实的精灵呈现——天之骄子、宇宙杰作，怀抱着大宇宙的无穷消息。

自古及今，其名不去，以阅（察）**众甫**（始）**。**

【曾解】

后天万物之名，其名在外，物灭则名亡。大道元神精灵之名其名在内，与道为一而不朽，从过去世经历现在世而流向未来世，其名永存。我们当以此为据来考察天地万物从道而生，遵道而行，历尽春华秋实，又叶落归根之奥之妙。

吾何以知众甫之然哉？——以此。

【曾解】

吾何以知道天地万物从道受气，成长壮大，生生不息呢？就是从恍兮惚兮的虚灵道境中，观察和体味到的。

[黄元吉证道解]

此恍兮惚是性光发越，故云“有象”；惚兮恍是以性光下照坎宫，而真阳发动，故云“有物”。窈冥之精，乃二五之精，故云“甚真”。欲得真精，须知真信。真信者，阴阳迭运，不失其候之调，俟其信之初至，的当不易，即行擒伏之功得矣。凡人修炼之初，必要恍惚杳冥，而后人欲净尽，天理常存，凡息自停，真息乃见。此何以故？盖人心太明，知觉易生。若到杳冥，知觉不起，即元性元命，打成一片。此个恍惚杳冥，大为修士之要。学人当静定之时，忽然偶生知觉，此时神气凝聚丹田，浑然精然，自亦不知其所之，此性命返还于无极之天也。虽然外有是理，而丹田中必有融和气机，方为实据。由此一点融和，采之归炉，封固温养，自能发为真阳一气。但行功到此，大有危险。惟有一心内守，了照当中，方能团结为丹药，可以长生不老。若生一它念，此个元气，即已杂后天而不纯矣。若动一淫思，此个气机即驰于外，而真精从此泄漏矣。古人云：泄精一事，不必夫妻交媾，即此一念之动，真精已不守舍，如走丹一般。学人必心与气合，息与神交，常在此腔子里，久之，自有无穷趣味生来。然而真难事也；设能识透玄机，亦无难事。起初不过用提掇之法，不许这点真气驰而在下，亦不许这个真气分散六根门头；总是一心皈命，五体投诚。久久自然精满不思色矣。愿学者保守元精，毫不渗漏。始因常行熟道，觉得不易；苟能一忍再忍，不许念头稍动，三两月间，外阳自收摄焉。外阳收摄，然后见身中元气充足，而长生不老之人仙从此得矣，仙又何远乎哉？

诗 颂

（一）

道德真容玄而妙，阴阳神气共合成。
无中生有今始有，有窍有妙不虚行。

（二）

真空不空生妙有，无极太极道显形。
神气相交性命融，日月合璧道初成。

配画　陈彦雄

月下论道

庚方月现道初见，十年辛苦磨一剑。
吕祖告诫牢记取：月圆赏月莫迟延！

第二十二章　抱一曲全

曲则全，枉则直，洼则盈，弊则新，少则得，多则惑，是以圣人抱一为天下式。

不自见故明，不自是则彰，不自伐故有功，不自矜故长，夫唯不争，故天下莫能与之争。古之所谓曲则全者，岂虚言哉！诚全而归之。

题示：

此承前一章，讲道之由体起用。圣人之所以道全德备，众美皆具，系因圣人守中抱一，与世无争，故众德交归。古之所谓"曲则全，枉则直……"绝非虚言！

曲则全，枉则直，

【曾解】

曲即委屈、运化，能伸能缩。故《易》曰："曲成万物而不遗。"

天下之物皆有两面性，曲线运动能回到原点，成就一个圆满之圈。能屈则能伸、能缩也能直，直成道生一的"一"。圣人若不屈己从人，则人不信。人不信则道不伸。道伸为一，八卦第一划而开天辟地。

大道修持，遵循太阴之理，从曲而生——初三新月，药苗初生。此时宜神光寂照，文火温养。至十五月圆，气足药灵，运转周天，以烹以炼，以期炼成纯阳真气。

洼则盈，弊则新，

【曾解】

地势低洼，譬如江海，水就能盈满。圣人虚心谦下，虚怀若谷，德无不盈。

旧的不去，新的不来。古铭曰：苟日新，日日新，又日新。圣人不断地总结所得，去弊存真，日新又日新。

“但识无为为要妙，须知有作是根基。”作为入手兴工的下乘有为法门，乃不得已而用之。入门之后应尽早地放下，争取尽快跃入新的无为而无不为上乘佳境。

少则得，多则惑，

【曾解】

圣人弃智绝学，为道日损，专心于一，终成大道。世人贪多务得，昧于虚灵大道，醉心旁门小术，弄得晕头转向。

有为法门，门多法多，法多弊多。无为法，法归于一—— 一者道也，虚也，静也；不归于虚静者皆小术也。

是以圣人抱一为天下式。

【曾解】

一者中也，身心合一中正之谓也。所以圣人一心内守，身心合一，行中正之道，无过不及，作为天下人修身、治事的范式。

故而古人曰：得其一，万事毕。“一”即道也——道通则万法皆通。

不自见故明，不自是则彰，

【曾解】

不自我欣赏、自傲，是明白人；不自以为是、吹嘘，是聪明人。

道通即气通。体内真气充满，虚极静笃，己身消融，一片光明，智照无碍，虚实皆彰。

不自伐故有功，不自矜故长，

【曾解】

不自吹自擂，自有功德；不自命不凡，则能不断成长。

大道彰明，不自是而德隆，不自矜则道长。

夫唯不争，故天下莫能与之争。

【曾解】

唯有不与人争赢斗狠，天下人想与他争斗也争斗不起来。

默默运功，不竞不争，不勉不强，神融气聚，自然泰然。

古之所谓曲则全者，岂虚言哉！诚全而归之。

【曾解】

古人所说的，能委曲求全者，是智者，可不是假话，全都是真的。

回顾曲、枉、洼、弊、少、多六者，无非是要求我们去有存无，去胜存朴，去贪存实，去伪存真，守中抱一，心息相依，是为天下修道之范式。以之炼己，则有功于自己；以之教人，则有益于他人。

［黄元吉证道解］

此（文）即中庸（之道），其次致曲、曲能有诚之道。曲即隐曲，道曰“玄窍”，佛曰“那个”，儒曰“端倪”。是又非虚而无物也。天地开辟，人物始生，尽从此一点发端，随时皆有动静可见。其静而发端也，不由感触。忽然而觉，觉即曲也。其动而显像也，偶然感乎。

突焉而动，动即曲也。要皆从无知无觉（曲）时，气机自动，动而忽觉，此乃真动真觉。但其机甚微，为时最速，稍转一念、易一息，即属后天，不可为人物生生之本，亦不可为炼丹之根。吾人受气成形，为人为物，都从此一念分胎，修道之邪正真伪，孰不自此一念发源耶？《周书》曰：“罔念作狂，克念作圣。”圣狂一念之分，如此其速，此即一曲之谓也。古人喻为电光石火，又如乘千里骥绝尘而奔。此时须有智珠朗照，方能认得清楚。既识得此个端倪，犹要存养之、扩充之，如孟子所谓火始然，泉始达，浩浩炎炎，自然充塞天地。然扩充之道，又岂有它哉？非枉屈自持，则不能正气常伸。非卑洼自下，则不能天德常圆。惟守吾身故物，不参不二，温其故，抱其一，不求之于新颖之端，不驰之于名象之繁，斯乃不至于愈学愈迷，而有日新又新之乐矣。古圣人知一曲为成仙证圣之阶，遂将神抱气、气依神、神气合一而不离，以为自修之要，以为天下之式。倘自见自是，即昧其明而不彰，况自伐则劳而无功，自矜则短而不长。智起情生，往往为道之害。惟不自见自是，自伐自矜，斯心平气和，自然在彼无恶，在此无斁，又谁与之争哉？道之潜移默契如此，非抱一者包能全受全归，以返其太始之初乎？

诗　颂

（一）

初三十五月儿圆，到此方识曲则全。

太极曲线步步高，跃上昆仑养浩然！

（二）

委曲求全道业成，古今道者一贯制。

任凭境风吹识浪，心中无事真无事。

（三）

性命双修性本无，无中生有命实有。

执着虚无玩顽空，老子再也不开口。

配画 陈彦雄

诚全归来

枉直曲全敝则新，我自不争谁与争。

动听时鼓有弦琴，闭目且读无字经。

第二十三章　忘言体道

希言自然。故飘风不终朝，骤雨不终日。孰为此者？天地。天地尚不能久，而况于人乎？

故从事于道者，同于道；德者，同于德；失者，同于失。同于道者，道亦乐得之；同于德者，德亦乐得之；同于失者，失亦乐得之。信不足焉，有不信焉。（后两句与第十七章重复）

题示：

本章中老子依自然现象的因果变化，告诉我们一切都在无常的变化之中，人世间的现象也是如此，不是你我的力量可以左右的。至于那个超越现实的“自然”，变而不变的那个东西，只能在“道者同于道……”中去体悟；故曰希言！

希言自然。

【曾解】

道体虚无，无可言说——语言无功。

万象变幻，无物常住，难以穷其本根。我们在有生之年，应多干实事，少说废话，顺应自然——多言数穷，寡言体道。

佛家的最高经典是“无字真经”，也就是佛祖说法四十九年未能道得一字的经典中之经典。道家的最高经典名“无字天书”，有道者方能得，无心者才能通。

故飘风不终朝，骤雨不终日。孰为此者？天地。

【曾解】

看吧，大风吹不到一上午，暴雨下不到一整天。谁管领着这些事？——天和地两位老爷子。

吾人生命有限，而学无止境。入道之初，宜反其道而行之——为道日损，抓紧时间实修实证。修至人天合一、天人一体，就能恍然大悟："飘风不终朝，骤雨不终日。"顺其自然可也！

天地尚不能久，而况于人乎？

【曾解】

天施地化尚不能持久，何况人间万事呢？

庄子曰："吾生也有涯，而知也无涯。以有涯随无涯，殆也。"终日读经，不如坐而修道，从实践里体验道境之微妙！

故从事于道者，同于道；

【曾解】

所以修道、悟道、证道、弘道之人，同声相应，他们彼此之间就谈得来。

事业已成，人道已了，相约几个同修，认真阅读经典，即使没有明师，暂且依样画葫芦，不亦乐乎！

德者，同于德；

【曾解】

同气相逑。德行好的人，喜欢与德行好的人在一起。

一念至诚，真师迟早来临——德者同于德嘛！

失者，同于失。

【曾解】

失败者同情失败者。

失败乃成功之母！尽人道如此，修天道更如此！看看《西游记》即知。

同于道者，道亦乐得之；

【曾解】

同道中人，都能享受修道、悟道、证道的法乐——乐从衷来，充满每一个细胞；乐极起舞，浩歌频发，声遏行云！

历尽九九八十一难，终于取得了真经，乐不可支！奈何打开一看：无字真经！只好又回去换取有字的经典：修定静中忙，读经贫里乐！

同于德者，德亦乐得之；

【曾解】

品德相同的人，谈到德行就心心相印。

"入门须读有字经，动听还在有弦琴。一直读道无读处，且随琴音入杳冥。"其实："人人有卷无字经，昼夜四时放光明，展开原来无一字，不是纸笔墨写成。"

同于失者，失亦乐得之。

【曾解】

都是失败者在一起，总结失败的教训也颇为高兴。

谚曰：智者千虑必有一失，愚者千虑必有一得。先失而后得，经有为而达无为，终无不为矣，当然高兴！

信不足焉，有不信焉。

【曾解】

互相不信任，当然谈不拢；因为彼此本来就信不过。

大道之门，唯信能入！不信者何必勉强——道法本是渡人舟，有缘之士自上船！

［黄元吉证道解］

此（段文）言无为自然之道，即天地日月，幽冥人鬼，莫不同此，无为自然，以生为遂，为用为行而已矣。凡人自有生后，聪明机巧，昼夜用尽，本来天理，存者几何？惟有道高人，一顺天理之常。虽下手之初，不无勉强作为，及其成功，一归无为自然之境，有若不思而得，不勉而中，从容中道者焉。故以圣人观大道，则无为自然之理，昭昭在人耳目，有不约而同者，若以后人观大道，则无为自然之旨，似乎惟仙惟圣，方敢言此；凡人未敢语此也。《中庸》云："生学困勉，成功则一。"不将为欺人之语哉？非也。缘其始有不信之心，由不道之门，其后愈离愈远，所以无为自然之道，不能尽同，而分门别户，从此起矣。学者明此，方不为旁门左道所惑也。

诗　颂

（一）

天施地化难持久，飘风骤雨不终朝。

风云变幻谁为宰？老子也说不知道！

（二）

同于德者常论德，同于道者共论道。

一门深入深深入，虔心修道第一着。

（三）

没有捷径与奇迹，更无馅饼天上掉。

一步一印回头看，昨非今是真好笑！

（四）

路逢剑客方逞剑，得遇诗人再论诗。

生公说法石点头，对牛弹琴太愚痴。

配画　陈彦雄

华山论道

华山论道不论剑，陈抟老祖主人贤。

德者失者同析道，今生缘续前世缘！

第二十四章　跂者不立

跂者不立，跨者不行；自见者不明，自是者不彰；自伐者无功，自矜者不长。其于道也，曰余食赘形，物或恶（厌）之，故有道者不处也。

题示：

老子在本章反复地申明，道体自然，自然而然，凡事须顺势而行，效法天地自然“曲全”而成万物万事，切莫乱加主观作为——勉强而为，卖弄小聪明，否则走向反面。

跂者不立，跨者不行；

【曾解】

脚跛了就站不起来，勉强站着也不稳当；跳跃而行不算走路，因为难以持久。

修道当然要勇猛精进，但非鲁莽胡为，更不能盲目乱为！

自见者不明，自是者不彰；

【曾解】

自认为不错，没有缺点，是不明智的；自以为是，处处比别人强，实际是愚痴的。

不能自以为是，玩弄小聪明而自欺欺人。

自伐者无功，自矜者不长。

【曾解】

自吹自擂者没有功效，旁观者反而觉得好笑；自恃自傲者，也不可能长久，幻梦终归会破灭。

要破除所知障，尤要见地分明——稀里糊涂，怎能修行！

其于道也，曰余食赘形，物或恶（厌）之，故有道者不处也。

【曾解】

对于真修大道者而言，“四自”不除，必妨碍修道，叫做吃得太饱行走难——所知过多反而障道。这种“四自”现象很是令人厌恶，所以凡修道有成的人，是不会这样做的。

修真证道乃必须亲加实践、实证的功夫，掉入文字网络那就糟了！得道者不言道；言道者未必有道。学者耽于著书立说，则系于本职。其中最害人者，那些所谓“宗师”“大师”们，一度虚名在外，写了不少似是而非的东西，把一大批信徒和虔心求道者引向左道旁门，乃至岔道、邪道，断人慧命，这是要背因果的。

［黄元吉证道解］

此（段文）希言自然，不外一个清净。何谓清，一念不起时也。何谓净？纤尘不染候也。总要此心如明镜无尘，如止水无波，只一片空洞了灵之神，即清净矣。倘若世之庸夫俗子，昏昏罔罔，终日无一事为，即非清净。惟清中有光，净中有景，不啻澄潭明月，一片光华，乃得清净之实。若有一毫自见自是，自伐自矜之意，便是障碍。所以学道人务使心怀浩荡，无一事一物扰我心头、据我灵府，久久涵养，一点灵光普照，恍如日月之在天，无微不入焉。只怕一念之明，复一念之肆，则明者不常明矣。昔孟子之所长，在于养气，气不动则神自灵，神灵则心自泰，故不曰养心而曰养气，诚以志一则动气，气一则动志也。苟不求养气而徒曰养心，无惑乎终身不得其心之宁者多矣。心果清净，真阳自生。一切升降运行，顺其自然为要。如跂者必使之立，跨者必使之行，余食过饱，赘行过劳，皆未得其当，物犹恶之，而况人乎？是以有道之君子，不忍出此也。

配画 陈彦雄

诗 颂

（一）

好高骛远人通病，急于求成病日深。
投师不问邪与正，神通未成成神经。

（二）

不求养气徒养心，终生不得心安宁。
气畅血活百脉顺，慧镜高悬日月明。

自矜不长

跂者不立跨不行，沙上建塔随时倾。
修道需要好柱杖，日夜相伴大道行。

第二十五章　大道混成

有物（东西）混成，先天地生。寂兮寥兮，独立而不改，周行而不殆，可以为天下母。吾不知其名，字之曰“道”，强为之名曰“大”。

大曰逝，逝曰远，远曰反。故道大，天大，地大，人（圣人）亦大。域中有四大，人（圣人）居其一焉。人（圣人）法地，地法天，天法道，道法自然。

题示：

道系何物？什么模样？在本章中老子多方面给我们进行了描述。

有物混成，先天地生。

【曾解】有个不是任何具体东西的东西，是“有物先天地，无形本寂寥”那个东西，或者说是“心物一元”的那个东西，系阴阳、乾坤混沌而成，充塞宇宙，其大无外；渗入万物，其小无内；这个东西在天地产生之前就已经生存着了——“塞破虚空都是我，从未洗脸换衣裳！”

寂兮寥兮，独立而不改，

【曾解】这个东西无声、无色、无形，独自虚寂而广漠地生存着，渗入于万物之中，独立于天地之表，自运自行，自然而然。

周行而不殆，可以为天下母。

【曾解】流行四时，终古不穷，周而复始，永不停歇，天地万物、精神生命皆由她而生，可以把她看作是天地万物、万类的母亲。

吾不知其名，字之曰“道”，强为之名曰“大”。

【曾解】我不知道它系何物，如何称谓，我就主观地给它取了一个名字叫做“道”，爱称之曰“大”——比宇宙还早、还老、还伟大的“老大”。

大曰逝，

【曾解】这个宇宙最伟大的老大，大到什么程度呢，有点像现代人说的“其大无外”的“宇宙统一场”——统精神和物质于一体的“大统一场”“超统一场”，超大到无边无际，消逝在吾人的三维视线之外，怎么也看不见了……

逝曰远，远曰反。

【曾解】消逝在三维视线之外，那一定是很远、很远的了。须知“天道好还”，远逝到极端，浪子回头金不换，终归又会返还原处。

故道大，天大，地大，

【曾解】所以说“道”伟大得无以名之；天也伟大得不得了，高高在上，阳光普照；地也伟大得不得了，厚德载物，不辞辛劳。

人（圣人）**亦大。**

【曾解】圣人之君算是人中的老大！唐尧虞舜则是人中老大的楷模，行无为之治，刮禅让之风——古今人类自由民主的老祖宗。

域中有四大，人（圣人之君）**居其一焉。**

【曾解】在宇宙广袤的领域中，有四个都可以称为老大者；人中的老大——圣人之君，算是其中的一位。

人（圣人）**法地，**

【曾解】人中（圣人之君）老大效法地老大，厚德载物，不辞辛劳，劳而无怨，辛而有功。

地法天，

【曾解】地之老大则效法天老大，日月朗照，雨露应时，润物无声，一视同仁。

天法道，

【曾解】天的老大服从老大之老大"虚无大道"的安排，资始万物，送它们去，迎它们回，日日新，又日新。

道法自然。

【曾解】老大之老大——虚灵大道则只能效法它自己：自我本然，自然而然。

［黄元吉证道解］

天地浑沦磅礴，浩荡弥纶，至显至微，最虚最实。而凡形形色色，莫不自个中生来，此何物耶？生于天地之先，宰乎天地之内，立清虚而不稍改易，周沙界而无有殆危，真可为天下母也。未开辟以前有此母气而后天地生，既开辟以后有此母气而后人物肇。吾不知其名，强字之曰道曰大。大则无所不包，逝则无所不到，无曰远莫能致。须知穷极必反，道之大，不诚四大中所特出者哉？学人欲修至道，漫言自然，务须凝神调息——凝神则神不纷驰，人之心正，即天地之心正；调息则息不乖舛，人之气顺，即天地之气亦顺。参赞乾坤，经纶天地，功岂多乎哉！只在一心一身之间，咫尺呼吸而已矣。《中庸》云“致中和，天地位，万物育”，其此其之谓欤？人果时时存心，刻刻养气，除饥时食饭困时打眠之外，随时随外，常常觉照，不许一念游移、一息间断，方免疾病之虞。否则稍纵即逝，外邪得而扰之。正气不存，邪气易入，有必然者。古云：人能一念不起，片欲不生，天地莫能窥其隐，鬼神不能测其机，洵非诬也。人谓筑基，乃可长生。哪知学道人就未筑其，只要神气常常扭成一团，毫不分散，则鬼神无从追魂摄魄，我命由我不由天也。吾不惜泄漏之咎，后之学者，苟不照此修持，则无以对我焉。

诗 颂

（一）

大道不离精气神，老子一气化三清。
入世出世在当下，无须苦觅第一因。

（二）

太极一气天下母，乾施坤受阴阳配。
生了天地生万物，借问老妈累不累？

（三）

无极太极不神神，无声无臭亦无形。
无以名之名曰道，与道合一自长存。

（四）

有物混成号金丹，来自鸿蒙未判先。
今日后天重见面，再立乾坤上九天。

（五）

域中四大人居一，禀气含灵推为尊。

培补天地万物缺，不是来此混一生！

（六）

遥望道门深又深，愿心信心更痴心。

开卷有益常开卷，古今高人指迷津。

（七）

天有盈虚与消长，人有穷通和寿夭。

气数难以律真人，扭转乾坤握柄梢。

配画　陈彦雄

体用同道

老子大道不可道，庄子之道在屎尿。

子能后天返先天，体用原来同一道。

天道行先人道行，人道全处天道灵，

时时痛饮长生酒，杯杯醉倒过来人。

第二十六章　重为轻根

重为轻根，静为躁君。是以圣人终日行，不离辎重。虽有荣观，宴处超然。奈何万乘之主，而以身轻天下？轻则失根，躁则失君。

题示：

上一章老子讲了四大——道大、天大、地大、人（圣人）亦大，和四法——人法地、地法天、天法道 、道法自然。本章则着重讲人法地。

重为轻根，

【曾解】

重者身也，轻者身外之物——功名富贵也。身体为生命活动之本根应当重视，身外之物则如浮云；外物因身而后有，故而重为轻之本根也。

修道者应当效法地之厚德载物，脚踏实地，一门深入，锻炼水火二物，以期坎离相交，玉液还丹，强身健体。

对于丹道修炼，重者水也、铅也，轻者火也、汞也；铅性沉重，而汞火易飞。要得汞火不飞，必以铅水制服，方得水火互济，念念归真。

静为躁君。

【曾解】

静者性命，躁者欲情。性命为形体之本根，至虚而静，动则化为心意，外驰不停，甘为物役。以静制躁，性命不离；故静为躁之君，君令臣伏。

静则静定，躁则静极生动，铅炁萌动。此时以静制躁、以铅制汞，汞铅和融，无极而太极，元精产也，灵药孕也。

是以圣人终日行，不离辎重。

【曾解】

即使是圣人之君，饿了也得吃饭。所以圣君终日奔波，千里远行，都要把吃的、穿的、用的带在身边，这是最重要的。

真心修道士子，入手筑基在于炼精化气。精从何来？——来自五谷精微，纳入腹内，浊化为渣，清化为津，津又提炼为精，精则化而为气。吾人不论处于何地，皆应重视五谷营养，须搭配适宜，以利炼精化气，健强血肉之躯——载道之器。

虽有荣观，宴处超然。

【曾解】

古代圣人之君虽然也富有四海，亭台楼阁，无所不备，但心境却能超然物外，不为物欲所染。

至于居所，有树木山水、竹篱茅棚就不错了，效羲皇上人可矣。

奈何万乘之主，而以身轻天下？

【曾解】

今之大国王侯则不然，只重视自己的物欲享受，轻视其心性修养，忽略国家、人民的利益。你能奈何得了他吗？

先天元神乃吾身之主，然后天色身为其居舍，故不可轻视，否则难以成就应有的功德。居舍朽，无以居，元神则为阴灵之鬼耳，或曰鬼仙——鬼仙无人求。

轻则失根，躁则失君。

【曾解】

轻视心性修养和天下人民利益，既伤身本，亦害国本。贪图物欲享受，必丧失己之本性——本性失，何以为君！

吕祖曰：“只修性，不修命，此是修行第一病。”命不修则性不立，性命不立何来本根？

无本根则失君，所谓修道，不过口头禅而已。

［黄元吉证道解］

此（段文）言水轻而浮，为后天之气，属外药；金沉而重，为先天之命，号真铅——又号金丹，又号白虎初弦之气，其名不一，是为内药。先天金生水，为顺行之常道，生人以之，故曰重为轻根。夫人生于后天，纯是狂荡轻浮之气作事，以故水气轻而浮，情欲多生，命宝丧失，所以易老而衰。君子有逆修之法，无非水复生金，轻返于重，以复乎天元一气。是以终日行之，而不离乎辎重。不过亭亭矗矗，屹然特立，厚重不迁，养成浩气，充塞乾坤而已矣。此为逆修之仙道，炼丹以之。总之由有形以复无形，丹道之一事也。火燥而动，为后天之神，属外药；木静而凝，为先天之元性，曰真汞，曰真精，又曰青龙、真一之气，其名亦多，要皆内药。先天木生火，为顺行之常道，生人以之，故曰“静为躁君”。夫人成形而后，纯是智虑杂妄之神用事，以故火性飞扬，变诈百出，性真梏没，所以易弱而倾。君子有倒施之功，无非火复生木，躁返于静，以还乎不二元神。于此虽有荣观，燕处超然，无非万象咸空，一真在抱，养成大觉真金仙，召回霄汉而已矣。此为逆炼之丹道，成仙以之。要之自有觉以还无觉，又修道之一端也。此由外药以修内药，自后天而返先天也。吾更为之畅言曰：生人之道顺而生，修仙之道逆而克，盖不克则不生，亦不克则不能成。河图洛书之所以生克并用也。今之儒释修养，与吾道有异者，大抵彼用顺行，一循自然之度；吾道独逆炼，则有勉强作为之工。倘有不克，无以为生成也。但顺而修则易，逆而修则难。不得真师，不明正法，妄采妄炼，鲜不为害。既得真师，明正法矣，不结仙缘，不修善功，则神天不佑，魔魅来缠，必有将成而败，倾丹倒鼎，连身命俱丧者，此诚不可不慎也。何以逆之克之？始用顺道之常，效夫妻交媾之法，以火入水乡，即是以神入气中，此为凡父凡母交而产药。迨至火蒸水沸，水底金生，斯时玄窍开而真信至，是真阳生而子药产，此为外药。金气既生，真铅自足，予以火促水腾，木载金升，切切催之，款款运之，上升乾鼎，以真铅配真汞，以真火真意引之，下入丹田，即入坤腹，以炉鼎和药物炼丹，此返坎为男，复离为女。颠倒女男，选为宾主，收归炉内，烹炼一晌，再候真阳火动，以为金火大药。此为内药生，又曰大药产。此为灵父圣母交媾而育者也。且前小药之生，动在肾管外，其气小，故曰小药、外药；此则动于气根之内，生时有天应星，地应潮，六根震动之状，故曰内药、大药，又曰金丹。再以此金丹，运起河车，鼓动巽风，施用坤火，合离宫真精而炼之。真气合真精，即以先天阳气，制伏后天阴精，阴精亦合真气而化为圣胎。夫真气，自真精而生者也，为子气，气复归精，故喻子投母胎。所谓子恋母而来，母恋子而住，子母相抱，神气相依。即内然真火，外用阴符阳火，内外交炼，即结为圣胎，所谓“铅将尽汞亦干，化成一块紫金霜”。金丹大道与生人异者，只此处处逆施造化，颠倒乾坤耳。凡有功德，有缘有道之士，遇吾此注，尽可施功，不受异端祸乱。然而天机尽泄于此，如有助德之人，得天启沃，明白此旨，亦毋得轻泄，致于罪咎焉。至若经云“万乘之主”，即人身中之元神也。夫人之心，莫不欲一身安泰，百岁康强，奈何知诱物化，欲起情生，而以身轻用于天下也！此气虚浮而丧气，此神躁动而失神，身之存者，盖亦鲜矣，何况金丹大道乎？此注已将筑基、炼己、结丹、还丹、玉液、小大周天之法则，详细剖明，生等当书缙绅，佩服不忘，庶知之真而行之至也。由是功成道就，永为天上神仙，不受人间苦恼，岂不甚幸，各宜勉旃！

诗 颂

（一）

圣人之君千里行，吃饭仍是大事情。
强调为腹不为目，吃饱喝足展鹏程。

（二）

圣言急成非大器，贤言躁进无大功。
常言巅峰景无限，诤言直上路不通。

配画　黄道强

重为轻根

北国风光非江南，飘飘飞雪兆丰年，
平铺大地比脸厚，点缀长城似龙眠。

第二十七章　善行无迹

善行无辙迹，善言无瑕谪，善计不用筹策，善闭无关键而不可开，善结无绳约而不可解。是以圣人常善救人，故无弃人；常善救物，故无弃物。是谓袭（承）明。

故善人者，不善人之师；不善人者，善人之资。不贵其师，不爱其资，虽智大迷，是谓要妙。

题示：

上古之人，非常重视现代人所说的广积“阴功阴德”，认为做点利己、利人之事稀松平常，不值一提；可谓是真善行、善言者，当为后来修真证道者们所效仿的榜样。

善行无辙迹，

【曾解】

世俗以人、我对立，动与物竞，彼此不忘，故有辙迹——心存芥蒂。圣人游戏世间，不与物忤，任其自然，所谓“忘于物者，物亦忘之”，彼此皆忘，此行之善行者。遇到事情需拿起时就拿起，先看清、看破再看淡，随即放下，不留痕迹。

辙迹——车迹。前言炼精化炁，其功夫为“河车搬运”，一半自然，一半人力。纯熟后法轮自转，前升后降，阳火阴符，自然而然，了无辙迹。

善言无瑕谪，

【曾解】

圣人无世俗之分别心，恃平等心，因人施教，有的放矢，此言之善者，故无可指责。

“安闲自得长生道，昼夜无声转发轮。”“转罢法轮君再睡，明朝依旧接天机。”无法可说——无瑕可谪。

善计不用筹策，

【曾解】

圣人无得失之心，利害之虑，处事无须筹划策计，一切随缘，此计之善计者也。

自然河车之周天火候，可不受卦爻斤两等程限规则的限制，行满度数，自然而止。

善闭无关键而不可开，

【曾解】

世人巧设机关，“机关算尽太聪明”，结果往往是“聪明反被聪明误”。唯圣人忘机待物，以大道为网络，万物难逃其中，此真无关键而善闭不可开者。

自然而止，止于自然，神光寂照，温养沐浴，静待气足药灵，六根震动，大药纯乾，更上一重天。

善结无绳约而不可解。

【曾解】

世人有心施恩，结绳记事，以期不失。圣人大仁大慈，利泽一世，无望报之心，则人们终古怀之而不忘。此乃不可以解的无结之结，乃结之善者。

自然的河车搬运，神与气皆有两相知之微意，相恋不离，性命和融，丹产珠圆，复还太极。

是以圣人常善救人，故无弃人；

【曾解】

所以圣人处世救人——教人，有教无类，无不可教化之人，故无弃人。

古之成道者，皆系善言、善行、善计、善闭、善结者，并以之律己则己就，以之教人则人成，真善救人、教人者也。

常善救物，故无弃物。

【曾解】

物各有理，因势利导，使其各居其所，各得其用，故无弃物。

万物有灵——万物有神。人为万物有灵之至灵者，无弃人则无弃物——除非其自弃。

是谓袭（承）**明。**

【曾解】

圣人心普万物，智周万事，不过承袭其本明之心性，因事处事，妙用无穷，可谓善救善教之至矣。

“虽曰得道，实无可得。”——此说非袭明也！得道之后，须仗道而行道，以圆满功德，乃真得道也——是谓袭明！

故善人者，不善人之师；不善人者，善人之资。

【曾解】

故仁善之人，是不够仁善之人的老师——教授；不够仁善之人，是仁善之人引以为训的资粮——教材。

善人——体道无为之人，可以为不善人之师范——老师。不修道者，常自招无名烦恼，道者当引以为训——反面教员。

不贵其师，不爱其资，虽智大迷，是谓要妙。

【曾解】

圣人不贵其师——不思善，不爱其资——不思恶，至此境界，差不多就悟道了。在“智者”看来，似乎有些莫名其妙。圣人则哈哈一笑，随缘放旷，大智若愚——此乃修道、行道之要妙矣。

道妙深奥，若追本穷源，智者尤迷。求之者不得，不求时自得，得来才真，真而且灵，灵而且妙，妙而入道，如人饮水，冷暖自晓！

［黄元吉证道解］

此见圣人之语，无所不通。事物之理，即性命之道，体用原是兼赅，本末由来不离。如云善行无瑕迹，推之气机流行，（小周天）河车自运，亦是如此。若有迹象，即属搬运存想，非自在河车，上合天道之流行。曰“善言无暇摘”，即无法可说，是名说法，又曰祖师西来意。孔子曰：“天何言哉，四时行焉，百物生焉。”有瑕可摘，即有言可见，非圣人心领神会之宗旨。释氏曰“道本无言，却被人说坏了”，是其意矣。曰“善计无筹策”，周天之数，不过喻名三百之数，实非有爻策可计；有则非自然火候。曰“善闭无关键”，本是鸿濛未破，元神默默，元气冥冥，返还于元始之初，以结胎而成圣。若有闭则有开，非内炼之道也。曰

“善结无绳约”，言神恋气而凝，命依性而住。神气吻合，复还太极，以结成黍米之珠，阳神之体。若有则勉强撮合，非自然之凝聚，而不可以复命归真，顾其功效如此。而修养之要，不过见善则迁，有过则改，取法乎善与不善之类，返观内省以为功也。倘矜才恃智，傲法凌人，不贵其师，不爱其资，纵有才智，亦愚昧之夫，终不足以入道矣。于此见修道之要妙，圣凡原同一辙焉。

诗颂

（一）

圣人眼里无亲疏，善于不善皆帮助。
最需帮助不善人，从善如流好同步。

（二）

圣人之心求诸己，身外求法碍不通。
对境无心诸缘息，迟早参见主人翁。

（三）

随机应变法自然，积功累德善为先。
善修善行得善报，善道大开好扬鞭。

（四）

天无弃物与弃人，如有弃人系自弃。
人能自助天必助，天人合助成道器。

（五）

读尽道书千万篇，末后一段无人传。
无心者通无意得，无得为得细细玩！

配画　罗鸿声

花中慈善家

春风吹得菜花黄，花中善人祂为王！
修成正果榨成油，大显身手在厨房。

第二十八章　守道为要

知其雄，守其雌，为天下溪。为天下溪，常德不离，复归于婴儿。知其白，守其黑，为天下式。为天下式，常德不忒（差错），复归于无极。知其荣，守其辱，为天下谷。为天下谷，常德乃足，复归于朴。朴散则为器，圣人用之，则为官长。故大制不割。

题示：

上一章讲行道之妙。老子本章则讲知道、修道并不难，关键在于要明守道之要妙。

知其雄，守其雌，为天下溪。

【曾解】

道超万物谓之雄，德谦处下谓之雌；雄立而雌伏，德备而道全。

知其雄——悟道难，既悟，守之为要。悟知大道，顺物委蛇，与时俱化，则守住柔德可矣，甘为天下之溪谷，众流自然来归。

雄施而雌化，阳施而阴受。《周易参同契》：“雄阳播玄施，雌阴统黄化。”道者知此则能施、能行，守此则能化、能育。雌雄交感，则金藏于水；金炁足而潮信至，倒流逆上，似漕溪之水也。

为天下溪，常德不离，复归于婴儿。

【曾解】

为天下之溪谷洼地，受众流而不拒，润万物而不竭，常德之德行也；

"润物细无声"，如婴儿之天真自然也。

漕溪水逆流而进阳火，继退阴符，归根复命之常德不可离也。即复归于土釜、黄庭，以养胎婴。

知其白，守其黑，为天下式。

【曾解】

悟觉之后，昭然明白，智无不知，但慧而不用，甘愿装傻。

修道尚愚不尚智——大智者若愚，天下修道者的最佳模式。

具体修炼而论，白者铅中之银，曰金精；黑者坤地之母，曰水基。金入水中坤母实而成坎，是名水中之金，赖坤母养育而盛。即《悟真篇》所云："黑中取白为丹母"是也。故知白必先守黑，守黑乃能知白，神归气伏，是为内丹修持之基本程式。

为天下式，常德不忒（差错）**，复归于无极。**

【曾解】

这种天下共通的修持模式，持之以恒，不会出错，日久功深，时至功成，终归了悟无极之道。

遵从此基本修持程式，不弃不离，持之以恒，必胎产珠圆，归证无极之道。

知其荣，守其辱，为天下谷。

【曾解】

知道荣耀，守其辱下，甘为天下之溪谷，常清而常静——人能常清静，天地悉皆归。

俗人虚荣，荣过了头，化而为辱；道者守辱，甘为天下之谷，空虚其中，无物不容。

为天下谷，常德乃足，复归于朴。

【曾解】

为天下之溪谷，众流来归，常德德水满足，复归于朴实的虚灵大道。

清静无为，心光朗然，内真外应，大宇之太和元炁悉皆归我所用，我之内能亦回馈宇宙，人天合一，天人一体，炼神还虚，回归朴实大道之乡。

朴散则为器，圣人用之，则为官长。

【曾解】

大道如朴实的原木，可以做成各种器具。圣人则物尽其用，故无有弃物；圣人按此原则充作百器之官长——器长，人尽其才，故无有弃人。

返本还原，与道为一，体味太朴之真，做宇宙万物之官长，分理阴阳，规划五行，派生万物……宇宙就热闹起来了。

故大制不割。

【曾解】

圣人道法自然，曲成万物而不遗，化行于世无弃人、弃物，无须宣讲仁义道德——人人皆“善行无辙迹”，这就叫做大制不割。

一切皆自然而然，不假勉强。

［黄元吉证道解］

此（段文）合孔德之容章并看，则知化精、化气、化神之旨，尽于此矣。虽然，其中细密处吾不妨再言之：“昔日逢师亲口诀，只要凝神入气穴。”若非回光返照丹田，则金水必然浑浊。既知凝神坤宫，或作辍不常，则水火必然散漫，先天真一之气又从何生？虽然，修炼之法，凝神要矣，而调息亦不可少焉。苟知神凝气穴，而不知调呼吸之息，下入阴蹻穴中，则神虽住而息不畅，无以扇风动火，使凡息停而真息见，凡心死而真心生。又况神火全凭神息，若无神息吹嘘，不惟水火不清，亦且金胎不化。既凝神调息，知所归宿矣，尤要神融气畅之际，如天未开，冥冥晦晦，然后一切游思浊气，方能收拾干净，犹日月剥蚀一番，自有一番新气象，如此絪絪缊缊，于无知觉时，忽然有知有觉，即是太极开基，玄关现象，又是一阳初动处，万物始生时。此际能把得住、拿得定，正所谓捉雾拿云手段。丹经云“时至神知”，又云“真活子时”，正谓此也。此时即当采取，若稍晷刻，又起后天知觉之私，不堪为金丹之药矣。此个机关，总要于万缘放下，一念不起时，急以真意寻之，方得真清药物。总要静之又静，沉之又沉，于无知无觉时，寻有知有觉处，庶乎得之。既曰一念不起，又何事用意去寻？岂不是有意去寻，又落后天识神乎？殊不知此个真意，如种火然，不见有火而火自在，不过机动而神随，自然之感触有如此者。若谓真属有意，则落于固执。若谓真果无意，又随于顽空。此有意无意之间，学人当自会之。《易》曰“寂然不动，感而遂通”是也。如此方是真知真觉，要皆真意为之。虽然，真意由于真心，必其心空洞了灵，不以有物而增，无物而减。有此真心，方有真意。有此真意，乃有真息。总要具有慧照，不错机宜，则炼一次自有一次之长益。到此地步，常常采取，自有真阳发生，还要炼己待时，不可略有一点求动之心，则后天识神不来夹杂，即先天至阳之精，真一之气。久久薰蒸积累，自有大药发生，可以返老还童。只怕不肯积功累行，以立外功。敦伦饬纪，以修内德，无以为承受之基耳。俗云：不怕一，只怕积。不怕骤，只怕凑。诚哉是言也。学人欲知用意之道，切勿徒听自然焉可。

诗 颂

（一）

修道尚愚不尚智，大智若愚为楷式。
为道日损又日损，损到常德成道器。

（二）

知白守黑天下式，知荣守辱天下谷。
真得道者不言道，复归婴儿复归朴。

（三）

神仙夫妇阳与阴，雄为元气雌元神。
阴阳相交天仙配，育个圣胎坐黄庭。

（四）

阴极阳动水中金，阳极阴生汞精灵。
乾坤相交金液香，随乘河车朝天庭。

配画　陈彦雄

娑婆世界

雄山雌水忒清凉，菩萨神仙下凡忙。
知白守黑天下式，除此别无证道场！

第二十九章　为者败之

将欲取天下而为之，吾见其不得已。天下神器（政权、政纲），不可为也，不可执也。为者败之，执者失之。是以圣人无为，故无败；无执，故无失。故物或行或随，或嘘或吹，或强或羸，或载或隳。是以圣人去甚、去奢、去泰。

题示：

老子把这样一个哲学原理告诉我们：凡事皆要适可而止，超过了限度，真理就会变成谬误。

将欲取天下而为之，吾见其不得已。

【曾解】

王侯欲以人力私智来夺取天下，于以统治，吾见其不合天道人心，天下必不可得矣。

吾人之身亦小天下也。锻炼血肉之躯的小天下，下手常用有为法——各种方便法门，不得已而用之。

天下神器（政权、政纲）**，不可为也，不可执也。**

【曾解】

天下、政权者，是个神圣的东西，必有神灵主之，故曰神器。

天道人心——人们希望安居乐业的意愿是不可违背的，不可以私欲有为心智而治，而应顺应民情人心而为，方操胜算。

修道的法则：有为法，敲门砖，入门之后放一边。遵从清静自然之道，待静极生动——先天元气萌发，候动而取，取为药苗，以孕以育，是为正途。

为者败之，执者失之。

【曾解】

以私心己欲有为有作者，违背民情，必遭失败；顽固坚执者，人民反抗，必丢江山。

有为法门，识神主事，其能量基础乃后天之气——人体生物能，仅能巩固肉身，难以成就法身。

是以圣人无为，故无败；

【曾解】

古之圣明之君，顺应天心民意，无为而治，所以不会失败。

自有为而达无为，意识泯灭，进入无意识状态——自后天而入先天，先天之气发动，即人体潜在的“生物核能”起用，就能够升华生命体至更高的健康层次，成百病难侵的金刚不坏之体。

无执，故无失。

【曾解】

不固执一己私见，从善如流，就不会有大的失误。

在色身康健的同时，智慧亦同步激发而更上一层楼矣。

故物或行或随，或嘘或吹，或强或羸，或载或隳。

【曾解】

一切人情物事，或行或随，在前在后，或轻嘘而暖，或劲吹而寒，或强大，或羸弱，或平安，或危险，都要把握一个“圣度”——无过、不及的中庸之道。

古人曰：任它万千差别法，总与大道事不同。行、随、嘘、吹……三千六百门，八万四千法，皆一般方便法门而已，仅可作为入道之初阶。

是以圣人去甚、去奢、去泰。

【曾解】

在所面临的人情物事面前，需要取舍时，圣人总是去掉过头的，去掉奢侈的，去掉多余的，行中庸之道，恃无为之法，则天下自化。

大道自然，自然之道，人为主观的小聪明一定不要滥用，如此才能够左右逢源，头头是道。

［黄元吉证道解］

此（段文）言大道无为——无为者，先天养性之学；然亦有为——有为者，后天炼命之工。须知有为无为，性命之修持名异而其中之主宰，总不可偶动，动则非中。无论有为不是，无为亦非。惟有中主而不乱，知时识势，见可而进，知难则退，则无为得矣，即有为亦得焉。主宰者何？即天下之神器是也。人能知得本原，一归浑浑沦沦，虚灵不昧。始而有为，有为也是；终则无为，无为也是。不然概曰无为自然，则孔子何必言道，何必言困之勉行，何必言择善固执？知修身之道，端在性命；性命之功，须分安勉，不必强为分别，总在人神明其德。如治国然：治则用文，乱则用武，相时而动，听天而行，庶乎左右逢源，无在不得其宜矣。第此可为知者道，难为板滞者言也。

诗 颂

（一）

天下神器不可为，身中神气为无为。
有为无为分寸妙，握住圣度一声雷。

（二）

石蕴玉而山耀辉，水怀珠兮川妩媚。
腹中有宝好论道，道在无为也有为。

（三）

有为法又无为法，无为有为皆通道。
悟境不从心外得，真人多在定中笑。

配画　陈彦雄

古柏神话

迎风屹立千百年，去甚去泰去奢顽。
人生七十就称老，可怜可怜真可怜！

第三十章　物壮则老

以道佐人主者，不以兵强天下。其事好还。师之所处，荆棘生焉；大军之后，必有凶年。

善者果（目的）而已，不敢以取强。果而无矜，果而无伐，果而无骄，果而不得已，果而勿强。

物壮则老，是谓不道——不道早已。

题示：

老子在本章与下一章论述大道在军事、政治方面的运用。继续讲“适可而止”这一原则：“物壮则老，是谓不道”——不是生生不息之常道。

以道佐人主者，不以兵强天下。

【曾解】

应该以大道无为之理来辅佐国王，治理国家，不应当单以军事威胁来称强于天下。

人主者吾之心也。以道佐人主，即以清静之道，制服吾之欲心，如此则人主安矣。

其事好还。

【曾解】

了知“天道好还，势极则反”之理，无论大事小事都应遵循天理民情。

“但见无为为要妙，须知有作是根基。”筑基事毕，有为法门任务完成，即应还归于无为道境，以期大有为也。

师之所处，荆棘生焉；

【曾解】

春秋无义战！军队所到之处，杀人放火，抢劫掠夺，农事废退，荆棘丛生。

吾心如未彻底清静，加以武火野战不休，必荆棘丛生，杂气肆行。

大军之后，必有凶年。

【曾解】

大部队惨烈大战过后，杀伤和气，病疫流行，必灾荒连绵。

杂气肆行，身国不宁，何以修道？

善者果（目的）**而已，不敢以取强。**

【曾解】

即使是义战，善战者达到目的便休，不可恃强好战。

武火野战，文火守城，顺势而为，不可使强。故善用者，得善果；不善用者，得不善之果。

果而无矜，果而无伐，果而无骄，

【曾解】

功成事遂，达到目的，也不自矜其能，亦不自夸其功，更不可骄横自大。

慈善者心心清静，不待勉强，其气自生清静果；不矜夸者，得无为果；荆棘不生勿须剪伐者，得自然果。

果而不得已，果而勿强。

【曾解】

即使是不得已而为者，也不要逞强。

总之，善与不善，守城野战，武火文火，皆勿免强于有为之道，皆应适可而为，即是真道。

物壮则老，是谓不道——

【曾解】

不生不灭者“常道”，生灭不已者“不道”——非常道！

须知事物发展壮大至极处，物极则反，之后就会变衰而老，这就叫做“不道”。

火候之用，勉强于有为之道，必难达无为之境，就是“不道”。

不道早已。

【曾解】

早知“不道”之道如此，就应该早早修持、把握，从“不道”而致“常道”，与道为一而头头是道矣！

顽走“不道”之道者，必适得其反，过早地呜呼哀哉！

［黄元吉证道解］

此（段文）言用火、行符、采取、烹炼之道，是有为有作。比用兵克敌，大是一场凶事，不可大意作去。如曾子之战兢自惕，子思之戒谨时严，方可变化气质之躯，复还先天面目。若童贞之体，未经凿破，未曾损坏者，固可相时而动，遵道而行，无偏无党，无险无危，直致神化之域。如破漏之人与年老之体，后天铅汞将尽，性命何依？不得不用敲竹唤龟、鼓琴招凤二法，而后有玉芝灵苗，刀圭上药，可采可炼，化凡躯于乌有，结圣胎于灵关。第火候至密，非得真师口传，万不能洞彻精微；即得秘密天机，然内德外功，一有不满，犹为神天所不佑。惟虚心访道，积德累功；事事无愧，在在怀仁；以谦以柔，以忍以下；神依于气，气恋夫神；绵绵不绝，造到固蒂深根。决不时而忘之，纷纷驰逐；时而忆之，切切不已。故曰："以道佐人主者，不以兵强天下。"即使尽善，而火煅之后，凡气已除，真气未曾积累，势必似无似有，微而难测。且有不炼而气散，愈炼而气愈散者，皆由心有出入，似蔓草之难除。故曰："师之所至，荆棘生焉。"况乎神火一煅，阴气难留，而多年之残疾，自幼之沉疴，悉被驱逼——其轻者或从汗液浊溺而出，其重者或外生疮毒而化，种种不一。修士不可惊为病也，只要心安即能化气。可见炼己之道，必化凡体为玉体，变浊躯为金躯。切不可惊，惊则又动后天凡火，而大伤元气也。故曰："大军之后，必有凶年。"善用兵者贵果敢，善用火者贵神速。故曰："果而已矣。"在修士当此体化纯乾之时，切不可恃；恃其才以为不饥不渴，可以行步如飞，冬不炉夏不扇，无端妙用，迥异常人，而自以为强也。自谓为强，又动后天凡火，不遭外人诽谤，必至内药倾危。况生一自强之心，即令十月怀胎，三年乳哺，件件功成告毕，不差时刻，而自矜自伐，骄傲凌人，殊非载道之器。纵果于成功，亦必果于偾事。倾倒之患，安可胜言哉！又况自恃其强，而不知谦下存心，虽与修德凝道，犹草木之坚强者无生气，反不敌柔脆者有生机。势必日复一日、年复一年，光阴愈迈，精气愈衰，欲其长享生人之乐得乎？故曰："物壮则老。"以此言之，自高者适以自下，自豪者适以自危，不道甚矣！不如去其刚强之心，平平常常，安安稳稳，认理行将去，随天摆布来，庶几不强而自强，不道而有道耶？此下手用火之功，大有危险存焉，学者其慎之。

诗 颂

（一）

天道好还天之德，人道逞强强成空。

恃强使力谓不道，不知常道妄作凶。

（二）

物质霸业越发达，禽兽本质越显明。

私欲膨胀朴实退，自挖火坑自垒坟。

（三）

荆棘丛中现荒台，“英雄”事业安在哉？

希魔饮弹东魔吊，还有蠢魔在后排！

配画 陈彦雄

道佐人主

山中岁月尘不染，时有幽鸟戏树间。

不请自来游击雾，风摇绿树翠扫天。

第三十一章　兵者不祥

夫佳（甲）兵者，不祥之器，物或恶（厌）之，故有道者不处。

君子居，则贵左；用兵，则贵右。兵者不祥之器，非君子之器，不得已而用之，恬淡为上。

胜而不美，而美者，是乐杀人。夫乐杀人者，则不可得志于天下矣。

吉事尚左，凶事尚右。偏将军居左，上将军居右，言以丧礼处之。杀人之众，以悲哀泣之；战胜，以丧礼处之。

题示：

继承上一章“不以兵强天下”，甚言“兵事之不可尚”；仁政重于武功。

夫佳（甲）兵者，不祥之器，

【曾解】

王侯挥兵打仗，杀人无可避免，是不吉祥的东西。

夫佳（甲）兵者，身中温良柔和之气，善用者吉，不善用者不祥。静极而动，动后顺势自然而用则吉；反之，未静而先以意引动之，大多不祥。

物或恶（厌）之，故有道者不处。

【曾解】

对于战事，万物皆厌恶之，所以有道明君是不干这些事的；稍有仁慈之心的人也不会干这样的蠢事。

未静先引动而曰不祥，真修道者，皆不采用。

君子居，则贵左；用兵，则贵右。

【曾解】

按习惯，在朝堂上文臣君子之位贵于居左；带兵武将的位置则在右边。

修道君子以文火而贵左，因其无为而虚静。不虚静者，用武火而贵右，即以武火勉强而炼精。

兵者不祥之器，非君子之器，

【曾解】

与军事打仗相关的东西，都是不吉祥的东西，不是君子当用之器具也。

武火勉强炼精，易致虚火肆行，逆乱气机，乃不祥之器，道者非之。

不得已而用之，恬淡为上。

【曾解】

只有在不得已的情况下，才使用这个不祥之器。即使如此，也看淡一些为尚，王侯们不要老是想到打仗立功业。

武火、有为法，初级入门者宜于用之。入门之后则应以恬淡清静为尚，以期收自然之功。

胜而不美，

【曾解】

春秋无义战。打了胜仗立了功，也不是什么美妙之事。

修道过程，乃是一个破天荒，接着又一个破天荒。每当一个胜景出现，勿为胜景所惑而停滞不前，徘徊流连，须知这还不是最美妙的境界。

而美者，是乐杀人。

【曾解】

因为这种打仗立功者认为的美妙之事，是乐于杀人以建立功业。

道者应当入一境，得一境，更要忘一境——杀一境，如此则当有更美的妙境现前。

夫乐杀人者，则不可得志于天下矣。

【曾解】

对乐于杀人以建功立业的王侯，他的想法和主张是不可能受到天下人称许的。

直至不杀不忘，进入佳境，谓之佳兵——和气自然流行。

吉事尚左，凶事尚右；

【曾解】

吉利的事人们习惯于放在左边，凶险之事则放在右面。

静中之动，真意无意，居左而不凶。引之而动，有意造作，居右而不宁。

偏将军居左，上将军居右，言以丧礼处之。

【曾解】

在朝堂上护卫的偏将军位于左边，主杀的上将军位于右边。

“将军本为和平生——不许将军见太平。”提到“将军”二字，大家都哭丧着脸。

静中之动，似居左之偏将军。有意而动，似居右的上将军。

杀人之众，以哀悲泣之；

【曾解】

杀业太重，只好用丧礼和悲哀来祭奠，不得已矣！

唯精唯一，清虚而得天机谓之性；厥终厥始，有动而得地机谓之命；性定命立，喜极而泣。

战胜，以丧礼处之。

【曾解】

打了胜仗，杀人一万，自损三千，也用丧礼来对待处理——亦不得已矣！！

知命方知命难立！不具有杀人心——杀妄心之心，不可以入道；不具有铁石心，不可以求真。今铁心意专，一战而胜，以丧礼处之——妄心杀而道心生矣！

［黄元吉证道解］

此喻临炉用火，实为老弱之人，扶衰救弊，不得已而为之，何敢矜奇立异，自诩为功耶？彼旁门左道，以进火退符、采药炼丹，一切有作有为之法，视为神仙之道，误矣，远矣！然少壮之全，不须采炼之工，可以得药结丹，而衰老之躯，气质物欲，濡染已久，不加猛烹急炼之功，则气质不化，物欲难除。以污浊之身，而欲行无为自然之道，安可得乎？是犹屋子不洁，嘉宾难迎。人须扫除身中污垢，而后色相俱空，尘根悉拔，本来真性，自在个中。虽然勉强修持，亦要安然自在，方不动后天凡火，有伤性命。故太上以恬淡为上，胜而不美。否则有后天而无先天，仅凡气而无真气。一腔火性，其能久耶？故曰美之者，是以杀人为乐也。以杀人为乐，则杀机满腹，乌足为天下之主，受天下之福？其不可得志于天下也必矣。是知修炼之士，虽用作为工夫，亦要有仁慈恻怛之怀，谦下柔和之心，斯后天中方有先天。古人火候无爻策，药物无斤两，顺天而动，率性而行。虽有作为，亦不为害也。

诗 颂

兵事总是不祥物，天地厌之物厌之！
挽起天河长流水，洗尽人间愚与痴！

配画　陈彦雄

平湖泛舟

自古春秋无义战，打打杀杀没了完。
功成身退有范蠡，西施摇桨湖中玩。

第三十二章　常道名朴

道常无（虚灵），（又）名朴。虽小，天下莫能臣。侯王若能守之，万物将自宾（服从）。

天地相合，以降甘露，民莫之令而自均。始制有名，名亦既有，夫亦将知止，知止可以不殆。譬道之在天下，犹川谷之于江海。

题示：

本章老子讲天下万物、万事，皆要归之于器用之“道”；“道”最终又从形而下之器用，回归形而上之道体，亦所谓“道法自然”——法道之自我本然，即法自身。

道常无（虚灵），（又）**名朴。**

【曾解】

凡形而下有器名者，皆难逃生、长、化、收、藏之五步曲。形而上“道”之常存不变，因其无以名之——无名之名；乃勉强名之曰“朴”，或曰“太朴”——未制作成器用前最完满之原木。

庄子曰：“通天下皆一气耳。”“本无乾坤与坎离，一气流行天地间。”以现代语言来说：整个宇宙皆系宇宙能量流之“气”在运转不息而变来化去，来无踪，去无影，永无终止，无以名之，名之曰“道”，称之为“气”。由此可知：道因“气”而立！

朴虽小，天下莫能臣。

【曾解】

朴木这个东西，与大道相比，显然是个小东西。但它为大道所化，故天下没有哪个东西能使它称臣。

虚灵的先天之道，化而为太和元气之元始祖气，即太极混沌之气，天下万物生于有之“有”，名之曰“朴”——能成就万器之太朴。

侯王若能守之，万物将自宾（服从）。

【曾解】

侯王若能遵守静朴之道，无为之德，万物将自宾服，无须使用武力矣。

侯王者，吾人之心也、神也。心神若能遵守自然之道，不妄想妄为，则体内气机无不畅达。

天地相合，以降甘露，

【曾解】

如此则天地和气，国泰民安，自然风调雨顺。

如此则心火下降，肾水上升，坎离相交，阴平阳秘，口中甘津滴滴清凉。

民莫之令而自均。

【曾解】

无须向人民下达这样、那样的命令，无为而为，风调雨均，各遂其生。

喉中甘露涓涓润，心内醍醐滴滴凉，四肢百骸实且坚，延年益寿之道得矣！

始制有名，

【曾解】

朴木开始制而为器，有器有用，从此就有了各种名称。

道生一——混元一气，落入后天化为精气与神、天地万物，名位由此立焉。

名亦既有，夫亦将知止，

【曾解】

既然有了各种器用、名号，则用而不止，名而又名，那么就必须适可而止，不能没完没了，逐名而忘本。

就人生而言，生我者神，活我者气，生生不息。如果日益贪图后天物欲，不思返本还元，殆矣！

知止可以不殆。

【曾解】

有器有用，用后放下，返于大道，所以不会危殆不安。

道者不忘本元，来到此人世间，充分发挥其道用之后，更要修持先天大道，证道弘道，日日新，又日新，不断向上升华，务期超凡入圣。

譬道之在天下，犹川谷之于江海。

【曾解】

我们应当效法大道之行于天下，泽流无穷；犹如山川河谷之归于江海，返本还原。

心能守道，神自驭气，气自合神，万化自安。

［黄元吉证道解］

此章甘露是铅汞合而始降，“知止”是神气萃于中宫。太上俱浑言之，吾再详道之：学人欲修性命，先明铅汞。古云：汞是我家固有之物（元神），铅乃他家不死之方（元气）。若但言心性，无从捉摸，古仙真借名为汞。此个汞非他，乃心中灵液——从涕唾津精气血液、后天所生阴滓物中，加以神火下照久久，化为至灵之液。此个灵液，元性所寄。盖以本性原来清净，不染纤尘，与太空等。非从后天色身所有之精，用起文武火，加以神光了照，则灵液不化，灵性无依。故炼丹之士，必先炼精化气，所谓“此精不是凡人精，乃是玉皇口内涎”。玉皇比心也，心中灵液即涎也。既得精生汞化，由是灵液下降坎宫，真阳亦复上升，交会于黄庭内釜，我以神气凝注于此，久之真铅从此蓬勃絪缊而有象，此即所谓“得药”也。然灵液取真水也，真阳即真气，真气即铅也。汞为精、铅为凡，二者皆后天有形有象之铅汞，只可顺而生男育女，不可为长生大药。必从此汞之下降，铅之上升，会合中宫，凝神调息，片刻间兀兀腾腾，如雾及烟，如潮如海，才算是真铅，可为炼丹之本，所谓坎离交而得药也。于是运起阳火阴符，逆从尾闾直上泥丸。泥丸久积阴精，与我这点真铅之气，配合为一，即所谓“乾坤交而结丹”是也。阳气上升泥丸，有何景象？觉得头目爽利，非等平日之昏晕，有如风吹云散，而天朗气清，另有一番气象，才算是真汞。以前之汞，还是凡汞，不可以养成仙胎。铅汞会于泥丸，斯时之凡精凡气，合同而化，不见有铅，并不见有汞，是一清凉恬淡之味，化为甘露神水，香甜可口，不似平日粗精浊气，即古人谓“醍醐灌顶”是。从上腭落下，吞而服之，遂入黄庭温养，即封固矣。此个真精一生，浑身苏软如绵，欲睡不睡，欲醒不醒；而平日动荡之身心，至此浑然湛然，不动不摇，自安所止而得所止，又有何殆之有哉？此境非大静大定不能。若夫采取之法，即一意凝注，毫不分散，古人谓之“不采之采胜于采”是。学人行一步自有一步之效验。若无真实处，工犹未至。天机毕露，人其自取证焉可。

配画　陈彦雄

诗 颂

（一）

言道简朴名太朴，说道浩瀚曰大海。
朴小无内大无外，宇宙真宰人真宰。

（二）

上古之人浑而朴，不知道德为何物？
各老其老幼其幼，饿则喊娘痛则哭。

（三）

神居乾宫当然主，气藏坤海不死药，
乾坤会合甘露降，妙处难与时人说。

（四）

未生之前道为本，既生之后道是根。
斩断情欲天之徒，跟随老子去修真。

（五）

世事无如人欲险，修仙证道第一关。
十有八个碰壁还，能过此关半个仙。

大山朴树

我问大山何时老？朴树问我几时闲？
尽完人道步天道，闲在忙中忙里闲！

第三十三章　自胜者强

知人者智，自知者明。胜人者有力，自胜者强。知足者富，强行者有志。不失其所者久，死而不亡者寿。

题示：

发愿成为一个智者或明白人，按本章列出的几条切实做到，就差不多了。

知人者智，自知者明。

【曾解】

能够了解别人长处的人，是智者；能够了知自己短处的人，乃慧者。

修道得宿命通，能知斯人是否系修道之品，承道之器，如此则可谓智者。然未已也，只有“且向自身中，参见本面目”者，觉灵显现，深参造化，方可谓有自知之明的慧者。

胜人者有力，自胜者强。

【曾解】

能够力胜别人的人，只是一个力气强大的蛮人；能知己过，并能及时改过自新的人，才是自强不息者，真强有力之人。

“得丹容易炼己难。”炼己者，自胜也。如此，一则去除物欲，二则变化气质。物欲去则天理显，本来面目现；气质变则心空灵，定力深厚，乃能与道合真。

知足者富，强行者有志。

【曾解】

能知道满足之人，必定富足于道，强行于德，是谓真有志者。

炼己有成，国富民强——气足神旺，丹产珠圆……面壁九年，破壁飞升，方是大丈夫功成名遂之时！

不失其所者久，死而不亡者寿。

【曾解】

抱道凝神，复于性真，道基坚固，德光终古，人去精神存，常称之为死而不亡的寿者。

道成，度金石无碍，步日月无影，散则成气，聚则成形，生死自在，隐显自由，长生久视之道得矣。

［黄元吉证道解］

此（段文）言知人道、胜人欲，犹是穷理尽性一边之说。惟性见心明，洞彻本原，神强气壮，煅尽阴滓，始能了性立命。性命不分二途，复归于混沌未开之天，而阴神尽灭，阳神完成矣。其间炼精化气，炼气化神，尚有止火养丹。《悟真》云："若也持盈未已心，不免一朝遭殆辱。"此之谓也。夫炼精化气，为入胎之始；炼气化神，为成胎之终。不知止火，则气不入于胎。精虽炼而为气，犹可因气之动而复化为精。且不知止火，则神不凝于虚空，气虽炼而成神，犹可因神之动而复化为气。故曰："知足常足，终身不辱。"太上之言，非欺我也。至若神归大定，气亦因之大定。百年之久，浑同一日。一念游移，即同走丹。如此任重道远，非强行有志者，不能常止其所，历久而不敝也。三昧火化，立上凌霄，虽死犹生，其精神足与天地同寿。金丹始终，尽于此矣。

配画　陈彦雄

诗　颂

（一）

人之所教我亦教，教以柔弱胜刚强。
舌头柔嫩任舒卷，利齿刚坚却先亡。

（二）

胜人者力凡夫力，自胜者强圣人林。
一行能为天下则，一言而悟天下人。

道境初悟

金刚怒目强凌弱，菩萨低眉弱克刚。
若有所悟有所思：一副对联挂心窗！

对联

上联：英雄可以征服天下 征服天下易 英雄易当——易当勿当！
下联：圣人能够战胜自己 战胜自己难 圣人难学——难学亦学！
横联：自胜者强

第三十四章　大道无欲

大道泛兮，其可左右。万物恃之以生而不辞，功成不名有，依养万物而不为主。常无欲，可名于小；万物归焉而不为主，可名为大。是以圣人其终不为大，故能成其大。

题示：

本章讲道及道用无处不在，无时不在起作用，道之功德大也哉！

大道泛兮，其可左右。

【曾解】

虚灵大道，泛泛流溢；视之不见，听之不闻；抟之不得，弃之不离；与物同体，左右逢源。

大道渊瀚无极，浩荡无涯。以人身而言，玄妙窍立，足以当之。玄窍立，百脉活，元气生生不息，一呼百脉开，一吸百脉阖，无不通畅。

万物恃之以生而不辞，功成不名有，

【曾解】

万物依靠虚灵大道而生长发育，它也从不推辞；功德圆满之后，荣名也不归于自己。

先天元气率领诸后天气，出脏入腑，周转不息，填精补髓，身国安逸，

依养万物而不为主。

【曾解】

虚灵大道滋养万物，欣欣向荣，而自己却不以主宰者自居。

滋养肉身，孕育法身，以成就无上功德。

常无欲，可名于小；

【曾解】

大道虚灵，淡而无味，无欲可欲，常人一般不加以重视，似可名之曰“小东西”。

道虽大，然大而无欲，其小无内，无微不至，似可以“渺小之物”名之。

万物归焉而不为主，可名为大。

【曾解】

虽万物宾服，大道并不主使它们，自然可名之为“伟大的道”。

后天诸气皆系于先天一气——道炁，此炁能化育万物，自然可以名之曰“伟大的道炁”。

是以圣人其终不为大，故能成其大。

【曾解】

所以圣人，志与道合，忘物忘我，始终不自以为高尚，自以为伟大，反而能够在人们心目中显得既高尚又伟大。

得道之人，人天相通，天为我用，“窃天地无涯之元气，续我体有限之命根”，然后仗道以行道，不自大而自伟大。

［黄元吉证道解］

此（段文）言道之浩浩，生万物而有余，被万物而至足。无小无大，悉包个中。圣（人）能成其大，皆由修造有本。今特详下手之功：如打坐之时，先凝神，继调息。到得神已凝了——不必有浩然正气，至大至刚，充塞天地；只要心无烦恼，意无牵挂，觉得心如空器，一点不有。意若冰融，片念不生，此身耸立，恍如山岳镇静，不动不摇——由是以神光下照于气穴之中，默视吾阴蹻之气与绛宫之气两相会于丹鼎之中。我即以温温神火细细烹炼，微微巽风缓缓吹嘘，自然精融气化。此即炼精化气也。何以知其炼精化气哉？前此未采外来之气，与吾心内之神，两相配合，会成一家。此个坎离各自分散，全不相依，呼吸亦不相调。到得收回外气，以制内里阴精，气到之时，阴精自化。上下心肾之气，即合为一，自然绛宫安闲，肾府自在。外之呼吸，与内之真息，合为一气，浑如夫妇配成，聚而不散。日充月盈，真阳从此现象矣。此即化气之明征也。既已化气，再行向上之事。何谓向上之事？斯时呼吸合、神气交，凝聚丹田，宛转悠扬，几如活龙游泳，一日有无数变化。我惟凝神于中，注息于外，听其天然，自然静极而动，动极而静，此即炼气化神也。到得静定久久，我气益调，前此宛转流行于丹田者，此时烹炼极熟，觉得似有似无，若动若静。粗看不觉，细会始知。此际务将知觉之心，一齐泯去，百想无存，万虑全消，即丹田交会之神气，听他自鼓自调，自温自煅，我惟致虚守寂，纯任自然，神入气中而不知，气周神外而不觉。如此烹炼一阵，自有一阵香风，上冲百脉，遍体熏蒸。此所谓神生气也。又觉精神日长，智慧日开。一心之内，但觉一息从规中（丹田、炁穴）起，清净微妙，精莹如玉。此所谓气生神也。如此神气交养，两两相生。斯时正宜撒手成空，不粘不脱，若有心，若无意。此炼神还虚之实际也。此三件功夫，一时可行可到。学人须遵道而行，不可但到神气粗交，未至大静，即行下榻。又不可但到神气大交，凝成一片，两不分明，未到虚无清净自在之境，速离坐地。必须照此行持，从炼精起，久久气长神旺，化为清净自然，再加归炉工法，然后合乎天地盈虚消息，与一年春夏秋冬气象，如此始完全一周。工夫照此修持，自然我气益调，我神益静，中有无穷变化、不尽生机。由是日夜行工，绵绵密密，寂照同归，自有真气熏蒸，上朝泥丸，下流丹府，透百脉而贯肌肤，勃然有不可遏之状，此河车之路，自然而通。我不过顺其所通，而略微引起足矣。非若旁门左道，以自家私意空空去运，死死去行，不观他自动自静，而为之起止也。久之丹成道立，走雾飞空，与天为徒。圣人之成其大，诚非轻易也已。

诗 颂

（一）

大道泛兮邈无边，滋养万物在物先。
可名为大不为大，道隐无名君子谦。

（二）

大道无为无不为，小道有为有以为。
携道而行抱道卧，道祖足印我长随。

配画　陈彦雄

欲海泛舟

烦恼河阔恶浪横，躲过暗礁漩涡临。
德帆劈碎欲海浪，此岸彼岸自在行。

第三十五章　大道平泰

执大象，天下往；往而不害，安平泰。乐与饵，过客止。

道之出口，淡乎其无味；视之不足见，听之不足闻，用之不足既。

题示：

本章老子继续讲述前章未尽之意。首先要抓住宇宙大现象、大原则：天地阴阳、日月兴替、风云变化……其他就好办了；如《阴符经》所谓：“观天之道，执天之行，尽矣。”

执大象，天下往；

【曾解】

虚灵大道之大象状，乃无象之相，无形之状，有形之物无不归依。了知此有无相生，道器相成之大原则，哪儿都可以去，包括天堂与地狱。

小象者器，有著而归实；大象者道，不著而归虚。虚则无物不容——无物不归。

往而不害，安平泰。

【曾解】

智者有道相伴，与物同体，不但互不妨碍，而是相互利益，各安其所，行所当行，止所当止，泰然自在。

虚则入道境，一气自流通，无障亦无碍，无处不自在。

乐与饵，过客止。

【曾解】

道风遍拂之乡的风光，有美妙的天籁，美味的琼浆，一片歌舞升平景象，令过路人羡慕而止步。

津液精气，凝则为饵，饵之则乐——独乐不如众乐，齐心共乐，举杯同庆，乐不可支。

道之出口，淡乎其无味；

【曾解】

然而虚灵之道只可意会，难以言传，用语言讲出来却是淡而无味的，显得苍白无力——不可说，不可说，越说越玄妙，越无可味之味的道味。

道味淡乎无味，然无味之中有味中之味，唯道者能体味之。

视之不足见，听之不足闻，用之不足既。

【曾解】

“道眼”未开者，想看看虚灵大道的庐山真面目，是看不见的；想听听道的妙音天籁，也听不到；道的能量“元气”怎么也用不完。只有修道有成，“道眼”开启者，遂而能见到道的恍惚之象；“道耳”开通者，能听到它发出的天籁；以及三生万物，生生不息之奥与妙。

此味中之味的道味，皆在常人视、听之外；在常人视、听之内者，必非真道味也！

［黄元吉证道解］

此（段文）言人必效天地交泰，而后融融泄泄，不啻雅乐可怀，香饵堪味，令人叹赏不置。然其境地非易到也。苟当私欲甚炽，血气将衰之时，不先从极动之处，渐而至于静地，则人心不死，道心不生，凡息不停，真息不见。惟动极而静之际，匆来真意以主持之。此意属阴，为之己土。少焉恍恍惚惚，阴阳交媾，大入杳冥之境，似梦非梦，似醒非醒。于此定静之中，忽觉一缕热气，混混续续，气畅神融，两两交会于黄房之间，将判未判，未判忽判。此即真铅现象。心花怒发，暖气融融，元神跃跃，不由感触，自然发生，斯了玄关兆象，太极开基也。斯时惟用一点真心，发真意以收摄之。此意属阳为戊土。其实一意，不过以动静之基，分为戊已之土而已。盖玄牝未开，混沌之中，有此真意为主，即无欲观妙之意，谓之阴土；及玄牝开而真机现，即有欲以观其窍，谓之阳土。一为无名天地之始，一为有名万物之母。生天生地生人生物，皆此一点真意，为之贯注。修行人能以真意主宰运行，庶不至感而有思，动而他驰。所谓天关由我，地轴由心；宇宙在乎身，万化生于心，皆此时之灵觉，为之运用而主持也。故曰，略先一息，则真机未现，采之无益；略后一息，则凡念已起，采之又多夹杂，不堪为我炼功大药。此须有大智慧、大力量，方能于此一息中认得清、把得定，以为成仙证圣之本。虽然，此个玄关，始而其气柔脆，只觉微有热意从下元起，久则踊跃周身，似有不可遏抑之势。学人须于至微处辨得明白，以我真意主持，毫不分散，久之气机大有力量，一任兀兀腾腾，随其所至，不加一意，不参一见，斯得之耳。到得气机壮旺，一静即天机发动，迅速如雷，虽一切喧闹之乡，不能禁止。总要有灵觉之心，为之主持，乃无差也已。

诗 颂

（一）

大象无形曰大朴，望似有迹觅却无。
小象有征名道器，道机深藏恍兮惚。

（二）

大象无象何所执？无执为执执之妙。
人机泯灭天机发，无中生有观妙窍。

配画　陈彦雄

大象之乡

无象大象乃道乡，天下道者都想往。
蟠桃树上果累累，又红又甜真佳酿！

第三十六章　柔能克刚

将欲歙之，必故张之；将欲弱之，必故强之；将欲废之，必故兴之；将欲取之，必故与之，是谓微明。柔弱胜刚强。鱼不可脱于渊，国之利器，不可以示人。

题示：

接上一章“执大象”“观天之道，执天之行”：欲擒故纵；柔弱胜刚强；不要轻意显示治国方略。

将欲歙之，必故张之；

【曾解】

物势之自然，至极则反，人不能察，如此则当以柔弱自处为上。打算收敛时，必先行扩张之；如日之将昃，必先盛赫；昙花一现，必先艳放。

天有盈虚，地有消长，气有变化，人有寿夭，此乃气数之常。唯道家圣人具挽回天地之能，扭转乾坤之德，可以颠倒阴阳而逆施造化。

将欲弱之，必故强之；

【曾解】

要做到柔弱有余，须先坚强；如月之将缺，必先极盈。

道家挽回天地之能，扭转乾坤之德，其具体理法则为钟离、吕祖制定的“三成全法”之金丹大道。

将欲废之，必故兴之；

【曾解】

打算废弃的东西，必先使它充分兴用；如灯之将灭，又突然炽明。

无非是观天之道，执天之行，顺而取之，逆而施之，足矣。

将欲取之，必故与之，

【曾解】

要想取得他人信任，必须先将自己的心给于之——推心置腹。

宇宙在乎手，万化生乎心。化杀机为生机，取阴精中阳气……《阴符经》之“盗机”者此也。

是谓微明。

【曾解】

这种物理、人情之自然趋势，骤然遇之，难以测识，就叫做“微明”——我们应当重视这样的“微明”，或曰“先兆”。

知此“盗机”——“天地，万物之盗；万物，人之盗”——则神也，或曰微明，机先一着。

柔弱胜刚强。

【曾解】

看似柔弱，是正在走上坡路的东西，能够战胜看似刚强，实则是在走下坡路的东西。

“柔弱胜刚强。”此系老子一贯之道，也是天地自然之化机。

鱼不可脱于渊，

【曾解】

鱼不可脱离水源丰沛的深渊，否则将会发生危险。

我们只能顺势而为，不可逆势而行，以免逆乱体内之气机，以致不可收拾。

国之利器，不可以示人。

【曾解】

侯王实行以柔弱自处的国策，即国家的军机大事和重要战略，不可以公开显露，以免为敌所趁。

谚曰：命功内炼九道坎，坎坎都是鬼门关。情欲关，情感关，气冲病灶关，脱胎换骨关，幻觉小疯关，内乐大疯关，三年养胎关，九年面壁关……苟非其人，勿传其道！

凡非载道之器，不必勉强，教之练练一般强身健体之气功可矣。

［黄元吉证道解］

此（段文）言修道之士，真有宇宙在手，万化生心之妙。然亦不过观天之道、执天之行，顺而取之，逆而施之足矣。非寓生机于杀机之中，即所谓至阴赫赫，至阳肃肃。赫赫出乎天，肃肃出乎地。由至阴而取至阳，所谓资机者此也。人能于黑山窟取阳，鬼窝里取宝，即是盗生机于杀机之内。要皆在天地虚空中取，人身虚静处夺，此精才是真精，非世之凡精可拟。人能盗之不失其时，用一度工，自有一度之进益。劝学者以柔以弱，立德立功，庶得神天之佑，自有仙人传授口诀。否则最大事情，惊天地而动鬼神，纵是神仙，要皆不传者多。盖天机至密，天律最严，不可违也。庄子曰："使道可献人，则人莫不献之于君。

使道可进人，则人莫不进之于亲。使道可与人，则人莫不与之于弟兄。使道可传人，则人莫不传之于子孙。”而皆不可者何？诚以中无德而道不立，中无主而道不行也。合数圣之言观之，则知国之利器，不可轻以示人矣。后世修士，切勿以大道为公，不择人而授，以致自遭天谴，悔之无及。斯殆有公而不公，不公而公之旨，非下学所能参其微也，尚其懔之。

诗 颂

（一）

一门入后门门入，方识妙乐在身中。
不从己求向外求，到头昧却主人翁。

（二）

江海能成百谷王，自处谦下闪慧光。
金刚怒目强凌弱，菩萨低眉柔克刚。

云天瀑布

山有好高水好高，一条瀑布挂云霄。
劈破青山成两半，始知柔弱胜刚强！

配画　陈彦雄

第三十七章　道常无为

道常无为而无不为。侯王若能守之，万物将自化。化而欲作，吾将镇之以无名之朴。无名之朴，亦将不欲。不欲以静，天下将自正。

题示：

本章老子讲“道体”。了知宇宙道化之大规律，无须妄为——不主观胡为！须要为时——生起天地万物——时时处处皆彰显“道”的妙用。侯王们倘能守此无为之道，顺势而为，万物亦将自化。

道常无为而无不为。

【曾解】

虚灵之道体，常虚静而无为，实际上暗中在孕育生机。因缘成熟时“大道”动而起用，则化生万事万物，生生不已——无不为矣。

大道以无为为本，有为为用，斯体立而道行，道全而德备。

侯王若能守之，万物将自化。

【曾解】

侯王们若能够坚持遵大道而行，行无为之治，万物将不期化而自化矣。

侯王者，身国之心灵也。侯王、心灵若能遵道而行，身国必元气充足，经络畅通，国富民强，身心双安矣。

化而欲作，吾将镇之以无名之朴。

【曾解】

自然化育，欣欣向荣；如若有为之心蠢动，我将以“无名之朴”——太朴之道镇之，使之安定下来。

身心双安，静寂而定，定而无作，镇之以无名之朴道，使之定而又定，常定大定，定而慧生矣！

无名之朴，亦将不欲。

【曾解】

镇之以“无名之太朴”却能窒息欲念。但若欲机未绝，今以药治之，病去而药不忘，则执药亦成病；故以无名之太朴镇之，亦非治本之法。

定境愈深，定力愈大，慧光愈朗，慧果愈硕。

不欲以静，天下将自正。

【曾解】

治本之法，必以虚静之大道治之，返璞归真，欲机方息。机息心定，天下将自正。

身中慧光朗彻，弥漫天地，一片光明，是谓性中得命，性命双融，返于混沌，太极归无极，此之谓“天下将自正”矣。

［黄元吉证道解］

此（段文）论治世之道，无为为本。修身之道，亦不外此。侯王比人之身，至尊至贵，俗云“一劫人身万劫难，既得人身遇已奇”矣。又闻正法，不更美乎？于此不修，则精神必耗，身命难延。一转眼间，气息泯灭，又不知为鬼为蜮，或兽或禽。轮回六道，辗转不停，何时才得出头？今逢法筵大展，大道宏开，可不急急修持，而令岁月之蹉跎耶？万物比人身中五官百体，精神血气，能守此无为常道，则诸虑自息，百骸俱理，肌肤润泽，毛发晶莹，不啻金相玉质。侯王能守，万物自化，比一心内照，则变化通灵。然火候未纯，气质尚在。当此精神大整，智慧频生，或好谈过去未来，以逞其才；或喜语建功立业以夸于世。种种作为，皆由道德未纯之故。惟此玉液丹成，重安炉鼎，再辟乾坤，仍以无名太朴，倾于八卦炉中，内用天然神火，外加增减凡炉，久久火化，连无名之朴亦浑忘焉。此无知无欲，恬然淡然，则凡身变化，自返还于先天一气，而仙道成矣。所谓“不欲以静，天下将自正”者。太上治世修身之道，其一以贯之者欤！

配画　陈彦雄

诗 颂

（一）

有为法门敲门砖，无为自然通大道。
无为本是大有为，只有亲历才知妙。

（二）

老子怀抱无名朴，虽说无欲却有欲。
有欲观徼无观妙，观到万物返太朴。

（三）

善记不如善忘记，无拘无执是吾师。
须知天下本无事，庸人何必自扰之。

五岳朴石

世间有石皆奴仆，天下无山可弟兄！
如此厚德无名朴，引导云涛竞向东。

第三十八章　上德不德

上德（朴德）不德，是以有德；下德不失（忘）德，是以无德；上德无为而无以为，下德为之而有以为；上仁为之而无以为；上义为之而有以为；上礼为之而莫之应，则攘臂而扔之。故失道而后德，失德而后仁，失仁而后义，失义而后礼。

夫礼者，忠信之薄，而乱之首。前识者，道之华，而愚之始也。是以大丈夫处其厚，不居其薄；处其实，不居其华。故去彼取此。

题示：

上述三十七课，老子主要讲道之体。从本章起开始讲德——道之用；道之成果及其效用。

老子崇尚上古时代的上品道德——阴功阴德，才是真正有德；故去彼（下德）取此（朴德）。

上德（朴德）**不德，是以有德；**

【曾解】

道乃万物之本（体），德有成物之功（用）；道为体而德为用，故道言有、无，德言上、下。

在唐尧虞舜无为而治的上古时代，风行以道治国，上行下效，几乎人人都是道高德尚的模范——上德之人，平常得很，都不自以为道德高尚，无心于德，是以有德。

上德——全德。就人之血肉之躯而言，十五六岁精全气全神全，乃全德——上德之人，此时修道，若有明师指点，无须漫长的补漏筑基，几乎可以一步登天！

下德不失（忘）**德，是以无德；**

【曾解】

殆至中古以下，不知有道，但知有德。有心于德，则念念不忘；念念不忘，企图回报。这样的行为，较之上古的德风遍拂，似乎无德可言。

壮年以后，殆至老年，气衰精败，德化之功丧失，心有余而气不足，已无德化可言也。

上德无为而无以为，下德为之而有以为。

【曾解】

具有高尚道德者，德行出于无为——自然而为，功成事遂，无恃为之心，故无以为之。下德者其德行出于有心，而又矜功恃为，故有以为也。

上德之人，精气神“三全”俱足，无须补漏筑基，倘能虚极静笃，可以无为而成。

对于气衰精亏的下德之人，补漏填髓过程极为漫长，且无捷径可走，只能一步一个脚印地踏实行进，需要一直培补到精气神“三全”而返还童真，才有资格谈论性命双修大道。

上仁为之而无以为；

【曾解】

仁义出于下德。下德之上仁虽为，而无恃为之心，故无以为也。

明白“欲速则不达”之理，下德之人，无欲无求，只管耕耘，不问收获；日久功深，时至功成，到时自获！

上义为之而有以为；

【曾解】

下德之上义则恃而为之，故有以为也。

若问诀窍，就四个字：持之以恒！

上礼为之而莫之应，则攘臂而扔之。

【曾解】

仁义下衰，礼则显矣。礼尚虚名，不复知有仁义。故下德之上礼为之，响应者稀，乃至挥手而去之，人们不予理睬。

古人曰：功名富贵，妻子儿女，却有定分。而修道则不然，必经艰苦修持方得；亦即谁修谁得，谁不修则不得！即使根器上乘者亦然。

故失“道”而后“德”，

【曾解】

所以修“道”要求很高，一般人做不到——等于失“道”，就修修“德”吧。

儒家重品德，佛家讲福德希冀得福报，而道家强调功德——在修德的同时，必须炼功——修道，即炼精化炁。

王善人说得妙：有道无德，道中之魔；有德无道，一座空庙。

失“德”而后“仁”，

【曾解】

真修“德”者，要我为人人，而且不讲回报，也难做到，讲讲仁爱就行了。

一座庙、观的主持，只讲仁义道德，只念阿弥陀佛、太上老君，人们敬而远之，必香火不旺。若庙里真有得道的高僧、高道，一声“狮子吼”足以振聋发聩，令人开悟，信徒一定络绎不绝。

失“仁”而后“义”，失“义”而后“礼”。

【曾解】

做不到仁爱，就讲讲义气。江湖义气靠不住，彼此之间经常矛盾重重，最后只好讲讲礼仪。

讲道讲德讲仁讲义，然而道德仁义背后的精髓是讲不清楚的，所谓拟义即乖，开口即错，只好做点表面文章——礼仪。

夫礼者，忠信之薄，而乱之首。

【曾解】

礼仪者，浮华虚伪也。讲虚礼者对忠诚信义颇为轻视。连忠诚信义都不讲者，只会做点表面文章虚礼，是制造社会混乱的祸首。

表面文章——万千差别法。“任它万千差别法，总与大道事不同。”古圣云：只知修持万千有为法，如梦幻泡影，如露亦如电！如此地糊涂而修持，老是在山麓转圈，找不到升华之路，枉来这人世间一遭！

前识者，道之华，而愚之始也。

【曾解】

所谓前识——自以为有“先见之明”者，好高务名，华而不实，智而滥用，君子用之则成名，小人用之则杀身，乃愚之始也。

做表面文章者，真愚人也。然有愚必有智——装傻者，大智若愚之真有道者。

是以大丈夫处其厚，不居其薄；

【曾解】

所以大丈夫、大修行人总是讲求实际，处其厚重，不尚浮华。

不做表面文章的大智若愚之真有道者，看似傻里傻气，实则心中有数。

处其实，不居其华。故去彼（下德）**取此**（朴德）。

【曾解】

足踏实地，不说空话，去其糟粕，取其精华。如此而已，岂有它哉！

真修真证道者，被褐怀玉，不尚吹嘘，随缘度人，游戏人间，优哉游哉，任人当作牛马呼。

［黄元吉证道解］

此（段文）言道德废而有仁义，仁义废而有礼智，愈趋愈下，亦人心风俗使然，无足怪者。至于修养一事，咽津服气出而道一变，采药炼丹出而道一变，迄于今纷纷左道，不堪言矣！谁复知玄关一窍为修道之要务乎！吾今为人示之：人欲识此玄关，须于大尘劳、大休歇后，方能了彻这个玄关。又曰“念起是病，不续即药”；又曰“放下屠刀，立地成佛”。总不外尘情杂念，纷纷扰扰时，从中一觉而出，即是玄关，所谓“回头是岸”。又曰“彼岸非遥，回光返照即是”。但恐于玄关未开时，先加一番意思去寻度；于玄关既开之后，又加一番意思去守护。此念虑纷纷，犹天本无云翳，云翳一散，便现太空妙景；而却于云翳已散之后，又复加一番烟尘，转令清明广大之天，因而窄逼难容，昏暗莫辨矣。佛云：“应如是住，如是降伏其心。”此等玄机，总著不得一毫拟议，拟议即非；著不得半点思虑，思虑即错。惟于玄关未开时，我只顺其了照之意；于玄关既开候，我亦安其坐照之浑。念若纷驰，我即收回，收回即是。神如昏罔，我即整顿，整顿即是。是如何简捷便易？特人于床上安床，动中寻动，静里求静，就涉于穿凿。而玄关分明在前，却又因后天知虑遮蔽而不在矣。吾今示一要诀：任他思念纷纭莫可了却，我能一觉而动即便扫除，此即是玄关。足见人之修炼，只此觉照之心，亦如天空赤日，常须光明洞照，一毫昏黑不得，昏黑即落污暗地狱。苟能拨开云雾，青天白日，明明在前。如生他想，即落凡夫窠臼，非神仙根本。总之仙家无他妙诀，惟明心见性，乃修炼要旨。若问丹是何物？即吾丹田中絪缊元气是也。然此元气与我本来不二元神会合一处，即是返还太极无极、父母未生前一点天命。人能以性立命，以命了性，即可长生不死。但水府求玄，欲修成金液之丹，不得先天神息，采取烹炼，进退温养，则先天元性与先天元命，不能自加会合为一，攒五簇六而成金丹。虽然，既得元性元命矣，若无真正胎息，犹人世男女不得煤妁，往来交通，亦不能结为夫妇。故丹经云："真意为媒妁。"兹又云"真息为媒妁"，岂不与古经相悖乎？不知真意者炼丹交合之神；真息者炼丹交合之具，要之皆以神气二者合之为一而已矣。第无真息，则真气不能自升自降，会合温养，结成玄珠；既得真息，若无真意为之号令、摄持、严密，则真息亦不能往来、进退、如如自如。故曰真意者炼丹之要。然真意不得真正元神，则真意从何而始？惟于玄关窍开之初，认取这点真意，于是返而持之，学颜子拳拳服膺，斯得之矣。况元神所流露，即是真意、即是一善，亦即得一而万事毕之道。学人认得分明，大丹之本立矣。昔邱祖云："息有一毫之未定，命非己有。"吾示学人，欲求长生，先须伏气。然伏气有二义：一是伏藏此气归于中宫，如如不动；二是管摄严密，长生即在此伏气中。除此别无他道，修行人须照此行持，乃不负吾一片苦衷耳。

诗颂

（一）

谨小慎微君子德，居德不德名朴德。
积德修福下世用，炼精化得当下得！

（二）

花虽好看不是果，果诚甜蜜不是根。
道德沦丧天下乱，根若枯朽叶徒青。

（三）

天赋气数数有尽，人修大道道竟成。
道成宇宙当“强盗”，窃取天精并地灵。

配画　陈彦雄

仁德世界

“仇人是恩人，恩人是亲人。”
道者话一句：仁者无敌人！

第三十九章　得一之道

昔之得一（冲和之气）者：天得一以清；地得一以宁；神得一以灵；谷得一以盈；万物得一以生；侯王得一为天下正；其致一也。

天无以清，将恐裂；地无以宁，将恐发；神无以灵，将恐歇；谷无以盈，将恐竭；万物无以生，将恐灭；侯王无以正，将恐蹶。

故贵以贱为本，高以下为基。是以侯王自称孤、寡、不榖（不善），此其以贱为本耶？非乎？故致誉无誉。是故不欲琭琭如玉，珞珞如石。

题示：

老子在本章所讲的“一”，即道生一的“一”，乃大道“孕育生机”“成竹在胸”，准备大干一场而生起天地万物时的“第一个”举动“一”——道之动、道之用，太极造化之神机，宇宙运化的元动力——冲和气机。

大道在编制宇宙运化元码信息之时，同时又赋予它相应的无不为的造化本能、宇宙元动力、“阴阳混沌之太和元气”，故能无（宇能）中生有（器用），而生生不息。

当你“心念专一”不再胡思乱想、进入虚极静笃境界之时，即可体悟这个道的复制品、造化神机“一”之妙谛。

道生“一”的太极混沌之气，因其自具阴阳，故不假外求，天地有坏它也不坏，道者常尊之为“真一”——和宇宙共化的真实不虚的“一”，宇宙实相，或曰“冲和之气”——“和气、道气”！

人人具有一太极，物物各具其太极——各具其道的复制品“真一”“和气、道气”。天地万物——包括你我和他——若能怀抱“真一”“和气、道气”而不离，遵道而行，替天行道，天行健、地行健、人行健，健步前行，必人天双赢！

老子在本章所讲的能得“真一”的固本之道，一方面是讲了道用的普遍性，另一方面又提出了侯王们遵道而行的基本原则：应以贱下为本。

昔之得一者：

【曾解】

过去有得“真一”“和气”即得“道”的说法。

阴阳混沌为一谓之“真一”——太极混沌冲和之气的“和气、道气”。故丹经有“得其一，万事毕”的说法。

天得一以清；

【曾解】

天得此“真一”“和气”就清覆于上，资始万物。

天为玄宫，地为牝府。“人生于地，悬命于天。”神有气则灵、则清，神无气则昏、则浊。

地得一以宁；

【曾解】

地得此“真一”“和气”便宁载于下，滋养万物。

牝府、肾区元气充足，必心安身安。

神得一以灵；

【曾解】

神得此“真一”“和气”则无往不灵。

元神得元气支持，则灵用不疲；无气则冥顽不灵。

谷得一以盈；

【曾解】

德谷得此“真一”“和气”则生生不息，万有充盈。

德谷下丹田元气充实，必经络畅通，五脏充盈，身康体健。

万物得一以生；

【曾解】

万物得此“真一”“和气”，则各遂其生，欣欣向荣。

小宇宙万物——泥丸百节、五脏六腑得到和气薰蒸，必生机勃勃。

侯王得一为天下正；其致之一也。

【曾解】

侯王得此“真一”“和气”，树立正气，行以正令，则天下人民自来归顺。所以人道、物道与天道，得“真一”“和气”即得道之理是一致的。

神为君，气为民。天命元神得到先天元气支持，引导后天民气滋养色身，性命双修毕矣。

天无以清，将恐裂；

【曾解】

老天的“真一”“和气”如果受到污染、破坏，致使乌烟瘴气横行，而致天行不健，时显狂风暴雨，乃致天灾不断，天则不能圆覆于上而资始万物，清灵的上天将会崩裂。

神无气（水中金）不灵。水不制火，汞火（神识）乱飞，上丹田气机紊乱，往往导致走火入魔。

地无以宁，将恐发；

【曾解】

破坏地之“真一”“和气”，造成地行不健，不能宁载于下以滋养万物，地祸将会频发。

坤地牝府，肾气亏虚，经络阻塞，百病资生。

神无以灵，将恐歇；

【曾解】

如果吾人终日物欲扰心，不断耗损“真一”“和气”，神无以灵，将会生机停歇，身国灭绝。

泥丸宫元神，无元气则不灵，百节之神亦因之生机歇停。

谷无以盈，将恐竭；

【曾解】

德谷不得“真一”“和气”，不能容纳万物，其功用将会枯竭。

下丹田德谷气竭数尽，吾人将呜呼哀哉！

万物无以生，将恐灭；

【曾解】

万物不得“真一”“和气”而生生不息，便不能正常生长，将会断灭。

肾气尽竭，诸气皆绝，元神不得不离体而去，吾人即寿终正寝。

侯王无以正，将恐蹶。

【曾解】

侯王不依“真一”“和气”之理治理邦国，导致正气不舒，正令不行，必致高位不稳，将会颠蹶。

吾人不洁身自好，不断丧精耗气，天命元神无可奈何，眼睁睁看着身国蹦蹶。

故贵以贱为本，高以下为基。

【曾解】

侯王们养尊处优，只有以贱为本，以下为基，方保无虞。

要想重建身国，使之生气勃勃，必须补漏筑基，至基成不漏，方可望重返青春。

是以侯王自称孤、寡、不毂（不善），

【曾解】

故而识此“真一”“和气”之道之理的侯王，称自己为孤、寡、不毂（不善），以示其谦下。

因此元神遂而退居幕后，让识神去发挥聪明才智，执持方便法门，补漏筑基可矣。

此其以贱为本耶？非乎？

【曾解】

得此“真一”“和气”之道的侯王以此三者自称，以贱下作为根本，并随时告诫自己不要忘本，不是吗？

“万丈高楼从起地”“千里之行，始于足下”此之谓也。

故致誉无誉。

【曾解】

侯王起家当初无有车辇时，孤寡谦下，民众归心。而今车马无数，装饰华丽，高高在上。此乃取败之道也，不如无车时的好。

很多所谓修道者，包括丹道修持者，理法不当，反而过早夭亡；不如不修炼丹道还活得更好些。

是故不欲琭琭如玉，珞珞如石。

【曾解】

所以侯王们不视自己为琭琭如玉之贵，他人为珞珞如石之贱，则天下人皆可为我所用也——无用之大用。

入手的有为法与转手的无为法，一般的强身健体，与高阶的脱胎换骨……依据自己的心愿，可各行其道，不必互相争论。

［黄元吉证道解］

此（段文）言修道成真，只是此一，无有二也。孔子曰："吾道一以贯之。"孟子曰："夫道一而已矣。"然，究何一哉？古人谓鸿鸿濛濛中，无念虑、无渣滓，一个虚而灵、寂而惺者之一物也。此物宽则包藏法界，窄则不立纤尘；显则九夷八荒无所不到，隐则纤芥微尘无所不察。所谓无极之极，不神之神，真无可名言，无从想象者。性命之道，惟此而已。太上以侯王喻人之心，心能常操常存，勿忘勿助，刻刻返观，时时内照，即不失其一。一即独也。独如独觉之地，戒慎恐惧，斯本来之至高至贵者，庶可长保，然此是修性之学，故一慎独便可了得；若炼命则有为有作，倘非从下处做起，贱处炼来，药犹难得，何况金丹？下即下丹田也。贱即下部污秽处也。学者欲一阳来复，气势冲冲，非由下而升至顶上，安得清刚之气，以为我长生之宝？非从下田浊乡，以神火下照，炼出至阳之气，何以为药本丹基？古人谓阴中求阳，鬼窟盗宝，洵不诬也。尤须有一心无两念，方是守一之道。到得自然，人我俱忘，即得一矣。修士到此地位，一任天下事事物物，无不措之而咸宜，处之而恰当，所谓得一而万事毕，其信然耶！倘著形著象，纷纷驰逐，与夫七情六欲，身家妻孥，死死牵缠，不肯歇手，则去道远矣。莫说外物纷纭不可言道，即如存心养性、修道炼丹、进火退符、采取封固，一切名目，皆是虚拟其象，为后之学者立一法程。若其心有丝毫未净，即为道障。太上所以说致数车无车，不欲琭琭如玉，落落如石焉。夫道只一道，学者又何事他求哉。

诗 颂

（一）

“一”字天下独为大，四方六和装不下。
有人读懂“一”字经，兜率宫中聊茶话。

（二）

“一”字至小亦至大，至小无内大无涯。
老子传出“一”字诀，超越阴阳与八卦。

（三）

无极太极道生一，一含阴阳五行精。
物物各具其太极，盘古魂魄天地心。

（四）

有阴无阳非真一，有阳无阴一不真。
有神无气乃孤神，神气合一自生春。

（五）

阴阳合一变化起，神气合一妙药生。
身心合一老还少，人天合一身外身。

（六）

得其“一”则万事毕，天上地下漫寻觅。
四大五行搜欲遍，不见“阿一”踪与迹。

（七）

不识庐山真面目，只缘身在此山中。
与一同行抱一卧，走遍南北与西东。

（八）

阿一元是无中有，一声雷鸣道门开。
天应星兮地应潮，气聚精凝育灵胎。

（九）

臣道有为有以为，君道无为无不为。
君臣各依天之道，天下太平大有为。

配画　陈彦雄

活字与水

舌下有水成活字，地下有水万物生，
天一生水古之训，山溪流水纯又清！

第四十章　道贵弱用

反（返；反复）者，道之动；弱（虚）者，道之用。天下万物生于有，有生于无。

题示：

常深入静定。弱者道之用，应为“虚”者道之用！器贵实用，道贵虚用。

反（返；反复）**者，道之动；**

【曾解】

静为道体，动为道用，动静一如，循环往复，螺旋运化，正反相通。天地万物都是按照虚灵大道之理，太极弦线之迹，而变化，而运动，而螺旋式的不断向上升华。

入手修炼，凝神调息，至绝虑忘机，一阳初动，无中生有——无极而太极，升降出入，周转不息，从此登天有路，升华有基。

弱（虚）**者，道之用。**

【曾解】

道体处于虚静的无为境界之时，似乎虚而且弱，无影无踪。须知物贵实用，而道则贵弱用、虚用——静能生动，虚而生有，弱化为强，自强不息——后天道用。

入门初基，起用后天法门，意念导引，必不可少，勉强为用，为进入无为道境积累资粮。然道以弱（静）、虚为用，虚极静笃，先天元阳真气发动，则更上一层楼焉！

天下万物生于有，有生于无。

【曾解】

精为有形之祖，天下万物都系气聚、精生而成形。然而有质的精气与有形的万物，却来源于无形之道气。

楼上风光无限，炼精化气，炼气化神……然皆来自虚极静笃的无极之道。

［黄元吉证道解］

此（段文）言金丹大道，非有他也，只是真气流行，充周一身。其静也如渊之沉，其动也如潮之涌。惟清修之子，冥心内照，自考自证，方能会之，非语言所能罄。人能明得动机是我生生之本，彼长生不老之丹，岂外是乎？况人人共有之物，无异同、无欠缺。只为身动而精不生，心动而气不宁。于是乎生老病死苦，辗转不休，轮回不已。若欲脱诸一切，非先致养于静，万不能取机于动，反我生初元气。但此个动机，其势甚微，其气至嫩，稍不小心，霎时而生癸水，变经流为后天形质之私，不可用矣。故曰："见之不可用，用之不可见。"由此一动之后，采不失时，则长生有本，大丹有根。如执所有而力行之，笃所好而固守之，虽得药有时，成丹可俟，无如冲气至和；而因此后之采取不善，烹炼不良，一团太和之气，遂被躁暴凡火伤之，道本至阳之刚，必须忍辱柔和，始克养成丹道。太上所以有"挫其锐、解其纷、和其光、同其尘"之教也。然道虽有气动，犹是无中生有；有而不以弱养之，则不能返于虚无之天，道又何自而成？人第知一阳来复，乃道之动机，而不知返本还原，有象者仍归无象——

盖有象者道之迹，无象者道之真也。知此则修炼不患无基矣。

诗 颂

（一）

天下万物生于有，有形之器生于无。
无极为无太极有，太极弦线系有无。

（二）

物贵实用有以用，道贵虚用用无穷。
无中生有有还无，有无相生道味浓。

（三）

一阴一阳之谓道，一动一静道之机。
一开一阖名橐籥，一升一降转璇玑。

配画　陈彦雄

三圣论道

反者道之动，虚者道之用；
万物生于有，有生无相洞！

第四十一章　大器晚成

上士闻道，勤而行之；中士闻道，若存若亡；下士闻道，大笑之；不笑，不足以为道。

故建言有之：明道若昧，进道若退，夷道若类（崎岖）。

上德若谷，大白若辱（黑垢），广德若不足，建德若偷（怠惰），质真若渝（混浊）。

大方无隅（棱角），大器晚成，大音希声，大象无形。

道隐无名，夫唯道，善贷（施与）且成。

题示：

儒曰，人皆可以为尧舜；道言，个个皆系道种。老子在本章中对此进行了充分的阐述。

上士闻道，勤而行之；

【曾解】

上根之人，志与道合，一旦闻道，便深信不疑，并身体而力行之，故有“上士别床，中士异被”之说。

中士闻道，若存若亡；

【曾解】

中人之资，听了讲道，兴趣来了也看一看《道德经》。但由于尘心未尽，意马难拴，时信时不信。在信的时候，能做到潜心修道，异被而卧，就不错了。

下士闻道，大笑之；

【曾解】

下根之人，闻听讲道，反以为怪，哈哈大笑：要我大公无私，助人为乐，贡献在前，享受在后……啥子道啊？不干不干！还嘲笑“别床”而习的上士、“异被”而卧的中士，有福不会享。

不笑，不足以为道。

【曾解】

“道”出乎常情，非愚辈所识，下根之人闻道如果不发笑，那就不是“道”了。

故建言有之：明道若昧，

【曾解】

古有格言曰：古之得道圣人，智而不用，光而不耀，乍见之不像是个怀中有宝的有道之人。

进道若退，

【曾解】

圣人境界上乘，却雍容处下，谦忍退让，看起来似乎不怎么样。

夷道若类（崎岖）。

【曾解】

圣人虽平常心是道，同尘混俗，但和而不同，类而不聚——君子之交淡若水。

上德若谷，

【曾解】

圣人心包天地，海纳百川，德无不容，胸无不旷。

大白若辱（黑垢），

【曾解】

圣人一尘不染，纯素贞白，而能纳污含垢，忍辱负重。

广德若不足，

【曾解】

圣人德被群生，不以为有功德，反认为做得不够，德行不足。

建德若偷（怠惰），

【曾解】

圣人常积阴功、阴德，唯恐他人知之，似乎在偷偷摸摸地助人为乐。

质真若渝（混浊）。

【曾解】

圣人贞介如玉，而能与世沉浮，随缘应变，无可无不可。

大方无隅（棱角），

【曾解】

圣人心如太虚，无适不可，哪个方向、哪个角落皆可以去，包括天堂与地狱。

大器晚成，

【曾解】

圣人经过艰苦的修持，无穷的磨炼，终成大才、砥柱。但他仍然藏而不露，光而不耀，待时而动，乘运而出，不得已而后应，实乃晚成之大器。

大音希声，

【曾解】

圣人大智若愚，大辩若讷，不说废话；实在须要开腔，则有如“狮子吼”，足以振聋发聩，令人开悟——这样的“狮子吼”太稀罕了！没有机缘是听不到的。

大象无形。

【曾解】

“道”之大象乃无象之相，一般是看不见的；天之高，地之广，宇宙之大，然“道”之象更大；不识庐山真面目，只缘身在大象中。

道隐无名，

【曾解】

若隐若现的无名之“道”，隐于有名的器用之中，常情实在难以对它单独测度和命名。

夫唯道，善贷（施与）**且成。**

【曾解】

唯有修真悟道者，心虚如天，胸广如海，大道对他们则有求必应。

［黄元吉证道解］

太上为世之不自韬光养晦、立德修身者，言彼稍有所得，便矜高自诩。五蕴未空，六尘不净，犹屋盖草茅，火有所借而然。若只修诸己不求诸人，浑浑乎一归于无何有之乡，广漠之野，纵有外侮，犹举火焚空，终当自息。如此修己，真修己也。惟其如此，故人与人两相安于无事之天，否则于道无得，反招尤也。孔子曰："无而为有，虚而为盈，约而为泰。"其见恶于人也宜矣。修道者如此，可以免务外之思，亦可无外侮之患焉。

诗颂

（一）

道法大海信能入，迷信迷信迷才信。
信而不迷乃上士，破迷存信辟道径。

（二）

孤阴不生神不定，独阳无主气横行。
阴阳相交造化起，龙吟虎啸起风云。

（三）

上士闻道勤而行，下士闻道笑杀人。
大音希声狮子吼，大器晚成是真成！

（四）

炼精化气气化神，神气突破生死关。
天梯造就两千年，不去攀登为哪般？

（五）

天道元与人道通，天心为主人心用。
巧使盗机窃天机，迟早参见主人翁。

老子曰

无上天机天已露，河图洛书太极图。
若要寻根并问谛，道德五千用“心”读！

第四十二章　道化万物

道生一，一生二，二生三，三生万物。万物负阴而抱阳，冲气以为和（调和阴阳）。

人之所恶，唯孤、寡、不穀（不善），而侯王以为称。故物，或损之而益，或益之而损。人之所教，我亦教之：强梁者不得其死，吾将以为教父。

题示：

老子在本章讲的是宇宙及天地万物演化经，大道为体，冲和气机为用，由一演变到三……天地万物。最后又叶落归根，归于道海无极——天道好还。

道生一，

【曾解】

无名而强名之大道，虚而且灵，寂然不动，鸿蒙未判，无阴无阳，故称无极○，道的本寂之体——本寂非死寂，寂中孕生机。

本寂道体不能永远处于虚静状态，它的本智之用，因缘汇聚之时即变而起用，无极而太极⊙，化为浑元一气——宇宙元生态造化能先天的宇宙真一之气——道气；或曰统精神与物质为一体（心物一元）的宇宙大统一场能。

一生二，

【曾解】

古人常以简驭繁。将万物归类于五行，五行衍源于阴阳，阴阳合抱于太极，太极肇始于无极。无极本无〇，太极始有⊙——道生一之“一”的浑一之气。

太极浑一之气的道气、和气，一分为二又合二为一，内蕴阴阳二物，互化互生，生生不息。看看太极图便知。

二生三，

【曾解】

吕祖曰：一为体，二为用，三为造化——造化之器，玄牝之门，宇宙魔术师。

三生万物。

【曾解】

阴阳“二物”化生万物的可能性，经过造化之器“三”之魔手——玄牝之门而变为现实性，化生出天地万物。宇宙从此就热闹起来了！

万物负阴而抱阳，

【曾解】

天地万物都是由阴阳二物两相交媾所产生的，以冲和气机为用，故此万物莫不负阴而抱阳。

《周易参同契》曰：“物无阴阳，违天背元。”故此形而下器之阴阳结构，是宇宙及宇宙万物的根本结构——最初结构与最终结构！

冲气以为和（调和阴阳二物）。

【曾解】

对有机生命物而言，阴阳交媾形成一个生理太极全息胚，并由不息之机的道之代表、天命元神主宰之，但还须得到冲和气机的滋养，以调和阴阳二物而生生不息，生命体才能顺利地成长壮大——修成不坏法身时尤其如此！

人之所恶，唯孤、寡、不毂（不善）**，而侯王以为称。**

【曾解】

人们最厌恶的就是孤、寡、不毂（不善）的称谓，但有道的君王却以它作为自己的称名，以表和气谦下。

故物，或损之而益，或益之而损。

【曾解】

有些事、物要先“损”而后才有“益”，譬如有道明君唐尧虞舜，先常责己谦让，后则百姓自然来归；也有不道的帝王如桀纣之类，先以天下财物益己，施行暴政，后被天下百姓打倒。

人之所教，我亦教之：

【曾解】

道化万物，吾人亦为大道所化，并遵道而行。但百姓日用而不知，只有受到教育之后才能知之；我亦因此而施教之。

强梁者不得其死，

【曾解】

如果教育的方式不当，只知增益知识，受教者自认为有半罐水而高傲，好为强梁，那就糟了——须知强梁者都不会有好下场！

吾将以为教父。

【曾解】

我则教人的第一步，就是日损其欲，谦虚守中，以全冲和、中正之德。

［黄元吉证道解］

此（段文）言道家修炼，却病延年，成仙作圣，不外精气神三宝而已。然精非交感之精，所谓元始真如，一灵炯炯——前云“惚兮恍，其中有象”是。是由虚而生，虚即道。“道生一”即虚生精（汞精），精即性也。气非呼吸之气，所谓“先天至精，一气氤氲”——前云“恍兮惚，其中有物”是。是由一而生，一即精。“一生二”即精生气，气即命也。神非思虑之神，所谓灵光独耀，惺惺不昧，前云“杳兮冥，其中有精，其精甚真，其中有信”是。自二而化，二即气，“二生三”即气化神——神即元神真意也。要皆太和一气之所化也。惟以柔和养之，斯得之耳。若著一躁切心，生一暴戾气，皆不同类，去道远矣。保身犹难，安望成仙！所以有强梁之戒也。太上以忍辱慈悲为教，故其言如此。孔子系《易》，尝于谦卦三致意，而金人欹器之类，示训谆谆，其即此意也欤！

诗 颂

（一）

道自虚无生一气，一气流注天地间。

聚则成形散则无，有无相生自循环。

（二）

万物负阴而抱阳，全赖冲和气滋养。
损之益之自知之，不损不益不久长。

（三）

道生天命谓之性，性生生命谓之神。
阴神阳神与识神，离开冲气不灵明。

（四）

道体冲虚虚为用，宇宙器物道为宗。
时时处处道为怀，上天下海无不通。

配画　唐道琳

道化万物

斗姆赐我一支笔，提笔阐述道生一，
三生万物物归道，有无相生没秘密！

万物归类于五行，五行衍源自阴阳，
阴阳显化精气神，三生万物道运昌。

第四十三章　无为之益

天下之至柔，驰骋天下之至坚，无有入于无间，吾是以知无为之有益。

不言之教，无为之益，天下希及之。

题示：

老子在本章讲“不言之教，无为之益”。一位旅居过国外的老人说：在国外，孩子跌倒在地，大人不会去搀扶，一定要等孩子自己爬起来。看来老外比国人更懂得老子的“不言之教，无为之益”——无为之道。

天下之至柔，驰骋天下之至坚，

【曾解】

天下最柔弱的东西，譬如水与空气，可以在坚硬的物体里面自由驰骋。

天下即吾身之天下，身内冲和元气至虚至柔，升降出入，周转不息，无为而无不为。

无有入于无间，吾是以知无为之有益。

【曾解】

无有之虚，入有有之体，则细无不入，以其虚而无为也。可见虚无之用，用无穷尽；无为之益，益无涯际。

气机之周行无碍，行所当行，止所当止，自有虚无元神无为而为之。

如让识神小聪明有为而为，东导西引，容易扰乱气机，反而不妙。

不言之教，无为之益，天下希及之。

【曾解】

有言之教，增益智识，矜能好为——好为则易败。而不言之教，无为之益——一切顺其自然之理而为之益，无主观强为则无败，是有言之教所不及的。

世人习惯于有为法，有板有眼，眼花缭乱，有为而有以为。一但进入无为境界，神自灵明气自运，六神无主——元神主之，无为而无不为，反而不习惯。如此不可思议之妙境，是后天有为法门所难以望其项背的！

［黄元吉证道解］

此（段文）状道之无为自然，包罗天地，养育群生，本此太和一气，流行宇宙，贯彻天人，无大无小，无隐无显，皆具足者也。是至柔而能育至刚，至无而能包至有。以故一通百通，一动群动，空谷传声，声声相应。道之神妙，无有加矣！非圣人孰能与于此哉！若在初学之士，具真信心，立大勇志，循途守辙，自浅而深，由下而上，始由勉强，久则自然，方能洞彻此旨。总要耐之又耐，忍之又忍，十二时中，不起厌心，不生退志，到深有得，居安资生，左右逢源，乃恍然于太上之旨，真无半句虚诳。至于修炼始基，古云“精生有调药之候，药产有采取之候”。先天神生气，气生精，是天地生物之理，顺道也。若听其顺，虽能生男育女，而精耗气散，败尽而死。太上悲悯凡人，流浪生死，轮回不息，乃示以逆修之道，反本归根，复老为少，化弱为强，致使成仙证圣，永不生灭。始教人致虚养静，从无知无觉时，寻有知有觉处。《易》曰“寂然不动，感而遂通”是也。后天之精有形，先天之精无迹，即恍恍惚惚，其中有物，所谓玄关一动，太极开基也，自此凝神于虚，合气于漠，冥心内照，观其一呼一吸之气息，开阖往来，升降上下，收回中宫，沐浴温养。少倾杳冥之际，忽焉一念从规中起，一气从虚中来，即精生气也。此气非有形也——若有形之气，则有起止、有限量，安望其大包天地，细入毫毛，无微不入，无坚不破者哉？是气原天地人物生生之本也，得之则生，失之则死。虽至柔也能御至圣，虽至无也能宰万物，古仙喻之曰药，以能医老病、养仙婴也。故曰“延命酒、返魂浆”，又曰“真人长生根”，诚为人世至宝。古人谓万两黄金，换不得一丝半忽也。凡人能得此气，即长生可期。然采取之法，又要合中合正，始可无患。若有药而配合不善，烹煎不良，饵之不合其时，养之不得其法，火之大小文武，药之调和老嫩，服之多少轻量，一有失变，必如阴阳寒暑，非时而变，以致天灾流行，万物湮没矣。学者能合太上前后数章玩之，下手兴工，方无差错。吾点功至此一诀，诚万金难得，能识透此诀，则处处有把握，长生之药可得，神仙之地无难矣。

配画　陈彦雄

诗 颂

（一）

至柔之物驰至坚，有如水滴石也穿。
凡事不必争高下，退回一步自然宽。

（二）

无为之益无涯际，有为之功倍苦辛。
不言之教法自然，自然之道融古今。

无为而为

天下之物水至柔，上天下海任自由。
石中之石花岗石，水滴石穿石低头！

第四十四章　知足不辱

名与身孰亲？身与货孰多？得与失孰病？

是故甚爱必大费，多藏必厚亡。知足不辱，知止不殆，可以长久。

题示：

在本章中老子教导我们，凡事要站高些，看透些，应知足、知止。

名与身孰亲？

【曾解】

名扬天下好呢？还是长生久视好呢？

有形有名的色身，与无象之相的法身，两者谁与我们更亲呢？

身与货孰多？

【曾解】

要命不要钱呢？还是要钱不要命呢？两者都要行吗？

出世法身的清净无为，与入世色身的荣华富贵，你对哪一个更加多关照呢？

得与失孰病？

【曾解】

获得欲想得到的东西当然好，失去了算是倒霉；然而塞翁失马，焉知非福？

无中生有而见元神，有还归无而炼神还虚，得失之道即太极返无极之道矣！

是故甚爱必大费，

【曾解】

所以越深爱己之色身，养生理法不当，山珍海味不断，反而落个“三高症”，等到去医院挨大棒子敲吧。

吾人爱其色身，更爱其法身，当费心时就费心。

多藏必厚亡。

【曾解】

财粗气大，趾高气扬，享不尽的荣华富贵，须知“临终一切带不去，只有善恶业随身”。

色身当养育，法身更应培育——不培育则得而复失。

知足不辱，知止不殆，可以长久。

【曾解】

知足者不辱，知止者不殆。凡事适可而止，如此则心安宁、身长存，乐乎哉！

养育色身，培育法身，其中火候法度，有为无为，皆有圣度，无过不及，方是益养身国之道。

［黄元吉证道解］

此（段文）借知足知止喻止火养丹，以名喻景、货喻药。贪幻景者多被魔缠，好搬运者难免凶咎。药未归炉，宜进火以运之；药既入鼎，宜止火以养之。火足不知止火，非但倾丹倒鼎，致惹病殃，并且丧命焚身，大遭危殆。又况大道虚无，并无大异人处。或贪美酒美味，艳色艳身，金玉珠玑，楼台宫殿；又或天魔地魔，鬼魔神魔，种种前来试道——或充为神仙，夸作真人，自谓实登凌霄宝殿——因此一念外驰，以致精神丧败，大道无成者不少；又或识神作祟，三尸为殃，自以为身外有身，而金丹至宝，遂戕贼于顷刻者亦多。若此等等，总由火足不止火，丹回不养丹，所以志纷而神散，外扰而中亡。修炼之士，幻名幻象，幻景幻形，须一笔勾销，毫不介意，如此知止知足，常养灵丹，则止于至善，永无倾颓焉。

诗颂

（一）

有言生命诚可贵，又言爱情价更高。
不识长生久视道，到头两般都要抛。

（二）

太极判而阴阳生，阴阳分兮善恶出。
祸福于焉相往来，有人笑兮有人哭。

知足不辱

身被物牵物奴隶，心为境役境俘虏。
座上官变阶下囚，堂前燕子倚新主。

配画　陈彦雄

第四十五章　大成若缺

大成若缺，其用不弊。大盈若冲，其用不穷。大直若屈，大巧若拙，大辩若讷。躁胜寒，静胜热，清静为天下正。

题示：

本章老子讲了许多利弊相对的道理，不要被表面现象所迷惑；唯有清静无为才是天下之正道。

大成若缺，其用不弊。

【曾解】

大成之道成就了伟大的宇宙及其万物，似乎也还有不足之处，如太阳虽亮，仍有黑斑；月亮虽圆，一会儿又缺；山过于高，海过于阔；冬天太冷，夏天太热……尽管还有这么多的缺失之处，但其化生万物、育养群生的道用永不穷竭。

就修真证道者而言，真大成就者，看起来“顽而且鄙”。只因他智而不使，慧而不用，举手投足，“愚而且笨”。然而一旦机缘成熟，道用流行，功无不竟，事无不成。

大盈若冲，其用不穷。

【曾解】

大成之道像似盈满充实，实则冲虚无物不容——道贵虚用，故其用无穷。

德高功就者，灵知在心，真知在腹，无字天书在胸，虚怀若谷，出世入世，应用如如。

大直若屈，

【曾解】

虚灵大道最为正直无私，其道化万物之时则可折可屈。

真得道者，直心是道场，入世处事，随缘而应，无可无不可，仁者无敌人。

大巧若拙，

【曾解】

大道巧制高山大河，天地万物，又不见其巧，反显笨手笨脚，但其鬼斧神工，令人叹服！

道者随遇而安，随缘放旷，不事机巧，看似行动笨拙。

大辩若讷。

【曾解】

大道化物，琳琅满目，事实胜于雄辩，从不夸夸其谈，炫耀自己的成就。

道成德就者，其本来面目，大智若愚；身在凡尘，心在圣境；无分别意，无是非心；冷眼旁观，笑看变幻之风云，变来幻去皆不出掌心，何须口舌之辩——乃不辩之辩的大辩矣。

躁胜寒，静胜热，清静为天下正。

【曾解】

躁能胜寒而不能胜热，静能胜热而不能胜寒，圣人推崇的清静无为——寒热自然均恒，为天下人应走之正道。

道成德就，清静无为，人天合一，天人一体，我即宇宙，宇宙即我，天热与之俱热，天寒与之共寒，四季如春，四季一身。入世则看破世事，放下得失；出世则隐显自在，来去随心；真享大自在也——心自在，身自在，业自在，无不自在！

［黄元吉证道解］

此（段文）明道之至平至常，至虚至无。人未造虚无之境，平常之域，只觉其盈，不见其缺；只觉其优，不见其绌。所以太上云："少则得，多则惑。"谚云："洪钟无声，满壶不响。"洵不虚也。大德不德，是以有德；大为无为，是以有为，非谦词也。道原虚无一气，惟其有得，是以无得；惟其无得，是为有得。故道愈高，心愈下；德弥大，志弥卑，斯与道大适焉。若一有所长，便诩诩然骄盈矜夸，傲物凌人，其无道无德，大可见矣。太上故云"为学日益，为道日损，损之又损，以至于无"，方为得之。学者切勿视修道炼丹，一如百工技艺之术，自觉有益，斯为进境。若修道总以虚无为宗，功至于忘，进矣。至于忘忘，已归化境。夫以学道之士，退则进，弱则强。虚为盈，无为有，以反为正，以减为增。故学之进与不进，惟视心之忘与不忘耳。

诗 颂

（一）

大成大直大巧辩，若缺若屈又若讷。
大智若愚非傻瓜，任运随缘爱落霞。

（二）

委曲求全道者志，圣人抱一天下式。

任凭境风吹识浪，心中无事真无事。

（三）

天地不言万物成，圣人不言教化行。

与道为一法道用，无为之益益不盈。

配画　黄道强

大成若缺

登上高峰展望眼，怒海狂涛小儿科。

山浪才是滔天浪，宣示天威舞婆娑。

第四十六章　知足常足

天下有道，却走马以粪；天下无道，戎马生于郊。

罪莫大于可欲，祸莫大于不知足，咎莫大于欲得。故知足之足，常足矣。

题示：

上一章讲清静无为之益，本章老子接着讲多欲有为之害，强调知足者常足。

天下有道，却走马以粪；

【曾解】

上古之世，有道之君，无为而治，国泰民安，女织男耕，人民安其生，乐其业，牛膘马肥，走后大粪成堆，正好作为肥料以滋养田畴。

吾之身国，得道者心清性灵，一气混然，性命和融，灵丹妙药自孕。

天下无道，戎马生于郊。

【曾解】

中古以下，及至而今，天下无道，侯王们争斗不已，郊外都是战马，随时准备打仗。

无道则心性不定，终日盘算，妄驰不停，必气机紊乱，灵药不生。

罪莫大于可欲，

【曾解】

互相杀伐，死人无数，田土荒芜，民不聊生，罪过都是由于侯王们的贪欲造成的。

所以不明道理，欲求长生者，常适得其反——反而害生。

祸莫大于不知足，咎莫大于欲得。

【曾解】

谚云：人心不足蛇吞象。过错皆因欲望膨胀，欲贪那些得不到的东西所致。

为此者当管束其心猿意马，不令外驰，降服其狂心妄性，返观内照，以养我之汞神，固我之铅炁，时至功成，灵丹妙药，不得而得矣。

故知足之足，常足矣。

【曾解】

所以有自知之明者，知足知止，常足常乐矣。

虚静而不欲，空灵而知足，方合大道本旨，浩然常足焉。

［黄元吉证道解］

此（段文）以天下比人身，以马比用火炼丹。人如有道则精盈气足，何事炼丹？顺而守之足矣。如其无道，则精消气散，不得不用元神真息以修治其身心。但下手之始，养于外田，故曰“戎马生于郊”。俟其阳生药产，而后行进火退符之功，野战守城之法，收归炉内，慢慢温养。迨垢秽除尽，清光大来，一如天下又安，国家无事，归马华山，故曰“却走马以粪”。但天下之乱，一身之危，莫不由一念之欲所致。若不斩除，潜滋暗长，遂至精髓成空，身命莫保，可悲也乎？凡人欲心一起，必求副其愿而后快。即令事事如意，奈欲壑难填，贪婪无厌，得陇望蜀，辗转不休——有天下者失天下，而有身命者，又岂不丧其身命乎？《诗》曰：“不伎不求，何用不臧？”惟知足者可以安然无事，而常居有道之天。不须功行补漏，但顺其自然，与天为一而已矣。太上戒人曰“罪莫大于可欲”三句，是教人杜渐防微，戒欺求慊工夫，与孔门言“慎独”，佛氏云“正觉”，同一道也。学者曾见及此否？

诗 颂

（一）

天下有道马以粪，天下无道马悲鸣！
将军本职国之盾，不许将军见太平。

（二）

欲壑难填自古然，吾自无欲邪难侵。
心息相依众缘歇，万里无云天自清。

（三）

知足常足终不辱，知止常止终不耻。
天道恶盈盈则溢，未有强梁得好死。

配画　陈彦雄

知足常乐

下错一着棋，一路总是输！
茫茫人生路，悔不该当初！

第四十七章　不为而成

不出户，知天下；不窥牖，见天道。其出弥远，其知弥少。是以圣人不行而知，不见而明，不为而成。

题示：

老子本章讲得道者的智慧成就，圣人境界，不为而成。

不出户，知天下；

【曾解】

修道至性真心明，“道眼”开启，智周万物，无幽不见，虚实两面，洞观无碍——观天下事物如在掌中。

在后天层次，启用肉眼及其延长工具“三大镜”，即使走出户外，也只能观察到三维世界范围内事物。达先天境界，“道眼”洞开，超越三维世界，则虚实两界事物，历历如在眼前。

不窥牖，见天道。

【曾解】

天道虽然微妙，即使不开窗户，在“道眼”看来也无一毫障蔽，能够窥见道化万物、万物归道之奥之妙。

常人后天“凡眼”及其延长工具“三大镜”，所见亦有限，仅能认知三维世界内的具体事物——相对真理。圣人先天“道眼”具“全视”功能，能窥见万物生、长、化、收、藏之奥与妙——天道之绝对真理。

其出弥远，其知弥少。

【曾解】

“身外求法，乃外道也！”不认真修持自体的精气神，冲开“道眼”展智慧，老是向外驰求，朝山拜庙，利令智昏，必然去真性日远。情尘日厚，心境益暗，真知愈少。

外求法皆有为法！内求法系智慧法。释家的《金刚经》也明确指出：“习练有为法，如梦幻泡影，如露亦如电，应作如是观。”

是以圣人不行而知，不见而明，不为而成。

【曾解】

所以圣人淡然无欲，不拘于物，寂然不动，感而遂通，内明则外无不知，心虚则无物不容，道备德化，一切顺其自然，则事无不成。

性命双修的大成就者，元气充实，慧光朗然，心能转物——心想事成。超越阴阳而又能斡运阴阳，得大自由而享大自在！

[黄元吉证道解]

此（段文）言道以无为为宗，慎独为要，则无为而无不为，无知而无不知矣。然非枯木槁灰之无为也。吾前云“万象咸空，一灵独照”，此为真意；又曰“一觉而动，一阳发生”，是为元气。采药炼丹，不过炼此性命二者。若无真意，性将何依？若无真气，命何由修？以真意采真气，两者浑化为一，即返于太极之初，斯谓之丹。故无为之中，又要有作有为；无知之内，又要有知有觉，方不堕空，不著有。迨至功力弥深，空即是色，色即是空。久之空色两忘，浑然物化，斯与道大适矣。不知人道，观天道可知。孔子曰“天何言之，四时行、百物生”，即是无为之为。斯为至道之精。盖无为是天性，有为是天命；无知是元神（智慧），有觉是元气。天地间非二（阴阳）则不化，非一（元气）则不神（灵）。神而不神，不神而神，斯得一而两、神而化之妙境焉。此非吾言所能罄也。在尔修士，长养虚静，常守虚灵，斯性命常存，而大道可成矣。切勿以无为有为，各执一边——虽正宗也，旁蹊开焉，请各自揣量可也。

诗 颂

常言道者不出门，屈指能知天下事。
与天为一天在心，心通万物感而至。

配画　元泉

道字诗颂

阴阳二爻天降临，不行而知无为成。
是龙如船载大道，人健行即道健行！

第四十八章　为道日损

为学日益，为道日损；损之又损，以至于无为。无为而无不为。

故取天下常以无事，及其有事，不足以取天下。

题示：

老子第二十章讲“绝学无忧”，本章讲“为道日损”，承接上一章讲日损之功，无为之德。

为学日益，为道日损；

【曾解】

做学问者，以后天知识日益增长为尚。修大道者，正好相反，须灰心泯智，才能深入静定，定而生慧，慧光朗然，智照无碍。故修道者宜日益减损其后天知识——聪明人要装傻！

下手兴工学习有为法，以充足精气，补亏筑基，法门众多，多多益善。高阶修炼系无为法，炼精化炁、炼炁化神，以无为为主，无为才能无不为——大有为。

损之又损，以至于无为。无为而无不为。

【曾解】

为道日损，损之又损，泯灭情智，达心境两忘。如此私欲尽净，性光朗彻，智慧生起，无为而为之的大有为，以之治身，身无不康，以之治国，国无不宁。“我无为而民自化。”——民果自化，则无不可为之事矣。

连无为都无为了，就进入虚极静笃之高深道境了。

故取天下常以无事，

【曾解】

所以侯王要想天下人归服，首先己自无欲，不无事找事，则民自来归。

只有在无为的静定中，静极而动的先天元阳真气发动，才能深入脏腑、骨髓，对色身进行脱胎换骨的彻底改造，升华吾人的生命体至更高的健康层次——百病难侵的金刚不坏之体！

及其有事，不足以取天下。

【曾解】

如果侯王欲望滋张，无事找事，扰失民心，百姓无不恨之，必众叛亲离，天下将归别人矣。

“有为般般讲，无为处处真。”有为法门的基础系后天之气的生物能，能级有限，有为而有以为，不能对它期望过高。

［黄元吉证道解］

此（段文）言修道之人，若见日益，不见日损，则心昏而道不凝矣。故曰：“德惟一，二三则昏。”惟随炼随忘，随忘随炼，始不为道障。若记忆不置，刺刺不休，实为吾道之忧也。故必渐消渐灭于一无所有，斯性尽矣。然后由无而生有，所以能出没鬼神，变化莫测焉。经中云“天下”喻道，“取天下”喻修道，“有事无事”，喻有为无为。人能清净无为，纯是先天一气，道何难成？此即取天下之旨也。若搬运有为，全是后天用事，便堕旁门。此（段文）又不可取天下之意也。或曰采药炼丹、进火退符，安得无为？须知因其升而升之，非先有心于升也；随其降而降之，非先有心于降也。即至采取不穷，烹炼多端，亦是纯任自然，并无半点造作，虽有为也而仍属无为矣。彼徒咽津服气者，乌足以得丹而成道哉？

诗 颂

（一）

今言求学在积累，古言修道贵减除。
细数古今得道者，灵台心镜无一物。

（二）

访道求师不辞远，走遍名山与古庙。
道听途说终是浅，在家修道真修道。

配画　何意富

面壁九年

为学日益为道损，损至无为道临门。
面壁九年破壁日，始知大道在存诚！

第四十九章　圣人德善

圣人无常心，以百姓心为心。善者，吾善之；不善者，吾亦善之，德善。信者，吾信之；不信者，吾亦信之，德信。

圣人在天下，歙歙焉，为天下浑其心。百姓皆注其耳目，圣人皆孩之！

题示：

本章老子讲圣人的不言之教，以赤子之心有教无类，善与不善一视同仁，悉皆谆谆教诲；有教无类，故无弃人。

圣人无常心，以百姓心为心。

【曾解】

圣人之君其心至虚无我，复乎性善而已，故无一定恒常不变之心愿——以满足老百姓的想往，作为自己的心愿。

道者无偏颇、世欲之心，心神也不偏袒五脏六腑之某一脏腑，以它们的需要而协调其间的阴阳平衡。

善者，吾善之；不善者，吾亦善之，德善。

【曾解】

圣人复乎性善，对于善良之人，圣人固要和善地对待他；不够善良者，因圣人也和善地对待之，彼将为德所感，亦将化而为善，这就叫做“德善”——德为善之体，善为德之用。

脏腑功能完善者，心神当关注之；功能不够完善者，心神更要协调之。

信者，吾信之；不信者，吾亦信之，德信。

【曾解】

圣人至诚待物，对于讲诚信的人，圣人固要信任之；对于不够诚信之人，因圣人亦以诚信对待，彼将为德所感，从而变得诚信起来，这就叫做“德信”——德为信之本，信为德之标。

《黄帝内经》曰：“心者，五脏六腑之大主，神明主焉；若心主不明，则十二官危。”心主神明，下信上传，上信下达，十二官各司其职，则身国国泰民安焉。

圣人在天下，歙歙焉，为天下浑其心。

【曾解】

圣人走遍天下，见世风日下，只好辛勤地四处讲道、弘道，为老百姓充实精神食粮。

心神在身中，日夜不停地为人体五脏六腑、四肢百骸操心不已，以保持身国的健康与安宁。

百姓皆注其耳目，圣人皆孩之！

【曾解】

老百姓则注目而视，倾耳而听。圣人以大慈之心，像教育自己的孩子那样，以德化天下之人，以期不言而信，无为而化，则天下无不可教之人矣！

谚云：神如君，气如民。心主神明，身国安宁，圣君百姓，普天同庆，圣人之君也高兴得像一个孩子！

［黄元吉证道解］

（此段）经（文）中“圣人”喻心，“天下”喻身。圣人之修身，不外元神元气。然人有元神，即有凡神；有元气，即有凡气。下手之初，岂能不起他念，不动凡息。惟知道者养之既久，自有元神出现。我以平心待之，即他念未除，我亦以平心待之。如此元神有不见者，未之有也。元神既生，修道有主，又当静守丹田，调养元气。我于此时，于元气之自动，当以和气处之，即凡气之未停，亦当以和气待之。如此而元气有不生者，亦无之也。须知元神为凡神遮蔽，如明镜为尘垢久封，不急磨洗，岂能遽明？元气被凡气汩没，犹白衣为油污所染，不善瀚濯，焉得还原？于此而生一躁心、动一恶念，是欲寻元神以为体，而识神反增其势。欲求见性，不亦难乎？是欲得元气以为主，而凡气愈觉其盛。欲求复命，岂易事哉？惟圣人之治天下，不论善恶诚伪，一以仁慈忠厚之心待之：善者善之，不善者亦善之；信者信之，不信者亦信之。一团天真，浑然在抱。即此是虚，即此是道。虚自生神，道自生气。应有不期然而然者。否则，心若不虚，已先无道，而欲虚神之克见，道气之长存，其可得乎？修身治世，道同一道，理无二理，知治世即知修身，明外因即明内理。故以此理喻之，其示学者至深切矣。学人用功，当谨守真常，善养虚无，则元神元气，自常来归。若起一客念，动一客气，恐不修而道不得，愈修而道愈远矣。学者慎之戒之！

诗 颂

（一）

圣人之心空且灵，空灵不怕入红尘。
善与不善大度容，道者行兮德者行。

（二）

圣人之心虚无我，无心教化无为化。
无私无欲一童心，从流飘荡走天下。

配画　陈彦雄

潇洒出尘

圣人之心无常心，和光同尘尘连尘。
济世度人尘中混，只是居尘不染尘！

第五十章　出生入死

出生入死。生之徒（途径），十有三；死之徒（途径），十有三；人之生，动之死地者，亦十有三。夫何以故？以其生生之厚。

盖闻善摄生者，陆行不遇兕虎，入军不被甲兵。兕无所投其角，虎无所措其爪，兵无所容其刃。夫何以故？以其无死地。

题示：

本章老子讲生死大事。十有六成的人都难以把握住自己的生死性命，只有十分之一的善摄生者——真修大道者能脱离死地，而长生久视。

出生入死。

【曾解】

先天的生命本性是不生不灭的，后天的生命现象是变来变去的，我们的具体生命乃是：不生不灭的生命本性与变来变去的生命现象之间的辩证统一体！故生非真生，生而又死；死非真死，死而复生——生之时似乎即走向死之日。唯有道者，反其道而行，能自主自己的生死和性命。

生之徒，十有三；死之徒，十有三；

【曾解】

反观世事，能够活到无疾而终，寿终正寝者，约有十分之三；非寿终正寝而死者，也约有十分之三。

人之生，动之死地者，亦十有三。

【曾解】

吾人在日常生命活动之中，不知检点，花天酒地，乃至犯奸走险，不计后果，把自己置之于死地，而至横死者，亦有十分之三。

只有十分之一的修真悟道者，有望超越生死，自主性命。

夫何以故?

【曾解】

为什么会有那么多人不能自主自己的生死、性命呢?

以其生生之厚。

【曾解】

是他们不懂养生真道，首在养育性真，而不仅仅是用膏粱厚味来滋养肉身——越用这样的过分“营养”来保养己身，越是坏事，恰好走向反面。

盖闻善摄生者，陆行不遇兕虎，入军不被甲兵。

【曾解】

听到真善于养生者们说过，圣人静而养性，动而养身，不与物竞，物必不与我争。如兕虎、甲兵，行动有域，动静有时，苟能避其域，省其时，三十六计走为上计，避之可矣!

兕无所投其角，虎无所措其爪，兵无所容其刃。

【曾解】

如此则犀牛有角无所使，老虎有爪无处抓，兵器虽利无其功。

夫何以故？以其无死地。

【曾解】

这是什么原因呢？修道有成，善于摄生者，不置己身于伤性害身之死地而已矣，岂有它哉？

［黄元吉证道解］

此（段文）言十为天地之全数，三为三阳三阴。人禀乾三阳而生，遇坤三阴而死。此原是天地一阴一阳，屈伸往来，循环相因之理。非阴无以成阳，非死无以为生。故休息退藏，无非裕生生之厚德于疆也。其在纵情肆欲，灭理丧人同，其死却与人异。盖顺阴阳而生死者，固太极之浑然在抱，俱两仪之真气流行；若逆造化而生死者，皆本来之元气无存，因后起之阴邪太甚。故皆曰“十有三也”。十者全数，即道之包罗天地；三者天一生水，地二生火，一天二地，合水火而为三。且天一生水，金生水也；地二生火，木生火也，四象具焉。土无定位，游行于四象之中，即太极之纯粹以精者，主宰阴阳之气，运行造化之机，在天地则为无极。而太极之原在人身：静则无声无臭不二之元神；动为良知良能时措之真意——合之即五行也。此天地人物，公共生生之厚德，有物则在物，无物则还太虚，不以人物之生死而有加减也。是以善摄生者，入室静修，观我一阳来复，摄之而上升，摄之而下降，摄之而归炉温养，丹成九转，火候十分。所谓道高龙虎伏，德重鬼神钦者是，有何虎兕兵刃之害哉？试观古人，深山僻处，虎兕为群，豺狼与伍，甘心驯伏，自乐驰驱者不少。又有单骑突出，群酋倾心，弃甲抛枪，敬如神明，爱若父母者。它如孝心感格，贼寇输诚；节烈森严，奸回恻念，皆由至诚之德，有以动之也。观上而兕无以投其角，虎无所措其爪，兵无所容其刃，洵不诬也。要之一元之理气，非造化之阴阳。我能穆穆熙熙，至无光明，又何生死之有？彼有生死者其迹也，我能泯其迹，一归浑沦之命，太和之天，虽迹有存亡，而理则长存而不蔽，又何生之足乐，死之堪忧乎？古圣人舍生取义，杀身成仁，视刀锯为寻常，烹鼎镬为末事，此何以故？良以有得于中，无畏于外焉耳。故曰“无死地”。它注水之成数七，合为十三亦是。

诗 颂

（一）

生老病死常人道，超越生死道者道。
玩弄聪明找死道，豁然大悟逍遥道！

（二）

战争终归无胜者，杀人一万损三千。
侯王自算小九九，不识天道大算盘。

（三）

九死一生比例殊，修真证道无坦途。
养生反而戕性命，左道斜径旁门入？

配画　黄道强

遥望远峰

蹬退后山攀前山，倚天屏风谁安排？
遥望青峰先一笑，出生入死跌过来！

第五十一章　道生德畜

道生之，德畜之，物形之，势成之。是以万物莫不尊道而贵德。道之尊，德之贵，夫莫之命而常自然。

故道生之，德畜之；长之育之，成之熟之，养之覆之。生而不有，为而不恃，长而不宰，是谓玄德。

题示：

本章老子讲道化万物，万物莫不尊道而贵德……并讲到了“玄德”。

道生之，德畜之，物形之，势成之。

【曾解】

道为万物之本原——道理，或曰绝对真理，德为万物之本性——德理，或曰相对真理。天地万物皆由道而生，赖德以养，道德之功由物化形而显，因四时气势而成。

是以万物莫不尊道而贵德。

【曾解】

道生德养，所以宇宙万事万物没有不尊重道而贵重德的。

道之尊，德之贵，

【曾解】

道之所以被人们尊崇，德之所以被人们宝贵，因它们不是禀命而得。

夫莫之命而常自然。

【曾解】

宇宙事物有生必有灭，禀命而得，得而必失。大道则是无生的，自然如此，如此自然。

故道生之，德畜之；长之育之，成之熟之，养之覆之。

【曾解】

所以道生德畜万物，既以春风和气生而长之，又以夏秋生气德而畜之，生长发育，成熟壮旺，生养爱护，德行大也哉。

生而不有，为而不恃，长而不宰，是谓玄德。

【曾解】

万物生之长之，大道并不不据为己有；培养成熟壮大，也不居功归己；成为可用之材，让其自作主张，任随发挥其道用；这就叫做玄玄之德——元德。

［黄元吉证道解］

此（段文）言人能盗天地这元气以为丹本，而后生之、育之、蓄之、长之，以还乎本来之天，即得道矣。然欲盗天地之元气，须先识无地之玄关。玄关安在？鸿蒙未判之先，天地初开始，混混沌沌中，忽然感触，真机自动，此正元气所在也，而修炼者必采此以为丹头。有如群阴凝闭，万物退蔵，忽遇冬至阳回，即道生矣。由是成性存存，温养于八卦炉中，久久气势充盈，一如夏日之万物畅茂，即德蓄矣。物既生盈，花开成实。一如秋来之万宝告成。其在人身，养育胎婴，返回本来面目，即成之、熟之矣。物既成熟。仍还本初，一如冬日之草木成实，叶落归根，还原返三年乳哺，九载面壁，炼就纯阳之体，实成金色法身，必须万缘齐放，片念不存，空空洞洞，静候阳生。虽然，其生也，原来自有，而不可执以为有。即用升降之术，进退之工，未免有为——要皆顺气机之自然，而无一毫矫强，非有为而不恃所为耶？至德日进、道日长，而文武抽添，沐浴封固，无不以元神主宰其间。此有主而无主，无宰而有宰存焉。如此修道，道不深且远哉？故曰“玄德”。

诗 颂

（一）

无位而尊道之尊，无名而贵德之贵。
德就道成成就日，百岁千岁万万岁！

（二）

君子之德德报怨，小人之行怨报德。
道生天地赖德养，德被万物曰玄德。

（三）

有道无德堕魔道，有德无道是空庙。
性命双修道德全，回到道乡道祖笑！

（四）

自古圣贤多寂寞，曲高和寡识者稀。
若令时人皆通道，日月齐明不再西。

古庙钟声

曾于南屏听晚钟，振聋发聩古今同。
道生万物赖德养，长而不宰玄德宏！

配画　陈彦雄

第五十二章　天下有始

天下有始，以为天下母。既得其母，以知其子；既知其子，复守其母，没身不殆。

塞其兑，闭其门，终身不勤。开其兑，济其事，终身不救。见小曰明，守柔曰强。用其光，复归其明，无遗身殃，是谓袭（继承）常。

题示：

天下母——道母，“绝对真理”；子——万物，“相对真理”。老子教导我们“既得其母”——掌握了绝对真理，“以知其子”——就能够更好地把握相对真理；接着便讲了具体的理和法。

天下有始，以为天下母。

【曾解】

天下总有个开始——天地万物资始于道。道为体，德为用；道为母，器为子。

经云：物有本末，事有始终，知所先后，则近道矣。人生之始，始于神气，其中性灵存焉——人体万化之母。

既知其母，以知其子；

【曾解】

既然了知道母，就可以了知她的儿子——天地万物。

先天性灵禀赋道化之无穷信息而为母，指令精气化育后天事物而为子。我们必须认识性灵与精气这种母子关系。

既知其子，复守其母，没身不殆。

【曾解】

了知儿子是天地万物——认识相对真理之德理，再返回去守住道母——依靠绝对真理之道理，如此则用不离体，体用不二，必终身享用不尽。

了解精气之所以化，之所以育，皆赖母亲性灵所禀道赋之编码指令，如此则时时处处遵道而行，无往而不顺。

塞其兑，闭其门，终身不勤。

【曾解】

要想守住道母，必须闭上嘴巴——道本无言；阖上眼睛——收视返听，如此则终生受用不穷。

兑为口也，门系耳目。真常之道，湛而且寂——无极至极。今闭门塞兑，收视返听，无为而化，不劳后天有为法门之辛且勤也。

开其兑，济其事，终身不救。

【曾解】

反之则张口喋喋不休，有事无事东张西望，神驰气散，终归不可救药。

若老是执着后天有为法门——“有为般般讲”，一直讲到唾沫横飞，也只能在兜率宫外徘徊流连，难以入室登堂。

见小曰明，守柔曰强。

【曾解】

看见先机微光，守住这柔弱初显之光，内明智慧将越来越显，越来越强。

高以下为基，明以光为兆。虚极静笃，一觉而明，似初三新月，即守此柔和之微光，由微而著，至十五光圆，无极而太极，灵丹妙药无得而得矣。

用其光，复归其明，

【曾解】

明为道之体，光为道之用——修道光现，内光朗朗，就可以慧观明亮道乡的大好风光。

性光为妙药之主，元气乃妙药之材，二者和融为太极真种，光耀金庭——泥丸宫。

无遗身殃，是谓袭（继承）**常。**

【曾解】

道体光明，用不离体，愈用愈亮，体愈虚明，真正承袭了常道者，就是这样。

命本自性而出，无性不为真常。药本自静而生，无静不成玄妙。守此真常之道，修此性灵之光，孕育混沌之药，则身心双安，心灯常亮矣。

［黄元吉证道解］

此（段文）言真阳一气，原从受气生身之初而来。人之生生于气，气顾不重哉？试思未生以前，难道无有此气？既死而后，未必遂灭此气。所谓先天一气，悬于太空之中，有物则气在物，无物则气还太空。

天地间举凡一切有象者，皆有生灭可言，惟此气则不生不灭，不垢不洁，不增不减，空而不空，不空而空，至神而至妙者也，故为天下万物生生不息之始气。学道人知得此个始气，则长生之道可得，而神仙之位可证焉。夫神仙亦无它妙，无非以此阳气留恋阴精，久久烹炼，则阴精化为阳气，阳气复还阳神，所谓“此身不是凡人身，乃是大罗天上仙”。倘若独修一物，焉得此形神俱妙，与道合真，而极奇极变，至圣自灵者哉？故火候到时，金丹发象，自然口忘言，舌忘味，鼻忘臭，视而不见，听而不闻，所谓丹田有宝，自然对境忘情。此轻外者重内，守内者忘外，一定理也。然在未得丹前，又当塞兑闭门，为积精累气之功，且知小丹者为明哲，守太和者自刚强。以神入气，以气存神，忽然一粒黍珠，光通法界，此即金丹焕发，大道将发之候矣。始也以神降而候气，继则气生，复用神迫之使上，驱之令归，即长生之丹得，而身何殃之有哉？是在人常常操守，源源不息可也。

诗 颂

天下有始万物母，天然母子自相亲。
无极太极道生一，一粒灵光耀古今。

塞兑闭门

得遇真人获真知，闭目塞兑钻杳冥，
十年八年勿间断，大道迟早来敲门！

配画　陈彦雄

第五十三章　大道甚夷

使我介然（稍微）有知，行于大道，唯施（迤 yi）是畏。

大道甚夷，而民好径。朝甚除，田甚芜，仓甚虚；服文采，带利剑，厌饮食，财货有余，是为盗夸。非道也哉。

题示：

老子慨叹，人心不古，世道衰微，世风日下，要想光明磊落地推行大道，难啊！

使我介然（稍微）**有知，行于大道，唯施**（迤 yi）**是畏。**

【曾解】

我豁然想到，虽然知识不多，见识不广，仍想去推行大道于天下。奈何天下人心奸险可畏，好小术而昧正道，实难也哉！

修真证道，丹产珠圆，十月怀胎，身内生身，九年面壁，身外有身，观宇宙万物，如在掌中。到此豁然大悟，当行道传道，以圆满功德！但障碍重重，常存畏惧之心，而不敢放逸。

大道甚夷，而民好径。

【曾解】

其实大道至简，十分坦夷；大法至易，十分直捷。而民心不古，总是喜欢寻小路、抄捷径，希望天上掉馅饼。

大道——天地之正气，清而高，虚而灵，“道向无为为处为”，何其简单明了！奈何“世人好小术，不审道浅深”，总喜欢抄捷径——夸夸其谈的左道、右道，乃至希望天上掉馅饼，何其愚蠢乃尔！

朝甚除，田甚芜，仓甚虚；

【曾解】

而今教化衰微，奸邪行道，用以苛严法制治之，以革除弊端。然法制越严，盗贼越多；田地荒芜，仓廪空虚，社稷危矣。

气机升降，自有息而达无息，心田无牵挂，则虚无一窍，愈虚愈灵。

服文采，带利剑，厌饮食，

【曾解】

侯王们高高在上，犹不知足，虚尚浮华，耀武扬威，吃得脑满肠肥，以至厌食。

大丹服食之后，怀抱慧剑，斩除魔扰，气足神足，不再食人间烟火。

财货有余，是为盗夸。非道也哉。

【曾解】

侯王们巧夺豪盗，钱财货物富余，终日夸夸其谈，非有道明君所当为也。

精气神充足富裕，内真外应，人天相感，可以盗取天地无涯之正气，续我身有限之命根。如此则大道不灭，小我长存，与阴阳同德，共日月齐明。反之则背道而行——行于非道，后果难料，枉来这人世间一遭。

［黄元吉证道解］

此（段文言）介然有知，是忽然而知，不待安排，无事穿凿。鸿鸿濛濛，天地初开之一气，先天原始之祖气是。是即孟子乍见孺子之入井，皆有怵惕恻隐之一念。吾道云从无知时忽然有知，真良知也。此等良知之动，知之非艰，而措之事为，持之永久，则非易耳。当其动时，眼前即是，转瞬而知诱物化，欲起情生，不知不觉，流于后天知识之私。此须而施之，所以可畏也。惟眼有智珠，胸有慧剑，识破妖魔，斩断情丝，自采药以至还丹，俱是良知发为良能，一路坦平，并无奇怪，此大道所以甚夷也。无奈大道平常，而欲躁进以图功者，往往康庄不由，走入旁蹊小径，反自以为得道，竟至终身不悟，良可慨也夫！朝喻身也，身欲修饰，不欲覆灭，必须闲邪存诚，而后人欲始得净尽，天理乃克完全。久久灵光焕发，心田何致荒芜之有？精神团结，仓廪何至空虚之有？不文绣而自荣，匪膏粮而克饱，又何服文采，厌饮食之有？且慧剑锋锐，身外之利刃无庸；三宝克全，身内之货财不竭。若此者，真能盗天地灵阳之气以为丹者也。胡今之人，不由中庸，日趋邪径；一身尘垢，除不胜除？而且妄作招凶，元阳尽失。于是纷来沓往，并鲜空洞之神。荒芜已极，关窍非尽塞乎？力倦神疲，毫无充盈之象。空乏堪嗟，精气非尽塞乎？徒外观之有耀，而文采是将；徒利剑之锋芒，而腰带是尚。亦已末矣！乃犹厌饮食以快珍馐，好货财以期丰裕，何不思学道人巧用机关，盗回元气，固求在内而不在外者也。《易》曰：“作易者其知盗乎？”正此之谓也。若舍此而它图，支离已甚，敢云大道？他注云，“介然”数句，是倏忽而有一线之明，何尝非知。但验诸实行，每多穷于措施，故云可畏。此明大道之不易也。下一节言学者不探本源而徒矜粉饰，不求真迹而徒务虚名，是犹立竿见影，得其似不得其真，故谓之盗竿。此讲亦是。古来凡有道者，肌肤润泽，毛发晶莹，等等效用，要皆凡人所共有，然未可以为定论也。又况炼精炼气，阳光一临，阴霾难固，犹霜雪见日而化。故陈年老病，悉化为疮疡脓血，从大小二便而出，不但初学有之，即至大丹还时，亦有变化。三尸六贼，流血流脓，臭不堪闻者，惟有心安意定，于道理上信得过，于经典中参得真足矣。须知遏欲存诚，去浊留清，层层皆有阴气消除，阳气潜长，学道人不可不知以外之事。莫说身体光荣，行步爽快，不可执以为凭，即飞空走雾，出鬼没神，霎阳千变，俄顷万里，亦不可信以为道。盖奇奇怪怪，异端邪教，必惑奇途，造成异类。可惜一生精力，竟入左道旁门！欲出世而涉于三途六道，不亦大可痛哉？太上此章大意，教人从良知体认，方无差误。无奈今之学道者，只求容颜细腻，身体康强，岂知外役心劳，而良田荒芜，宝仓空旷，先天下精气为所伤者多矣。后天虽具，又何益乎？果然三宝团聚，外貌自然有光。彼驰之于外，而矜言衣食者，何若求之于内，而先裕货财也。内财既足，外财自赅。岂同为盗者，不盗天地灵阳之气，而徒盗圣人修炼之名也哉？

诗 颂

（一）

大道甚夷民好径，总想天上掉馅饼。
良田好种无人种，仓廪空虚田芜甚。

（二）

偏爱旁门与捷径，通天大道识不真。
到处磕头求秘法，须知“神通本宿因”！

华山西峰

修道如登山，登山必有难，
难中虽有苦，苦后自然恬！

西峰之路勇者路，相伴时有云和雾。
登上绝顶人为峰，一声长啸群山顾！

配画　黄道强

第五十四章　善建善抱

善建（德）者不拔，善抱（道）者不脱，子孙以祭祀不辍。

修之于身，其德乃真；修之于家，其德乃余；修之于乡，其德乃长；修之于邦，其德乃丰；修之于天下，其德乃普。

故以身观身，以家观家，以乡观乡，以邦观邦，以天下观天下。吾何以知天下之然哉？以此。

题示：

老子在本章讲为天下人建立不朽的道德和行为准则，并予以坚持，子孙后代将受用无穷。老子与孔子就是典范和代表。

老子本章还讲了以真修为本，以身观身……孔子讲修身、齐家、治国、平天下；可谓殊途同归——秦汉以前儒家与道家皆共奉一道。

善建（德）**者不拔，善抱**（道）**者不脱，子孙以祭祀不辍。**

【曾解】

古之志士，皆欲建不拔之业，立不朽之功，并守住基业，不使脱离。然只有圣人建道德于天下，流功德于万世，而泽及无穷，可谓善建、善抱者也。并福及于子孙后代，祭祀绵远不绝。

以大道精神建立之德业，则有不拔之基，独立而不倚，中行而不殆；否则有形有质，虽高如泰山，犹有崩颓之患。始终守中抱一，方无离道之时。道成，性光朗彻，神气充足，不随物变，不为数迁，道立于己，化及诸人，是以成长子孙而万世不绝矣。

修之于身，其德乃真；

【曾解】

故有志修真之士，依道建德，身体力行，持之以恒，他的德行是真实不虚的。

此无为自然之道之德，修至形神俱妙，与道合真，道即身、身即道，则道高龙虎伏，德重鬼神钦矣。

修之于家，其德乃余；

【曾解】

带领一家人修持，必道高德厚——“积德之家，必有余庆”。

家——玄关妙窍，以纯和之德修之，采外来灵阳之气，炼内里真阴之精，则精气绰绰有余矣。

修之于乡，其德乃长；

【曾解】

带动全乡里修道，则德风吹拂，德光长朗。

内修于己而不坠，外及于人而不亡，彼我连为一体，则功德水长流而不绝矣。

修之于邦，其德乃丰；

【曾解】

举邦人都来修道，这个邦国必君臣同心，国泰民安，人民从物质到精神都很丰富。

修之于身国，炼气化神，身内生身——真正长生不死的真身现象，己之宿愿，师之嘱托，皆须在此阶段完成，可谓道成德丰矣。

修之于天下，其德乃普。

【曾解】

使天下之人都争着修道，道德之光将普照天下，如此则天下太平矣。

修之于天下，炼神还虚，还虚合道，道成德就矣。

故以身观身，以家观家，以乡观乡，

【曾解】

故人与人比，家与家比，乡与乡比。

道者以己身与人比，当为别人之榜样；己家与人家比，堪为大家之模范；己乡与他乡比，应为众乡之表率。

以邦观邦，以天下观天下。

【曾解】

邦国与邦国比，以天下人比天下人，比谁修的道更高，德更厚，天下还会不太平么！

如此德风劲吹，天下皆然，随风而化，真无为而无不为矣！

吾何以知天下之然哉？以此。

【曾解】

我何以知道天下人如果都来修道，道德之风必将如此遍拂呢？就是用这种比较的方法。

回顾遵道建德之路，无非从静而入，至动而取，依时而炼，克始克终；从有至无，无中生有，有无之间，斡旋道机，顺其自然，日久功深，时至功成，无得而得。得道之后，弘道传道，道光常明，德水长流矣！这就是善建、善抱者积功累德的基本过程。

［黄元吉证道解］

《易》曰："大哉乾元。刚健中正，纯粹精矣！"是知道为先天乾金，至刚至健，卓立于天地之间，流行于万物之内，体物无遗，至诚不息。势常伸而不屈，直而不挠，擎天顶地，摩汉冲霄，国未尝稍拔也。然皆无极之极，不神之神，以至于卓卓不摇如此。人能以无极立其体，元神端其用，即古云采大药于不动之中，行火候于无为多内，居中建极，浩然之气，气依于神，神气交感，纽结一团，即归根复命，道常存矣。夫人之生也，神与气合；其死也，神与气离。人能性命会合，神气融和，即抱元守一。我命由我不由天矣，何脱之有？由是神神相依，气气相守，一脉流传，一真贯注，自能千变万化，没鬼出神，有百千万亿化身，享百千万亿大年。谓非子生孙孙又生子，子子孙孙，根深叶茂，源远流长，万代明禋不辍乎？要不过以元气为药物，以元神为火候而已。夫元气者无气也，元神者不神也。以神炼气而成道，如以火炼药而成丹。凡丹有成有毁，神丹则无终无始，故曰"金丹大道历万年而不磨"。无非以己之德，修己之身，非由后起，不自外来，其德乃真矣。天地生人虽清浊不同，贤否各异，而维皇诞降，由家庭以及天下，无不厥有恒性。故一心可以贯万姓，一德可以孚万民。是修身齐家，德有余矣；修身化乡，德乃长矣。至于治国平天下，莫非垂衣裳而天下化，究无有外修身而可以普获帡幪者，此治世之常道也。反之修身，又何异焉？论国家天下，原是由近而远，一层一层之意，如精气神三者一齐都有，不是一步还一步。自初功言曰炼精，而气与神在焉。二步曰炼气，而神与精在焉。三步曰炼神，而精与气亦在焉。即还虚合道，道合自然，自始至终，俱不离也；离则无道矣。身比精，精非交感之精，乃受气生形之初，所禀太虚中二五之元精。修之身，即炼精化气。修行人初持也，人得此精以生，亦得此精以长。以精修身，不啻以身修身，其真为何如哉！以气而论，精为近于身者，气则稍远。“修之家其德乃余”——夫采外边真阳之气，炼内里真阴之精，即如以身齐家，其得于已者，不绰绰然有余裕耶？乡视身又更远，比家稍近，犹之神，然神如火也。热者属气，光者属神，是二而一。修之乡即炼神还虚。故曰“其德乃长”，以其长生而悠久也。至于国视乡为近，比身又更远，其广宽非一目可睹。国比虚也，修之国即炼虚合道。夫炼至于虚，与清虚为一，朗照大千，而况天下乎！故曰：“其德乃普。”它如以身观身、家观家、乡观乡、国观国、天下观天下，无非以一己之身家为天下身家之表率，以一人之乡国为天下之乡国观太上取喻，其意切近，其义精微，大道无它，精之又精，以至于虚无自然。尽矣！学大道者亦无它，惟损之又损，以至于无为自然。无为而无不为，尽矣！然内药外药，内丹外丹，取坎填离，抽铅添汞，种种喻象比名，要不外以身中禀受于天地之精气神——以其生来素具，只因陷入血肉躯壳之中，故曰“阴精、阴气、阴神”；以其与生俱来，故曰“内药”。修士兴工之始，必垂帘塞兑，凝其中，调其息，将三元会合于一鼎，一鼎烹炼乎三元——名曰炼精，实则神气都归一窍。直待神融气畅，和合为一，于是气机发动，蒸蒸浮浮，是曰气化，又曰水底金生，又曰凡父母交而产药。此是人世男女，须以生人之道；若不知逆修之法，顷刻化为后天有形之精，从肾管而泄。故“固气留精，决定长生”。人欲长生，此精之化气，即是长生妙药。如有冲突之状，急须内伏天罡，外推斗柄，进退河车，收回中宫再造。此为炼内药也，精气神亦混合为一者也，岂仅气化云哉！一内一外，一坎一离，始而以身之所具，交会黄房，温养片晌，则气生焉，此以神入气，以身中之精，炼出天地外来灵阳之气，即炼精化气。继以此气采之而升，导之而降，送归土釜，再烹再炼，即是以铅制汞，以阳气伏阴精。盖精原己身素具，故曰“离己阴精”。气由精化而产，故曰“坎戊阳气”。非精属心中，气生肾内也。自涌泉以至气海皆属阳，阳则为坎；自泥丸以至玄关皆属阴，阴则为离。是水火之气为坎离，非以心肾为坎离也明矣。又曰坎中有气曰地魄——在外药白虎是也，在内药金丹是也。此丹从抽铅添汞，合一而生者也，均属水府玄珠。内外之说，一层剥一层，非真有内外也。离宫有精曰天魂——在外药青龙是他，在内药己之真精是也。水中金生，即精中气化——在外药白虎初弦之气是也，在内药铅中之银是也。又曰金丹长生大药。只此乾元一气陷入人身，非以神火下煅，则沉而不起。且欲动而倾，此如灯之油，灯无油则息，人无气则灭。人之生生于此，故为长生大药。以其自乾而失于坎，今复由坎还乾，金丹之说所由来也。夫人欲求长生，除此水乡铅一味，别无他物。但此金丹，虽曰人人自有，然非神火烹煎，别无由生。及真金一生，再将白虎擒龙，自使青龙伏虎。龙虎二气复会黄房，二气相吞相啖而结金丹。运回土釜，会已真精，再以神火温养而结圣胎。既结胎，内用天然真火，绵绵于神房之中，外加抽添凡火，流转于一身之际，即日运己汞包固真精，久则脱胎而出。升上泥丸，炼诸虚空，务归本来自然之地。不是精气神三宝攸分，亦不是内外二药各别，苟非坐破蒲团，磨穿膝盖，自苦自炼，安能了悟底蕴？吾今聊注大概，不过为后学指条大路耳。且道本平常，非有奇异，愈精愈平常。它如变化莫测，在世人视之，以为高不可望，妙无从窥，而以太上道德一经思之，即如三清太上，亦只是一个凡人造成。但凡人以生死为喜忧，仙则视生死如昼夜。一生一死，即如一起一卧，须而行之，不尽安然。有谓长生不死为仙家乐事者，非也。人以长生为荣，仙则以须理为乐。虽杀生成仁，舍生取义，亦所素甘。不然刀锯之惨，谁不畏哉？古来志士仁人，多视鼎镬为乐地，死亡为安途者，盖见得理明，信得命定。其生其死，无非此心为之运行。生而不安，不如速死，犹醒而抱痛，不如长眠。只要神存理圆，生何足荣，死何足辱？一听造化运行，决不偷生于人世。如好生恶死，是庸夫俗子之流，非圣贤须时应天之学也。否则，孔子何以七十而终，颜子何以三十而卒？须天而动，不敢违也。此岂凡人所能见哉？窃愿学者只求于内，无务于外，患难生死，一以平等视之。此心何等宽阔，何等安闲？谚云："认理行将去，由天摆布来。"如此落得生安死泰，永为出世真人，岂不胜于贪生怕死之徒，时而欣欣于内，时而戚戚于怀，此心终无宁日耶？况有道高人，天欲留之以型方训俗，我不拒之，亦不求之，但听之而已，初何容心于其间乎？盖生死皆道也，尽其道而生，尽其道而死，又何好恶之有哉？凡有好恶于中者，神早乱，性早亡，不足以云仙矣。

诗 颂

（一）

修之于身德乃馨，修之于家道乃大。
道德之风遍拂日，道祖天上笑哈哈！

（二）

观有观无在于观，观人观物亦观天。
子曰知止而后定，无字天书定中现。

（三）

作恶之家有余殃，积善之家有余庆。
自作自受自酿酒，美酒苦酒自己斟。

配画　黄道强

登长城观天下

抬头只有天在上，四顾更无山与齐。

建德抱道如长城，子孙祭祀路不迷。

第五十五章　含德之厚

含德之厚，比于赤子。毒虫不螫，猛兽不据，攫鸟不搏。骨弱筋柔而握固，未知牝牡之合而朘作，精之至也。终日号而不哑，和之至也。

知和曰常，知常曰明；益生曰祥，心使气曰强。物壮则老，是谓不道——不道早已。

题示：

本章老子讲了真善建德善抱道者，首先以身观身，修养精进，德行深厚，有如赤子——童心是道！

含德之厚，比于赤子。

【曾解】

“上药三品，神与气精。”善于益养己身之精气神，使之丰富而纯真得有如天真赤子，自不被外物所惑、所诱矣。

真欲修道至长生久视，首先必须实实修至返老还童而道高德厚，才有资格谈论“性命双修”以自主生死。

毒虫不螫，猛兽不据，攫鸟不搏。

【曾解】

赤子天真淳朴，毒虫不会来伤害他，猛兽不会来抓坏他，攫鸟也不会来搏击他。

古人曰：忘于物者，物亦忘我。赤子——道者之心，心既无机，故物亦不以机心乘之。

骨弱筋柔而握固，未知牝牡之合而朘作，精之至也。

【曾解】

赤子筋骨看似柔弱，而握拳紧固；还不知道男女交欢之事，而阳物却坚挺无比；精气殊旺之极者矣。

有心即落后天，后天之气生物能效应，有为而有以为。无心则先天显、元气生——生物“核能”起用，“精之至”也，非后天之气用所可比拟。

终日号而不哑，和之至也。

【曾解】

赤子即使整天喊爹叫娘，喉咙也不会嘶哑。因其先天气、后天气的冲和气机已达到常人难以企及的程度。

先天元气神气一体，系高智慧能量，无为而无不为。由此可见，后天气与先天气，能级迥别，效应悬殊。

知和曰常，知常曰明；

【曾解】

养生在养气，养气在气和，气和则心平，心平则气畅——心平气畅，正气存内，邪不可干，则国泰民安。这就是常道运化、自然养生之机枢。了知此机枢也就明白了益生之道。

性命会合，神气一体，遵道而行，无为而为，内光常明。

益生曰祥，心使气曰强。

【曾解】

知道正确益生之理法，并行之不辍，则终生吉祥，心想事成，气盈体强。

内明之光，乃性灵祥光也，不但强身，而且生慧。但勿起心动念，念动则耗。

物壮则老，是谓不道——不道早已。

【曾解】

后天任何事物，成长壮大至巅峰后便走下坡路而趋向衰老，这就叫做“不道”——不是生生不息的长生久视之道。

这个物壮则老的“不道”规律，早已存在了。只有修道有大成者才能把握阴阳，扭转乾坤——扭转物壮则老的不道而归于长生久视之常道！

修道，就是修身立命，夺造化生杀之权，炼气归神得长生不坏之道，颠倒而逆行之，把握阴阳，扭转“物壮则老”这个一贯的“不道”规则。其理其法就是钟离、吕祖创立“五等仙阶”的“三成全法”，小而试之，祛病延年，大而用之，长生久视。

[黄元吉证道解]

此(段文)教人修身之法，取象于赤子。庄子曰：“儿子动不知所为，行不知所之，身若槁木，心如死灰，祸亦不至，福亦不来。”祸福无有，焉有人灾物害哉！“毒虫”几句即此意。后云采药炼丹，须取天一新嫩之水，此水即人生生之本。犹如一轮红日，夜半子初，清清朗朗，照耀于沧海之中；又如一弯秋月，发生庚震之方——正是修士玄关窍开，恍惚杳冥，方有此境。盖以初气致柔，犹万物折枝抽芽。于此培之养之，方能日增月长，至于复命归根，以成硕果之用。若桑榆晚景，则物既老而将衰，不堪采以为药。但老非年迈之谓也，是言药老不可以为丹。若以年而论，即老至八九十岁，俱可以修成长生不老之仙。何者？一息尚存，此个太和之气，俱足于身，无稍欠缺。非至人抉破水中之天，一身内外，两个消息，则当面错过者多矣。学者欲修金丹大道，非虚心访道，积德回天，则真师无由感格，白虎首经莫觅，一任青年入道，必至皓首无成。更有误认邪师，错走岐路，一生之精力，竟流落于禽兽之域者不少，学者慎之！

诗 颂

（一）

顺则生人逆成仙，耳朵听得起老茧。
返归赤子精气盛，始知大道有正传。

（二）

物壮则老不道存，颠倒逆修造化生。
精足气足神亦足，返老还童不用争！

达摩老祖箴言

三家法一般，莫作两样看。
性命要双修，乾坤不朽烂。

寿敝天地黄老道，拈花微笑不死道。
阳神法身皆不朽，一个孩儿两家抱！

配画　陈彦雄

第五十六章　和光同尘

知者不言，言者不知。塞其兑，闭其门，挫其锐，解其纷，和其光，同其尘，是为玄同。故不可得而亲，不可得而疏；不可得而利，不可得而害；不可得而贵，不可得而贱；故为天下贵。

题示：

本章老子讲了真知正见者的玄同境界——和光同尘，无亲疏利害，以及可贵的中和之道。

知者不言，言者不知。

【曾解】

善养生者，先须见地分明，还得亲加实证，以示此道不虚。所以有真知正见者，未亲自证道以前，不爱夸夸其谈；爱夸耀的人，真知正见甚少——自欺欺人。

证道修行，边修边行，边行边证，必深造自得，其中之奥妙机枢，真是妙无穷而言难尽矣。

塞其兑，闭其门，挫其锐，解其纷，

【曾解】

圣人涵养于心，缄默自守，不尚口舌之争辩，不纳耳目之视听，不让锋芒之外露，心体湛寂，无纷乱杂想。

要之，内固以塞其兑，外固以闭其门，即收视返听，内外能固，常挫其有为之锐，而心平气和；解其心意之纷，则身国泰定矣。

和其光，同其尘，是为玄同。

【曾解】

和光敛耀，同尘混俗，物我一如，妙契玄微，此谓之“玄同”——天地万物与我为一。

如此则一气流通，性光朗然，窍明而慧生，居尘而出尘，了知道生一，一生二，二生三，三生万物，生生无穷，又复返一，归于混沌，是谓“玄同”。

故不可得而亲，不可得而疏；

【曾解】

圣人和光同尘之玄同境界，既超然物表，又与万物为伍，即而不即，离而不离，物我同化。

达玄同境界的道者，与天为一，一视同仁；未尝亲人，亦未尝疏人。

不可得而利，不可得而害；

【曾解】

淡然无欲，不起功利之心；超越生死，不存利害关系。

不趋利，故利不可诱。不避害，故害不可侵。

不可得而贵，不可得而贱；

【曾解】

对于王侯贵位，视之如敝履。圣人被褐怀玉，何贱之有。

不阿势，故贵不可尚。不厌贫，故贱不可加。

故为天下贵。

【曾解】

其玄同境界，不在清、疏、利、害、贵、贱之中，此其所以为天下贵也。

总之，达玄同境界的道者，与道为伍，却超然于万物之上，与德为邻，又深入于万物之中，故为天下最值得崇敬的圣人。

[黄元吉证道解]

此（段文）言有道之人，必不轻言，以世上知道者少。苟好腾口说，不惟内损于己，亦且外侮于人。《易》曰："机事不密则害成。"古来修士，因轻宣机密，以致惹祸招灾者不少。是以君子慎密而不出也。即使可与言者，亦兢兢业业，其难其慎，试之又试，然后盟天质地，登坛说法，亦不敢过高过远，剌剌不休。足见古人韬光晦之功，即见古人重道敬天之意。彼轻易其言者，皆无得于己，不知道者也。若果知之，自修自证之不遑，又安有余闲以为谈论耶？彼放言无忌者，在贵即有贱之为得也。夫以我贵我道，自一世可至万世，天下孰有加于此者？学者修其在己，刻刻内观，勿使议论之风生可也。

诗 颂

（一）

知者不言言难诠，言者无知小人行。
和光同尘学聋痴，塞兑挫锐深闭门。

（二）

玄同境界越亲疏，到此方称大丈夫。
大辩若讷默如雷，任人当作牛马呼。

配画　黄道强

壶口瀑布

龙吟虎啸百里外，有时为益有时害。
当年塞兑深闭门，不下雪山多自在！

第五十七章　以正治国

以正治国，以奇用兵，以无事取天下。吾何以知其然哉？以此。

天下多忌讳，而民弥贫；人多利器，国家滋昏；人多技巧，奇物滋起；法令滋彰，盗贼多有。

故圣人云：我无为，而民自化；我好静，而民自正；我无事，而民自富；我无欲，而民自朴。

题示：

无为之道用之于政治，就是以正治国；如此则无不治矣。重要的是高高在上的侯王们要带好头：无欲、无为、无事、好静。

以正治国，以奇用兵，以无事取天下。

【曾解】

“清静为天下正。”以正治国：任人唯贤，行无为之道；外敌入侵，保家卫国，则以计谋用兵；不扩疆拓土，只是把自己的邦国治理好，国富民强，天下人自来归顺。

以正道治理身国：正心诚意，弃绝妄想，行无为之道，性朗神清。以奇用兵：入门下手，有为法众多，择其善者而行之，使先天气藏，后天气伏，终功成事遂、性命双修矣。

吾何以知其然哉？以此。

【曾解】

我怎么会知道，可以不用有为小聪明，而取得天下呢？就是以正治国，以奇用兵。

先有为以积精累气使之成真，内真则外应，天人合发，盗机逆用，天为我用而成圣。此乃修真合道，道为我用的基本程式。

天下多忌讳，而民弥贫；

【曾解】

忌，谓禁而不敢作为；讳，谓畏而不敢言说。侯王若太重有为有作，法令严苛，人们敢怒而不敢言，老百姓无心劳作，因此越来越贫困。

吾人积精累气以修身，忌讳妄想搬弄而伤精耗气，气亏血贫，反而害身。

人多利器，国家滋昏；

【曾解】

人们手中的利器越多，强者为王，遇到不满之事，动辄杀伤人命，致使国家越来越混乱。

人们喜欢玩弄己之有为小聪明，往往弄得气机逆乱，浑身不得安宁。

人多技巧，奇物滋起；

【曾解】

人们相互争奇斗异，推崇奢侈用品，新奇玩艺不断地创造出来，致使人心躁动、狂乱。

常人昧于正道，喜欢神通异能，正所谓：世人好小术，不审道浅深。

长此下去，易入左道旁门，乃至邪门，误此一身，岂不可惜！

法令滋彰，盗贼多有。

【曾解】

制定的法令越多，上有政策，下有对策，贪官污吏，强盗贼人也越来越多。

须知，神通异能及各类法术，修持时耗损内能，使用时更加耗能！这类人到后来，往往弄得自身鸡犬不宁，乃至早夭。

故圣人云：我无为，而民自化；我好静，而民自正；

【曾解】

还是圣明之君说得好：我不好大喜功，而且多做对人民有益的事，人民自然会感化；我爱好清静无为，不无事找事，则人民自然会走上正道。

故以正治国——治身，神气充足而自造自化，性清神朗则智慧自生。

我无事，而民自富；我无欲，而民自朴。

【曾解】

我不好大喜功，浪费资财，则人民自然会富足起来；我无奇思怪想，非分欲望，则人民自然纯朴。

智慧生而悟境开辟，大道通则无所不通，与天为一，天为我用，得大自由而享大自在矣。

［黄元吉证道解］

此（段文）理已明，不容再赘。吾想打坐之顷，其始阳气沉于海底，犹冬残腊尽，四顾寂然；以神光下照，即是冬至阳生，而阒寂无声，四壁萧条，仍如故也。从此慢慢气机旋运，不觉三阳开泰，而万物回春，花红叶绿，水丽山明，已见阳极之甚。天道如斯，人身奚若？惟有头稍稍向下，以目微微下顾，即是阴极阳生。第此个工夫，不似前此下手，执着一个意思，去数呼吸之息。须将外火不用，内火停工，一任天然不及防，又堕于夙根习气而不自知。此即存有觉之心，以养无为之性是也。迨至觉照已久，义精仁熟，又何须存，又何须养？一须其天然之常而已。不然，起初不用力操持，则狂猿烈马，一时恐难降伏。乃至猿马来归，即孟子所谓放豚入苙，切不可从而来缚之，反令彼活泼自如者，转而跼蹐难安也。其法维何？《易》曰：“天地絪缊，万物化醇。”这个絪缊之气，在人身中就是停内火外符，浑然不动，任气息之流行。在工夫纯熟者，斯时全不用意，若未到此境，觉照之心不可忘也。若或忘之，又恐不知不觉，一念起，一念灭，转转生生，将一个本来物事，竟为此生灭之心而汩没焉。古佛云：“了知起处，便知灭处。”如此存养，久久而见起灭之始，又久久而见未有念之始，斯得之矣。至于黄庭之说，在不有不无，不内不外；又有色身之中，又不在色身之中。此个妙窍，到底在何处？古所谓“凝神于虚，合气于漠”是也。夫凝神于虚，合气于漠，亦犹是在丹田中，但眼光不死死向内而观耳，神气不死死入内而团耳。惟凝神于脐下，离色身肉皮不远，此即不内不外之说也。以意照于此，但觉口鼻呼吸之气一停，而丹田之气，滚滚辘辘，在于内外两相交结之处，纽成一团；直见絪絪缊缊，浑浑沦沦，悠扬活泼之样，一出一入，真与天之元气，两相通于无间。生精生气生神，即在此处，与天相隔不远。此即合气于漠之说也。昔人谓之“元气”“脱胎”“真人之息以踵”者，非此而何？所谓元气者，即无思无虑、无名无象中，浑沦一团，清空一气是也。所谓胎息者，盖人受气之初，此身养于母腹，此时口鼻未开，从何纳气而生？惟此脐田之气。与母之脐轮相通，是以日见其长。及至呱地一声，生下地来，此气即从呱鼻出入往来，所谓各立乾坤者此也。吾示脐轮之气，与外来之天气相接，不内不外，絪缊混合，打成一片，即是返还于受气之初，而与母气相连之时，即是胎息也。所谓“真人之息以踵”者，盖以真人之息，藏之深深，达之亹亹，视不见，听不闻，抟不得，深而又密，如气之及于脚底是也。彼口鼻之气非不可用，但当须其自然，不可专以此气为进退出入。若第用此气而不知凝神于脐下（内里）一寸三分之地，寻出这个虚无窟子，以纳天气于无穷，终嫌清浊相间，难以成丹。昔人云，天以一元真气生人，此气非口非鼻，非知觉运动之灵可比。又云：“玄牝之门世罕知，休将口鼻妄施为。饶君吐纳经千载，怎得金乌搦兔儿。”即此数语观之，明明道“出玄入牝”，实在脐下丹田（内里）离肉一寸三分之间，氤氤氲氲，凝成一片者是。学道人无论茶时饭时，言语应酬时，微微用一点意思，凝神于虚无一穴之中，自然合气于漠，直见真气调动，有不可名言之妙。然于此调息，则知觉不入于内，而坎水自然澄清。此历代仙圣不传之秘，吾今一口吐出，后之学者，勿视为具文而忽之也。

诗 颂

（一）

人民淳朴性好静，就怕上头出昏君，
好大喜功奇想发，害苦天下老百姓！

（二）

天下本来无多事，聪明人出是非生。
世人越来越聪明，法令滋涨盗贼兴。

（三）

不尊天来不敬地，聪明人出歪主意，
挖断地脉塞地窍，子孙何处求生计？

（四）

地球母亲泪洗脸，而今乳汁尽污染！

天作孽兮犹可违，人作孽兮必凶险！

（五）

挖完煤炭盗石油，刑令难上巨盗头。

掘尽金银铜铁锡，今又抬头望月球。

配画　陈彦雄

百家争鸣

上梁不正下梁歪，中梁不正垮下来！

百家诸子良策多，侯王爱财不爱才。

第五十八章　祸福相依

其政闷闷（宽厚），其民淳淳（淳朴）；其政察察（严苛），其民缺缺（狡诈）。

祸兮福所倚，福兮祸所伏。孰知其极？其无正耶？正复为奇，善复为妖。人之迷，其日固久。

是以圣人方而不割（截），廉而不刿（刺），直而不肆（放肆），光而不耀（刺眼）。

题示：

上一章老子讲了有为之害，本章则讲无为之法，以及祸福相依之理，无为而治之道。

其政闷闷（宽厚），**其民淳淳**（淳朴）；

【曾解】

掌权者政令较为宽容，且以勤俭治国，人民则质朴有余。

道者混沌养真，杳冥养神，如此则虚而灵，空而明。其道也常闷闷无我，神朗心宁；其气也即通贯融和，心不扰动，是谓淳淳。

其政察察（严苛），**其民缺缺**（狡诈）。

【曾解】

统治者政令过于严苛，人民则不加理睬，乃至奸诈日兴。

做不到闷闷无我，而总是察察惺惺，心常扰动，气则散而不和，求安而反遭乱也。

祸兮福所依，福兮祸所伏。

【曾解】

坏事中孕育着向好的萌芽，好事中也埋伏着变坏的根苗，看看太极图的鱼眼便知道了。

正所谓：祸因求福而至，福为防祸而得！我能常闷闷无我，无求福之心，祸则无门可入。

孰知其极？其无正耶？

【曾解】

求福招来祸殃，因祸反而得福……谁知道此终极之机枢何在呢？还是俗话所说“祸福无门，唯人自召”，哪里去找终极的答案啊？

修道的终极目的，应是离苦得乐，乐天知命。正确的理法乃先命后性，终性命双修。始终修持自己体内的精气与神，无须外求——身外求法，乃外道矣！

正复为奇，善复为妖。人之迷，其日固久。

【曾解】

正过了头就走向反面，善过了头则变为妖邪，对此人们迷惑不解已经很久了。谚云：慈悲生祸害，方便出下流。——斯之谓也！

一些人见地不明，理法不正，走向左道旁门，乃至曲径邪路，难以自拔。他们原本欲趋正道，却走入小道；虽恃善心，却行恃旁门，可不悲乎！长久以来，都是这样。

是以圣人方而不割（截），**廉而不刿**（刺），

【曾解】

所以圣人之君规行矩步，顾全大局，不露锋棱，不伤他人；清廉其德，不苛不刻，使民自化，民风自淳。

真修道者，矢志不悔，生死寄之于天，形体忘之于地，身心合一，人天合一，不可刿分。

直而不肆（放肆），**光而不耀**（刺眼）。

【曾解】

梗直其行，物得其所，含蓄其光，不耀锋芒，如此而已，岂有它哉。

方者，道之机；廉者，道之统；直者，道之体；光者，道之用。全此四者，道无不成。

[黄元吉证道解]

道曰大道，丹曰金丹，究皆无名无象。在天则清空一气，在人则虚无自然。修炼始终，要不出此而已。人能知冲漠无朕是大道根源、金丹本始，从虚极静笃中，养得浑浑沦沦，无知识、无念虑之真本面，则我之性情精气神，皆是先天太和一气中的物事——以之修道则道成，以之炼丹则丹就，又何奇邪可云、危险可畏哉？惟不知无为为本，第以有为为功，则知识不断，纷扰愈多，又乌得不落后天有形有色杂妄耶？太上以政喻道，以民比身，道炼先天无为，则成不坏金身；道炼后天有识，安有不二元神？纵炼得好，亦不过守尸鬼耳，乌能超出阴阳，脱离生死，永为万代神仙！又况一堕有为，则太极判而阴阳生，阴阳分而善恶出，祸福于以相往来也。孰知修道之极功，虽其炼命一步，不无作为之用，然必从有用用中无用，无功功里施功，方不落边际。孟子曰“必有事焉而勿正”，修道之要即在于此。论人心有一动则有一静，一阴则有一阳，邪正善恶，原是循环相因，往来不息。故有正即有邪，有善即有恶。惟一归浑忘，不分正邪，安有善恶？否则正反为奇，善复为妖。

庄子曰："天以无为为尊，人以有为为累。"是知有为之时，亦必归于无为，方免倾丹倒鼎之患。无奈世上凡夫俗子，开口言丹，即死守丹田；固执河车路径，即在身形之中——其未了悟无为之旨也久矣。惟圣人知修炼之道，虽有火候药物，龙虎男女，鼎炉琴剑，种种名色，犹取鱼兔之筌蹄：鱼兔未得，当用筌蹄；鱼兔入手，即忘筌蹄。若著名著象，皆非道也。故方则方之，廉则廉之，直则直之，光则光之，要皆为无为、事无事，一归浑没之天焉。愿学者以无为自然之道为体，体立然后用行，虽有为仍是无为也。知否？信否？

诗 颂

（一）

福兮福兮祸所伏，祸兮祸兮福所依。

老子说后两千年，屈指几人识枢机？

（二）

混沌养真冥养神，邪正不分炉鼎倾。

无想无求祸不入，胡思妄想妖孽兴！

配画 陈彦雄

道乡风光

此处天高皇帝远，其政闷闷民淳淳，

凿井而饮耕田食，祸不临门福临门！

第五十九章　治人事天

治人、事天，莫若啬（蓄藏）。

夫为啬，是谓早服（准备），早服谓之重积德；重积德则无不克，无不克则莫知其极。莫知其极，可以有国；有国之母（根基），可以长久。是谓深根固柢，长生久视之道。

题示：

老子在本章第一次提出了“治人、事天，莫若啬”——养精蓄锐，积德厚道，乃深根固柢、长生久视之道。以之治国，则国运绵长；以之养生，则长生久视。

治人、事天，莫若啬（蓄藏）。

【曾解】

外行王道、内修圣德的圣人之君，治理人事在于顺应天理，凡事从俭，啬以养德。

“天人一气本来同。”治人之道，即事天之道。能尽人事即合天道，民安定则天心一。理法莫若啬——莫若俭啬；俭则妄念不生，啬则内气不耗。

夫为啬，是谓早服（准备），

【曾解】

俭而行事，啬以养德，就是尽早复还真性——天地初心。

妄念不生，内气不耗，尽早复返元阳真气，是为要妙。

早服谓之重积德；

【曾解】

尽早复还真性——天地初心，即不断积功累德方能成就。

复返元阳，宝精裕气，返之又返，复之又复，谓之“重积乃德”。

重积德则无不克，

【曾解】

不断积累功德，性德日厚，物欲消融，就没有超越不了的障碍。

重积乃德，则金水流通，玄窍光明。玄窍一通，无窍不通，必百脉和顺。

无不克则莫知其极。

【曾解】

攻无不克，超无不越，德业越厚，了无涯际，功德无量，无量功德。

玄窍光明，百脉和顺，即入湛寂之乡，物我两忘境界，莫知其极，则能无中生有。

莫知其极，可以有国；

【曾解】

功德无量，无量功德，如此则天下归心，就可以有邦国让你治理。

湛寂到极处，自然无中生有，玄妙窍现，玄牝体立，气机自然生生不息。

有国之母（根基）**，可以长久。**

【曾解】

一个邦国有了俭而行事，啬以养德之道德根基——天地初心，以正治国，就可以长治久安。

玄牝体立，气机生生不息，则气足神旺，身国则可长治久安矣。

是谓深根固柢，长生久视之道。

【曾解】

这就叫做根也深、柢也固的长治久安之道。

治国之道，亦是治身之道——以之养身，就是长生久视之道。

玄窍成，玄牝立，性光朗，神气旺，如此深根固蒂，则长生久视之道得矣！

[黄元吉证道解]

此（段文）治人事天，即尽人事以合天道。以“天人本一气，彼此感而通。阳自空中来，抱我主人翁”，非易易事也。其道不外虚无，其功同乎稼穑。始而存养省察，继而以性摄情，迨水火混融，坎离和合，先天气动，运转周天，所谓“乾坤交媾罢，一点落黄庭”是。此取坎中之满，填离中之虚，即命基巩固，人仙之功之矣。此犹治畬者开田辟土，载芟载柞，然后可得而耕之，以树艺乎五谷也。由是再将离中阴精，下入于坎户之中，将坎中阳气，合离中阴精，配成一家，种于丹田而为药。所谓彼家无而我自有之，彼家虚而由我实之。直待此中真铅发生，即以阳铅制阴汞，汞性之好飞者不飞矣；又以阴铅养阳铅，铅情之好沉者不沉矣。《悟真》云：“金鼎欲留朱里汞，玉池先下水中银。”待至铅金飞浮，如明窗中射日之尘，片片飞扬而去，将坎府外之余阳化尽，收入离宫，又将离己阴汞、私识一并消化，复还纯阳至宝之丹，可以升汉冲霄，飞灵走圣，即神胎成、仙婴就矣。虽然，其功岂易及者！始须持志养气，如农者之耕耘，不无辛苦；终则神闲气定。内而一理浑然，外而随时处中，非偶一为之，即与大道适。由其修性炼命，早有以宾服后起之缘，而万累齐绝，一丝不存，尽人道以合天德也，匪伊朝夕矣。犹国家然，保赤诚求，深仁厚德，入于民心，沦肌夹髓，其德之积，积之重也，岂有涯哉？自是欲无不除，己无不克，天怀淡定，步五安详。无论处变处常，自有素位而行，无入而不自得之慨。若此者以之炼性而性尽，以之修命而命立矣。冲漠无朕之中，万象森然毕具，真有莫知其底极者焉。太上所谓“内观其心，心无其心。外观其身，身无其身。远观其物，物无其物。空无所空，无无亦无”——能悟之者，可传圣道。此即外其身而身存——身犹国也。即如王者无为而治，可以正南面而有国有天下。亦犹阴精在己，杂于父精母血之中者已久，非得先天阳气，不能自生自长。盖后天阴精，原从先天生来，但阴精难固，情欲易摇，非得天地外来灵阳之气，必不能结而成丹，长生不死。故曰：“有国之母，可以长久。”惟圣人以真阴真阳，二气合为一气，煅出黍米一珠，号曰金丹、曰真铅、曰白虎首经，要无非先天一气而已。从色身中千烧万炼，千磨万洗，渐采渐凝，时烹时炼，而金丹乃成，英英有象，所谓人盗天地之气以为丹母者是。是即深根蒂固，长生久视之道。夫以天地灵阳，合一己真气，结成圣胎，即古仙云“先天一阳初动，运一点己汞以迎之”。于是内触外激而有象，外触内感而有灵，如磁吸铁，自然吻合。即汞子造水府而求铅母，既得其母，复依其子。子母和谐，团结中宫，而大丹成，神仙证矣。夫炼丹始终本末，太上已曾道尽，学者细心体会，迹象虽相似，而精粗大有分别。然未到其时不能知，非得真师指授，亦无由明。此须天缘地缘人缘，三缘凑合，始可入室行工。后之学者，第一以积诚修德，虚己求师，庶可结三缘而入室，切勿一得自喜，即无向上之志。务要矢志投诚，一力前进，迤逦做去可也。惟下手之初，无缝可入，无隙可乘，不啻咀嚼蜡丸，淡泊无味。朱子云：“为学须猛奋，体认耐烦辛。”苦做一晌，久之苦尽甘来，闷极乐生，道进而心有得矣。当此理欲杂乘，天人交战，最难措手。其进其退，就在此关。此关若攻得破，孔子所谓宗庙之美，百官之富，赏玩之不置矣。切不可萎靡不振，自家精神放弱，则终身不得其门而入焉。尤要虚其心，大其志，鼓其神，立德立功，修性修命。须知是天地间第一大事，非有大力量不能成。昔有联云："撑起铁肩担道义，放开辣手做文章。"噫！世间一材一艺，小小科名之取，犹要辛苦耐烦，做几件大功德，用满腹真精神，始可为神天默佑，用观厥成，何况道也者，天大一件事乎！所以佛说，我为大事因缘下界，吾亦尔尔。学者既遇真师，须以真心诚意，体认吾言，始可算人间大大丈夫也。

诗 颂

（一）

祸福总与德相关，避祸就福修德善。
道德通天命根固，长生久视今世见！

（二）

天地无私日月明，德重道高鬼神钦。
生机勃发自造化，日新日新又日新。

配画　黄道强

道航普渡

老子之道长生道，道在丹田玄关窍。
治人事天啬而俭，固蒂深根第一要！

第六十章　大国小鲜

治大国，若烹小鲜（鱼肉）。

以道莅天下，其鬼不神（灵）。非其鬼不神，其神不伤人；非其神不伤人，圣人（明君）亦不伤人。夫两不相伤，故德交归焉。

题示：

本章老子讲无为之德，德被众人，化害为利，众德交归，民生幸福。

治大国，若烹小鲜（鱼肉）。

【曾解】

治理大国，应以安静无扰为主，如煎炒鱼肉一样，不宜勤翻，以免糜烂。如此则人自安居乐业，民强国富矣。

治理身体这个大国，应以虚静为主，令冲和气机自然流注。切忌胡乱作为，主观乱导乱引。

以道莅天下，其鬼不神（灵）。

【曾解】

侯王苛政虐民，灾害频至，民受其殃，乃以为是鬼神为厉而伤人，实为人君不遵大道而强行、乱为所致也。若以道德君临天下，则和气呈祥，虽鬼有神功而不能为祸为害也。

遵道以行，则真气氤氲，性抱住命，命孕于性，而性命双全。如此，我无心则鬼神难测矣。

非其鬼不神，其神不伤人；

【曾解】

不是鬼魅不想使用其神功为祸为害，而是其神功为和气感昭，化害为益，不祸害人，反而能佑人。

《管子·内业》："凡物之精（气），化则为生，下生五谷，上为列星；流行于天地之间，谓之鬼神（功能）；藏于胸中，谓之圣人；是故名气。"——宇宙之正气、和气！

《黄帝内经》："正气存内，邪不可干。"鬼也罢，神也罢，在正气存内的道者面前，不但不伤，反而有益——前来护道，立功立德。

非其神不伤人，圣人（明君）**亦不伤人。**

【曾解】

亦即不是鬼魅神功不加祸害于人，是由于圣人之君乳哺百姓，与天地合其德，与鬼神合其吉凶，协和而致福，而不会祸害人民。

《庄子·知北游》："圣人处物不伤物，不伤物者，物亦不能伤也。唯无所伤者，为能与人相将迎。"道高德厚者，与圣人一样，和有形生命与无形生命都能和谐相处。

夫两不相伤，故德交归焉。

【曾解】

鬼魅之神功与圣君的和气，两者不相祸害，所以鬼神之功与圣人之德交归，必造福于民。

只有积功累德，才能交通鬼神而和谐相处。所谓阴德伏鬼，阳德伏人，德真伏神，德高成仙。正如紫阳真人诗中所述："但将地魄（阳刚之气）擒朱汞（阴灵之神），自有天魂（青龙）制水金（白虎）。可谓道高龙虎伏，堪言德重鬼神钦。”

［黄元吉证道解］

此（段文）大国喻大道，烹小鲜喻炼丹。小鲜者，羔羊鱼肉之类。其烹也，惟以醢醯盐梅，调和五味。扶其不及，抑其太过，而以温养之火，慢慢烹煎，不霎时滋味出，口体宜矣。大丹之炼，亦惟取和合四象，攒簇五行，使三花聚于一鼎，五气聚于中田；于是天然神火，慢慢温养，不用加减，无事矫持，逆而取之，须而行之。七反九还，易于反掌间矣。古云：“慢守药炉看火候，但安神息任天然。”何便如之？是故无为之道，即临驭天下之道，亦即炼吾人大还之丹。太平盛世，治臻上理，庆治重熙，上无为而自治，下无为而自化。一切鬼怪神奸，不知消归何有，非谓其灭迹亡形也，亦化开自然无为之道，而诪张变幻无所施，旱潦疫疠无从作矣。其在人身，鬼，阴静无知觉者；神，阳动有作为者也。大修行人，心普万物而无心，情顺万物而无情。阴中含阳，阳中含阴，静而无静，动而无动。一动一静，交相为用；一阴一阳，互为其根。非谓无觉竟无觉，有为竟有为也。其实无觉中有觉，有为中无为焉。曰“其鬼不神”，非谓蚩蠢而无灵爽也。盖无觉之觉，是为正等正觉；无为之为，无非顺天所为。岂似有觉者之流于伪妄，有为者之类于固守，而有伤于本来之丹也哉。曰其神不伤人，亦非神不伤人也，以无为而为之道，原人生固有之天真，生生不已之灵气，至诚无息，体物无遗。虽有造化，实无存亡；虽有盈虚，原无消息。所谓不扰不惊，无忧无虑者此也。又何伤人之有耶？亦非圣人之不伤人也，盖以勃发之生机，裕本来之真面；以调和之三昧，养自在之灵丹。立见神火一煅而鬼哭神号、阴邪退听，真人出现矣。谓为两不相伤，谁曰不宜？天上人间，皆归美其德。噫！幽明交格，非德之神，乌能至此？

诗 颂

（一）

无为而治无不治，无言之道道长存。
风雨雷电凑热闹，青天无语日月明。

（二）

不要断无要真无，真无生起真智慧。
身存才能谈道存，有身方能跻仙位。

配画 陈彦雄

道治之乡

道莅天下鬼不神，就怕上头出昏君。
众德交归两不伤，道治之村道乡村！

第六十一章　大国宜下

大国者下流，天下之交，天下之牝也。牝常以静胜牡，以静为下。

故大国以下小国，则取（信）小国；小国以下大国，则取（信）大国。故或下以取，或下而取。大国不过欲兼畜人，小国不过欲入事人。夫两者各得其所欲，故大者宜为下。

题示：

老子本章讲大国小国之间和平相处之道。大国的责任更为重大，宜以处下为尚——为当时春秋诸国侯王们开出的一组如何和平相处的对治良方。

大国者下流，天下之交，天下之牝也。

【曾解】

大邦者众望所归，宜摆出甘居下流之处的样子，以期无所不容——无所不交。安处于低洼之地，天下众流于此交汇，因虚而能受，且生生不息，如天下之牝也。

我身即天下，亦分大邦与小国。大邦者上丹田元神，小国者下丹田元气，两两相交于玄关妙窍，以混沌神气，孕育灵丹妙药。

下丹田为牝户，元气潜藏之所，小国之都。

牝常以静胜牡，以静为下。

【曾解】

牡动而牝静，静而能孕育，故此牝性虚静的孕育功能胜过好动的牡性，治理邦国与修身养性皆应以清静为基础。

牝户静中一动以产真铅元气，铅能制汞，使汞火不飞而孕育灵液。

故大国以下小国，则取（信）**小国；**

【曾解】

故大邦虽然实力雄厚，并不欺凌小国，当然可以取得小国的信任而和平共处。

上丹田大邦木液下流而入下丹田小国，“采取一味水中金”——采取元海金水之气，以达神气和融而金木交并，孕育灵丹妙药。

小国以下大国，则取（信）**大国。**

【曾解】

小国服从大邦的利益，也可取信于大邦而相安无事。

神气融融，氤氲回旋，河车搬运，运转周天，入上丹田“大邦”进行乾坤交媾，以烹以炼。

故或下以取，或下而取。

【曾解】

所以说清净、处下可以取得相应的利益，也就是说清净、处下一定能获得相应的利益。

“乾坤交媾吧，一点落黄庭”——在黄庭“中国”内院，沐浴温养、休息休息，等待下一次活子时的到来，再行采炼。

大国不过欲兼畜人，小国不过欲入事人。

【曾解】

大邦的目的不过是拉拢小国后，就人多势众，以成其大；小国不过是想息事宁人，以期分得大邦的一杯羹。

上丹田“大邦”元神乃炼丹之主宰，下丹田“小国”元气系炼丹药材。神气和融之后，在中丹田“中国”黄庭内院沐浴温养，活子时至再行小周天烹炼。故欲炼还丹，二者不可缺一——“大小无伤两国全”。

夫两者各得其所欲，故大者宜为下。

【曾解】

大邦与小国，各自都能使自己的愿望、利益得到满足；但是大邦宜清净、处下为好。

“有效无效，神光下照，日久功深，好消息来报。”一旦大邦小国统利益于一，神气和融，炼去杂质，成纯阳真炁，则火珠显像、达人仙境界矣！

［黄元吉证道解］

（文中）“大国”喻元神也，“下流”喻以神光下照丹田，而阴精亦下流入丹田，神火一煅，精化气矣。此个丹田即元关也。夫人一身之总持，五气之期会，三花之凝聚，结丹成胎，出神入圣，无不于丹田一穴（气穴）是炼焉。故曰“天下之交”，犹百川众流之朝宗于海也，炼丹之所在此。而合药之道，又贵以柔须为主，故取象于天下之牝。牝柔也，和也，即太上所谓“道”，又曰“专气致柔”。如此至柔至和，则元精溶溶，可以化气而生神。且元精在内，静摄肾气于其中，迨神火一煅，精化为气，于是行逆修之术，运颠倒之功，升而上之，饵而服之，送归土釜以铅制汞，即以牡制牝，此河车以后之事。

若在守中之始，心本外阳而内阴，肾本外阴而内阳。以后天身形而论，心之外阳为牡，肾之外阴为牝。今自离中虚而为阴，坎中满而为阳，即《悟真》云“饶它为主我为宾”；又曰“阳本男身女子身，阴虽女体男儿体”，此颠倒乾坤，离反为牡，坎反为牝矣。修炼之法，务令心之刚者变柔，动者为静；肾之柔者化刚，静者反动。是以离之柔和，温养坎之阳刚，此即“火中生木液，水里发金刚。”以心使气，以性节情。情不妄动，无非以默以柔，谦和忍下。以炼心性。故上田美液，流入元海；液又化气而入丹田。“大国下小国”，即由上田到下田也。“取小国”者，采取丹田金水之气，逆运河车，上转天谷是也。“小国下大国”，又从下田上昆仑是也。取大国者并合昆仑金液，共入黄庭也。我以上田甘液美液。流入下丹田以生气，则取丹田之气者，是为大国之自下以取也。又或丹田之气，逆上天谷以生液，则吞天谷之气，是为小国之自下而取也。此即金水上升，铅气合髓，精凝气调，片响间化为甘露神水，流于上腭，滴滴归源，即液化气之候也。待气机充壮，又运河车，送上昆仑，吞脑海髓精，复降下黄庭，是气又化液之时也。然“大国者下流”，以柔以静，休休有容，诚有大过人之度，此即神化气而气化精，予以充满丹田也。故有欲兼畜人之德，小国亦有内朗之智，自知势力不敌，甘愿入觐奉命，诚有大过人之量。此即精生气生神，亦以归依黄庭也。故有欲入事人之道。两者所欲，均无外慕，故丹成九转，道高九天，永与乾坤并寿焉。其德之交归为何如哉？修身妙诀，无出于此，得者宝之，勿轻泄焉。

诗颂

（一）

春秋战国无义战，乌烟瘴气气熏天。
老子药方对症方，无赖侯王不买单。

（二）

以神交气道贵下，存神养精道贵静。
凝神聚气道贵柔，调和神气道贵浑。

（三）

大小无伤两国全，妙语来自张伯端。
神气和融性命一，我命由己不由天！

配画　陈彦雄

老子梦境

老子种块试验田，大国小国礼让先。
鸡犬之声常相闻，你来我往笑声酣！

第六十二章　善人之宝

道者，万物之奥，善人之宝，不善人之所保。

美言可以市，尊行可以加人。人之不善，何弃之有？故立天子，置三公，虽有拱璧以先驷马，不如坐进此道。

古之所以贵此道者何也？不曰求以得，有罪以免耶？故为天下贵。

题示：

老子本章讲，道为善人之宝。真得道者，得唯一阳神，不但二元对立消融，还可斡运阴阳五行，从此命不得而拘之，数不得而限之，不但罪过得以超越，还可入圣超凡，故至为尊贵。

道者，万物之奥，

【曾解】

大道化生宇宙，深入于万物之中，独立于天地之表，生生化化，古无穷终，至为奥妙。

道为万物之奥，也系人生造化之源，向上升华之光，成仙作祖之宝。

善人之宝，不善人之所保。

【曾解】

老子曰："天道无亲，常与善人。"故大道为善人的无价之宝。不善之人也系道之所化，也有良心发现之时，愿做善事，从而求之，可以得到道的保护，所以大道无弃人。

道之为物，修真证道之人尤宝贵之。就是一般要求不高者，坚持修道，至少也可益寿延年。

美言可以市，尊行可以加人。

【曾解】

忠言逆耳，人们多不愿听。喜欢听“美言”——哪怕是谎言，可以得到暂时的信任，“美言”于是就有了市场。

尊贵的行为，常做善事的人，乐于助人者，可以作为人们依仿的榜样。

得道者努力行道弘道，身体力行，可使从者如市，道风遍拂，功德无量。尊行此道者，可成加人一等的高人。

人之不善，何弃之有？

【曾解】

对于不够善良之人，乃至坏人、恶人，有何理由要抛弃他们呢？其实最需要帮助的，恰恰就是这些缺乏道德修养之人。

道不负人，人自远道。同理，道无弃人，凡弃者皆系自弃耳。

故立天子，置三公，虽有拱璧以先驷马，不如坐进此道。

【曾解】

在老子看来，虽贵为天子、荣如三公，不足为尊贵；虽有赠拱璧、献驷马，不足为荣观。不如劝侯王们进修大道，清静无为的好。荣华富贵不过昙花一现，难以长保。

天子、三公虽尊，拱璧、驷马虽贵，与道相较，皆系身外之物，不足道矣。

古之所以贵此道者何也?

【曾解】

古人之所以重视修持虚灵大道的理由何在呢?

道这个东西，看不见，摸不着，古人却对之宝贵不已，是否太傻了点啊?

不曰求以得，有罪以免耶?故为天下贵。

【曾解】

虚灵大道，坚持修之，虽不能说有求必应，但总会有些收益；有罪过之人修之，从而改邪归正，有可能免除一些罪衍。因为如此，所以才为天下之人所珍贵。

修道有得，证道以真，与道合一，则能跳出三界，超越五行:“步云霄，任逍遥，罪垢凡尘一笔消”(三丰真人语)，天下宝贵之物有过于此者乎!

[黄元吉证道解]

此(段文)言道为人生一件大事，无论天子三公，都宜珍重。虽有拱璧驷马，不如坐进此道之为愈，勿谓衰迈年华，铅汞缺少，自家推诿可也。要知金丹玉丹，虽借后天精气神而成仙证圣，此却一毫不著。古云“太和所谓道”，又曰“虚无即道。”可见学道人不悟虚无之理，太和之道，纵使炼精伏气，修入非非，亦与凡夫无别。所以吾道炼丹，必须以元神为主，元气为助神之用，以(无息之)真呼吸为炼丹之资。若无元神，则无丹本；若无元气，则无丹助。是犹胎有婴儿，不得父精母血之交媾，亦是虚而无著。既得元神元气，不得真正胎息，则神气不能团结一处，合并为一，以返于太素之初。吾更传一语：夫人修炼，既得元神元气，又有真息运用，使之攒五

（行）簇（四象），合三（精气神）归一（阳神），然非真意为之主帅，必然纷纷驰逐，断无有自家会合而成丹也。虽然，真意又何自始哉？必从虚极静笃、无知无觉时，忽焉气机偶触而动，始有知觉之性，此即真意之意，非等凡心凡意也。故古云仙非它，只此一无真性修之而成者。然不得水中之金，精中之气，以为资助，则元性亦虚悬无着，不免流于顽空。既知金生，不得真息调摄，又安能采取烹炼而成丹？然则真息为炼丹之要具，而真意尤为真息之主宰。学道人未得神气合一，安能静定？苟得神气归命，必要酝酿深厚，而后金丹使得成就。切不可起大明觉心，直使金木间隔，坎离不交。吾借此以明道奥，后之学者，有得于中，尚其宝之慎之！

诗颂

（一）

忠言逆耳少人听，谎言有市激动人。
善言入耳孕道根，根深叶茂大道行。

（二）

身在凡尘心在道，善与不善视为宝。
散尽金银求福德，福德不如功德好。

道人仙居

大道原是善人宝，怀中有宝好论道。
起用之时道是德，功德圆满重归道。

配画　陈彦雄

第六十三章　报怨以德

为无为（虚），事无事（静），味无味（淡）。

大小多少，报怨以德。图难于其易，为大于其细。天下难事，必作于易；天下大事，必作于细。是以圣人终不为大，故能成其大。

夫轻诺必寡信，多易必多难。是以圣人犹难之，故终无难矣。

题示：

老子在本章讲自己修道的深切体会，要“图难于其易，为大于其细”“报怨以德”“故终无难矣”。

为无为（虚）**，事无事**（静）**，味无味**（淡）。

【曾解】

圣人体道而行，虚而无所为而为——顺势而为。静而无所事而事——随缘而事。道味则淡而无味——有味无味都是味，不必计较。

修道在于恬静淡泊，为无为之为，事无事之事，味无味之味，方识道之真味。

大小多少，报怨以德。

【曾解】

不管事物的大与小、多与少，无需斤斤计较，即使是怨尤，也不必放在心上，皆一律以德行化之。

大道无法以大小、多少来加以衡量，凡事皆宜报怨以德，是为行道。

图难于其易，为大于其细。

【曾解】

困难之中有容易着手之处，大的事业由小的事情组成。大处着眼，小处着手，循序渐进，何事不成？

古人曰：不归于简易者，必系左道；不根于虚静者，定是旁门。

天下难事，必作于易；

【曾解】

不少人小事不愿做、大事做不来。须知天下困难之事，宜于从容易操作之处入手。

最基础的，就是最高级的——高以下为基。

天下大事，必作于细。

【曾解】

天下的大事业，都是从小事情做起的。

低处起修，高处自到。

是以圣人终不为大，故能成其大。

【曾解】

所以圣人都不自以为是伟大的圣人，却无意中成就为伟大的圣人。

道者深知“最基础的，就是最高级的；低处起修，高处自到”，不好高骛远，终归功到自然成。

夫轻诺必寡信，多易必多难。

【曾解】

爱许愿之人往往不还愿。把事情看得太容易了，做起来必然困难重重。

性命双修大道，首先必须对色身进行脱胎换骨的彻底改造，令肢体柔弱如婴儿，成为百病难侵的金刚不坏之体。无此基础，是难以度过十月怀胎、九年面壁、三年乳哺之大关的！故而不要把修真证道看得太容易了！

是以圣人犹难之，故终无难矣。

【曾解】

所以圣人宁愿把困难想得多些，最后总难不倒他。

圣人是深知修道过程的重重困难，早有准备，故知难不难矣。

［黄元吉证道解］

此（段文）“为无为”三句，是纯任自然工夫。以下图难于易，是欲造精深必由浅近之意。至于丹道，言铅言汞，究是何物？不妨明辩之：要知此个物事，不外阴阳两端。以汞配铅，即如以女配男，交媾之后，化生元气出来，又将元气合阴气入中宫，然后成丹。在先天离是纯阳之乾，坎是纯阴之坤。因气机一动，乾之中爻走入坤中，坤之中爻走入乾窍，乾遂虚而为离，坤遂实而为坎。故乾虽阳而有阴，坤虽阴而有阳，即非先纯阴纯阳太极浑沦之旧。然犹不失真正也。久之神则生精，气则化血，而质气之性，气数之命，从此出矣。盖以有思虑知觉之心，气血形体之身，不似乾坤原物。至人以法追摄离中一点己汞（汞为心液，液虽属阴，却从离火中出，带有火性），下入坎宫，薰坎宫一点阴血（血为坎水，水虽属阳，却从坎水中生，实为寒体）——古人谓“火入水乡”，

“神入气里”——犹冰凝之遇火，如炭火之热釜，自然温暖，生出阴蹻一脉动气来。虽然，火入水中，犹釜底加炭，热气熏蒸，蓬勃上腾，即真铅生也。自此以神运之，而上升泥丸（主宰之而已），犹烤酒甑中，热气被火而升入天锅，则成露珠滴入瓮中（此即吾教曰“真汞”，又曰“忙将北海初潮水，灌济东山老树根”），其实气化为液而已。复行归炉温养，液又化气，循环不已，一升一降，直将气血之躯，阴气剥尽，凡身化为金身，浊体变为乾体，仍还我太极虚无，不生不灭之法身焉。昔朱元育云：“对坎离言，身中离精坎气，皆属凡铅，直到坎离交媾，真阴真阳会合，生出一点真阳来，才算先天真铅种子。然未得明师口诀，纵使勉强把持，也只可以固色身，到得下元充壮，久必倾泄矣。学人得此阳生，只算一边工夫，安望结胎成圣？惟将此阳气引之上升，复合周身阴精，更与泥丸绛宫之神髓灵液，交合为一——此正谓“东家女（木汞也），西舍郎（金铅也），配合夫妻入洞房。黄婆劝饮醍醐酒，每日薰蒸醉一场”。此乾坤交而结丹，前只是坎离交而产药。有此真铅真汞一合，才可还丹。铅即水中所生的金，汞即火中所生之木。前只算凡铅凡汞，到此才算真铅真汞。学人照此用工，运神不运气，庶不至误事。

诗　颂

（一）

信有余而习不足，终身难得道门入。
纸上觅法终觉浅，悲也夫兮慨也夫。

（二）

道力自能除业力，信根端可拔疑根。
病即是药药医病，讳疾忌医病日深。

（三）

道的境界无境界，既无事兮又无为。
真得道者不言道，要有为时大有为。

配画　黄道强

圣人情怀

人道行学水道行，以德报怨万里程。
激石推砂排万难，融入大海长精神。

第六十四章　九层之台

其安易持，其未兆易谋，其脆易破，其微易散。为之于未有，治之于未乱。

合抱之木，生于毫末；九层之台，起于累土；千里之行，始于足下。

为者败之，执者失之。是以圣人无为故无败，无执故无失。

民之从事，常于几成而败之。慎终如始，则无败事。

是以圣人欲不欲，不贵难得之货；学不学，复众人之所过。以辅万物之自然，而不敢为。

题示：

本章老子讲了许多人事、天理现象，以及“治人事天”的具体理法，乃至入道之直径，以及“筑基入道”的重要性。

其安易持，其未兆易谋，

【曾解】

子曰：“知机其神乎！”吉凶未显而将显，祸福未发而将发，能窥见其先机征兆，此际极易于把持，容易谋划。如此则是善则行，是恶则止，可以把事情做得更好。

既诚心修道，心为何难安？是为汞火易飞，游思杂念——心猿意马难拴，故而难安，重性轻命者难以避免。如命基牢固，以铅制汞而令汞火不飞，猿马驯服于玄关妙窍，于是玄牝体立，则升阶有基，登天有路矣！

其脆易破，其微易散。

【曾解】

譬如脆弱的东西容易摔坏，微小的东西容易散失，早就应该想到。

神气虽有两相知之微意，其初机是很脆弱的，稍有扰动则神气容易分离，以致前功尽弃。

为之于未有，治之于未乱。

【曾解】

在着手做事之前，就要预计到它的发展、变化，以免事发时手忙脚乱；事发于未大乱之际就着手治理，可以避免无谓的损失。

倘能做到无为而心不乱，无作而意不驰，小周天炼精化气进阳火而退阴符，均能合周天之度数，满卦内之爻象，四正沐浴，亦把握得当，则该得者自然而得矣。

合抱之木，生于毫末；

【曾解】

数人才能合抱的大树，最初都是从很小的树苗生长起来的。

紫阳真人："但看无为为要妙，须知有作是根基。""有作以成其始，无为而克其终。"

九层之台，起于累土；

【曾解】

具有九层的高台，开始也是由泥土一层层堆砌而成的。

"高以下为基。"最基础的就是最高级的！第一层台阶站立稳固了，第二层就自然现前……不假祈求！只有这样踏踏实实地一步一印，才能稳稳当当地登上第九层高台，而欣赏那里的月白风清妙境。

千里之行，始于足下。

【曾解】

千百里路的远行，其起始之第一步必然是从足下始发的。

真师传正道，特别强调筑基！基不牢则如沙上建塔，迟早覆倾，故而多年才传一诀，是为了保证你能最终修成，而不致成为夹生饭。

为者败之，执者失之。

【曾解】

违背大道自然，勉强而为，就会失败；一意孤行，固执己见，就会失去机会、带来损失。

再强调一次："有为法，敲门砖，入门以后放一边。"尽快从初机的有为，过渡到升阶的无为，终达无为而无不为——大有为。

是以圣人无为故无败，无执故无失。

【曾解】

故而圣人不勉强去做有违大道自然的任何事情，所以不会失败；不固执己见，从善如流，故无有损失。

真要自有为法而进入无为境界，谈何容易！不进入无为究竟，何来无不为——大有为！"修道者如牛毛，得道者如麟角。"历来如此！

故民之从事，常于几成而败之。

【曾解】

有些人所从事的事业，经常是在接近成功的时候而失败的，实在令人深思！

许多修道者，玄关窍已开，先天气已萌，初基已立……然终未成道。原因固然很多，其中命基不固，色身不健，也是重要原因之一。

慎终如始，则无败事。

【曾解】

事情在做到行将结束之时，也要和开始时那样地慎重处之，就不会出现难以收拾的局面。

修道尚愚不尚智——大智若愚！真证道者，“慎终如始”，绝不马乎而自欺欺人，而是一步一印，直至道成！

是以圣人欲不欲，不贵难得之货；

【曾解】

如果说圣人之君的欲望的话，就是不要有私欲！不看重难以得到的奢侈品，则私欲自消。

子曰：“富贵于我如浮云！”

学不学，复众人之所过。

【曾解】

人们愿学者乃功名利禄也，不愿学者无为之道也；圣人则愿意学人之不愿意学的无为之道。

众人所学之有为世间法，去实为华，弃本趣末，过错连连。圣人学道、弘道，使大家能返本还元，共悟大道，齐趋大同。

老子的阳春白雪大道，所和者稀。古之正法时代如此，而今末法时代更加如此；不如此者，非大道也。

以辅万物之自然，而不敢为。

【曾解】

真修道者以辅助万物自然地成长，不敢揠苗而助长。

这就是自然大道的自然之道吧，正所谓：“法航本是渡人舟，有缘众生自上船。”

［黄元吉证道解］

（此段文）开首言“其安易持”数句，是言玄关一窍，寂然不动，感而遂通。且不睹不闻之际，此中有无善无恶之真。佛曰“那个”；儒曰“缉熙”，皆是此物。如初日芙蓉，晓风杨柳，娇红嫩绿，嫣然可爱。《易》曰：“天地絪缊，万物化醇。男女媾精，万物化生。”无非言初气致柔，去天未远。朱子诗曰：“半亩方塘一鉴开，天光云影共徘徊。”此言道心人心，瞥眼分明。于此持志养气，立教割断牵缠，诞登彼岸。《礼》曰：“人生而静，天之性也。”感于物而动，性之欲也。犹天地一元初复，万象回春。虽物交物感，情欲有动，犹是天性中事，也于虚静，本乎自然。只须些些把持，无容大费智谋，即可遏欲存诚，闲邪归正。以萌蘖脆嫩，根芽孱弱，人欲不难立断，天理即可复还。古人谓之玄关一窍，又曰生门死户。以人心退藏，天心照耀，皆由未有、未乱之时，而为之、治之也。但一阳初动，其机甚微，其势甚迅。至于二阳三阳，则神凝气聚，真精自动，浩浩如潮生，溶溶似冰泮。要皆自微而著，由小而大，自近而远。至于进火进符，河车搬运，阳铅再生，阴汞复合，时烹时炼，渐结渐凝，神完气壮，药熟丹圆，更有六根震动，六通具足之盛，皆自玄关一动始也。惟此时初动，水源至清。古云“白虎首经至宝，华池神水真金”是也。此时一觉而动，把持得定，由此日运己汞，包固阴精，恰如初三一痕新月，至上弦而半轮，至十五而盈满矣。是以圣人知天下事物，无不由卑至高，由近及远，俱有自然之道在。于是为而无为，执而无执，一若天不言四时行百物生，岂若民之隳乃事、败乃功者哉？若此者皆由一片虚灵，浑然无间。自不知所欲，亦并忘为无欲。故曰：“欲不欲。”至于黍珠之贵，实不曾有为，其自无而有，所以既有仍无，修道人素所自具，不待外求。即使有所学，仍是无所学。故曰：“学不学”。它如以一己之纯，化天下之驳；合天下之驳，归一己之纯，其诱掖众人，辅相万物，亦本乎自然而已矣，岂同逞其私智者哉？

诗 颂

（一）

千里之行足下始，火候要诀言难会。
为者败之执者失，不执不失看智慧。

（二）

此生发愿作真人，直往九层台上行。
管它根利与根钝，矢志修真真能成！

配画　黄道强

江水流韵

子在川上曰：逝者如斯乎？
船行千万里，江边第一步。

第六十五章　治国楷式

古之善为道者，非以明民，将以愚（朴）之。

民之难治，以其智多。故以智治国，国之贼（害）；不以智治国，国之福。此两者，亦楷式。

常知楷式，是谓玄德。玄德深矣，远矣，与物反矣，然后乃至大顺。

题示：

本章老子讲有道明君治国，尽量使老百姓归于愚朴，念念不忘这个治国楷式，是谓“玄德”。

“楷式”——治国模式，法家的法治，儒家的礼治，道家的无为之治——道治。“玄德深矣，远矣”，善用于治国，“然后乃至大顺”。

古之善为道者，非以明民，将以愚（朴）**之。**

【曾解】

上古时候善于遵道而行的治国明君，以朴实为本，以正治国，不是使百姓变得聪明多智的假聪明、小聪明，而是使他们解脱愚昧、归于淳朴的真智慧而已矣。

上古时代善于治理身国者，首使“正气存内”，才能“邪不可干”，而不是乱导乱引，以致气机逆乱。

民之难治，以其智多。

【曾解】

庶民百姓之所以难以治理，是治国者常以自己假聪明、小聪明的有为智巧，强加于民的太多。

要把逆乱了的气机，重新予以归元，有为法作用有限。根本大法在于虚静，静则无扰，诸气自然流注无碍。

故以智治国，国之贼（害）**；**

【曾解】

所以凡强以个人假聪明、小聪明有为智巧治理国家者，国家与百姓就会受到伤害。

步步不离有为法者，以之律己，则害了自己；以之教人，则害了别人，难以攀上昆仑峰顶。自己未找到登攀之路，把别人亦阻拦在山麓之下，害莫大焉。

不以智治国，国之福。

【曾解】

不以自己个人假聪明有为智巧治理国家时，上下皆归于淳朴之道，国家和百姓就幸福昌盛。

自有为而达无为，无为则能无不为，方臻妙境。

此两者，亦楷式。

【曾解】

懂得这两种治国道要之差别所在，心里就有了清楚的治理模式。

三丰祖师："有为属固执，无为落顽空。有为无为间，真机在其中。"能够把握住有为、无为之间的分寸或圣度，就能够建立起适合自己修持的模式。

常知楷式，是谓玄德。

【曾解】

坚持用以正治国的模式治理国家，必百姓幸福，天下太平，这就叫做德被广大众人之“玄德”。

摸索出适合自己修持的楷式，不再走弯路，而直插峰顶，建立玄元之德。

玄德深矣，远矣，与物反矣，然后乃至大顺。

【曾解】

“玄元之德”即德被国家和百姓，意义极其深远，与一般物道私欲正好相反。如果朴道风行，上行下效，君民同归于无为妙道之域，无往而不顺矣。

玄元之德者，即得道之后，还须仗道以弘道，才能圆满功德——圆满之德，是谓玄元之德矣。

［黄元吉证道解］

治国不尚智，而修道尤贵愚。诚以智为国之贼，愚为道之种也。夫愚可以为道种哉？试思混沌中无念虑、无知识，非所谓愚耶？忽焉一觉，即是我不生不灭本来。人莫说把持此觉，修成无上正等正觉，方能免却轮回，不受阴阳鼓铸，不为鬼神拘执；即此混混沌沌中，忽然一觉，我以真意守而不散，此一觉已到般若波罗蜜。果能拳拳服膺，常常把持，而轮回种子，即从此断矣。若另起一念、生一见，就是后天识欲之神夹杂其中，所谓“无量动来生死本，痴人唤作本来人”是也。要之，神一也，有欲则为二矣。二意三心，即是杂妄根尘，所以有生死之路。

惟有一心，无二念，有正念，无妄心，道在是矣。若能并将此一心正念而悉化之，是为太极还于无极，金仙之成即在此炼虚之中。何谓炼虚？即如混沌之际，懵懵懂懂，如愚如醉，无觉无知即虚也。坐功到无人无我，何地何天，即炼虚也。又曰学道之要，始而忘人，继而忘我，终而忘法，以至于忘忘之极，乃为究竟。人能以把此一刻为主，以真觉为用，道不远矣。然炼虚之法虽是如此，其功必自炼性始。炼性古人名为铸镜也。若心有不炼，则昏昏罔罔，冥然无觉，虽近在眼前，尚且不知，何况具六通者乎？若皆由私欲之杂乱其心志，而未至于虚也。如真觉之后，不许一丝半蒂存于胸中，即灵台之宝镜常放光明，而又非必功满行圆，乃放毫光也。即此混混沌沌中忽然一知，不复它知，忽然一觉，不更它觉，此一刻中即洞彻光明，四达不悖。虽然，学人满腔私欲，忽期洁白晶莹，如玉如金，夫岂一念之虚能了哉？必要先铸雌雄二剑，以去有形地无形之魔。此剑不利，则欲魔、色魔、天魔、人魔，难以扫除净尽、现出乾元真面目也。盖人欲天理，混杂多年，虽欲独立中流，势有难于抵敌者。以故明知之而明蹈之，皆由引之入人欲者众，引之入天理者少也。今为学人告，欲成清净法身，必先有清净之神；欲得清净之神，必有浩荡之气。所云铸剑无它，即由平旦之气，直养无害，以至于浩然刚大。斯神剑成而锋芒利，可以斩妖断邪。斯时也，莫说淫声、绝色入目而心不乱，即有美女同眠，亦不知也；莫说凶魔恶曜到身边而神自如，即有泰山崩前亦不畏也。此神剑之造成者，自有志气如神之一候，只恐工行不深，或作或辍，不肯当下立定脚跟耳。若能一刀两断，一私起即灭除，灭除不复再生，此断生死轮回之路矣。学道人别无它妙，只怕认不得明镜神剑耳。如能认得，此刻中有明镜普照，恶妄不容，慧剑长悬，欲魔立断，自此一念把持将去，然后神室可成，而仙丹可炼矣。此明镜慧剑，为修道人之要务。设剑锋不利，安能断绝邪魔？所以心愈制而愈乱也。宝镜无光，难以分别理欲，所以己弥克而弥多也。孟子言养气而不言养心，诚谓气足而心自定耳。彼徒强制夫心，而不知集义生气，去道远矣。李二曲云："人心本自乐，自将私欲缚。私欲一萌时，良知还自觉。一觉便消除，此心依旧乐。"拙翁云："光明寂照遍河沙，凡圣原来共一家。一念不生全体现，六根才动被云遮。断除烦恼重增病，趋向真如亦是邪。世事随缘无挂碍，涅槃生死等空华。"有心性学者，当三复斯言！

诗 颂

（一）

道不尚智而尚愚，大智若愚近乎道。
看似愚鲁如曾子，继承夫子扬仁道。

（二）

俗人昭昭我昏昏，机巧新时诈伪兴。
返璞归真归何处？归向童贞太朴心。

（三）

聪明治国国之害，朴德治国国之福。
且将身国比家国，旁门小术皆摒除。

（四）

以德报怨为玄德，以善濯恶乃上善。
言浅义深似甘露，直灌道根润心田。

配画　陈彦雄

满园春色

国色天香群芳妒，雀鸟蜂蝶常相顾。
有谁来看未开时，知音者稀有崔护？

第六十六章　善下不争

江海所以能为百谷王者，以其善下之，故能为百谷王。

是以欲上民，必以言下之；欲先民，必以身后之。是以圣人（明君）处上而民不重，处前而民不害，是以天下乐推而不厌。以其不争，故天下莫能与之争。

题示：

老子在本章讲当侯王的辩证法，或曰领导艺术、统治技巧，及其效用。

江海所以能为百谷王者，以其善下之，故能为百谷王。

【曾解】

江海之所以能成为万千百谷溪流之王者，是由于它乐处低下的位置，故能含纳万派而称王。

玄关妙窍之所以成为生生不息之门户，和诸气归元之道场，以其居于下丹田——坎离交媾之处，任督往来之乡。

是以欲上民，必以言下之；

【曾解】

所以要想高高山顶立，首先处事、说话态度必须谦下和气。

欲抽坎填离，以铅制汞，性命会和，首先须令下丹田元气，耗损了的坎中之满，重新满而且实。

欲先民，必以身后之。

【曾解】

要想成为头面人物，就带头做善事、好事，把荣誉、利益置之身后。

坎中之满——水中之金（元气），乃吾人“人活一口气”之元气，来自先天。吾人每呼吸一次，就消耗一点，直至油干灯尽而寿终正寝。在所有养生法门中，只有道家炼精化气小周天之筑基功夫可以补足之！

是以圣人（明君）**处上而民不重，处前而民不害，**

【曾解】

所以圣人明君虽处高位，人民并不感到有多重的负担。即使出现在人民面前，民自生活如愿有遂，不会起伤害之心。

所谓补漏筑基者，即构筑基成不漏之躯也。小周天炼精化气功成，龟缩不举、马阴藏相，即达基成不漏而完成筑基，从此无往而不顺矣。

是以天下乐推而不厌。

【曾解】

故而天下人民都甘心情愿地推举他当侯为王。

小周天炼精化气筑基功夫，为初成人仙功夫之主功，历代修真证道者无不习之。故黄元吉真人曰：除了守中抱一、河车道路，别无积精累气之途！

以其不争，故天下莫能与之争。

【曾解】

圣人的不争之德，忘我、忘物，忘利、忘名，何争之有；即使有人要与之相争亦无争可争！

有的人具有五眼，有的人具备六通……真修真证道者，不屑争此神通异能小术，而是默默耕耘，不问收获。功夫不负有心人，到时自获——获长生久视之道。

［黄元吉证道解］

此（段文）喻炼丹之学，始以神火下入丹田，然后火蒸水沸，水底金生，长生之药始得而有。夫人受天地之中以生，原是完完全全；自有生后，气质拘之，物欲蔽之，所得于天之元气，悉散漫于一身尸气之间，不能荟萃一区者久矣。今欲攒簇五行，和合四象，会于中宫，归于玄窍，其必万缘放下，一私不起，垂帘塞兑，以目视鼻，由鼻对脐，降心火于丹田——不过片晌工夫，即见玄关窍开，一阳来复，周身之气，自然齐集丹田，融融泄泄，乐不可名。但观照之初，火不紧则金不出矿，火太猛则又烧灼精血，窒室灵机。惟有不粘不脱，若有若无，而下丹田之气自跃跃欲动。此犹江海之能下百谷，百谷所以归往。圣人能下天下，天下所以归心。夫人一身，心为至大至贵，百体皆小焉贱焉者耳。太上故以江海之大、圣人之贵喻心，百谷之小、万民之贱喻百体，喻下田。修道者亦当以下为本，以贱为基，而不自处于高于贵，庶低下于人，所成自易。若论凡人，原以神为主，气则随之动静，所以生男育女，而有生有死。至人则以气为主，而神则听之转移。《悟真》云“饶它为主我为宾”是。大修行人，于气机之动，逆施造化，颠倒乾坤，一听其上下往来，归炉封固，再候真信，循环运转，全不以神为主持。但观真气之冲和，逆施倒行，功成九转，丹熟珠灵，岂不高高乎在上？赫乎居先，而为万夫之仰，天下之观者耶？惟其处下居后如此，则一片恬淡之志，谦和之心，所以无倾丹倒鼎，汞走铅飞之害，故处上而人不重，处前而人不害。以共不争，故天下莫能与之争也。

诗 颂

（一）

人君不争谁与争，名利歪风自然轻。
江海善下成谷王，道者引为教训深。

（二）

处下不争道人行，被褐怀玉水中金。
广积阴功累阴德，德被大众遍地春。

配画　黄道强

善下不争

溪流就是广长舌，日夜讲经不停歇。
千言万语一句话，善下不争道之德。

第六十七章　修道三宝

天下皆谓我道大，似不肖。夫唯大，故似不肖。若肖，久矣，其细也夫！

我有三宝，持而保之：一曰慈，二曰俭，三曰不敢为天下先。夫慈，故能勇；俭，故能广；不敢为天下先，故能成器长。

今舍慈且勇，舍俭且广，舍后且先，死矣！

夫慈，以战则胜，以守则固。天将救之，以慈卫之。

题示：

老子所讲的虚灵大道，宏大得讲不清楚，只好举了与修道密切相关的三件宝贝稍示之；谁能把握住这三件宝贝，将功德无量！

天下皆谓我道大，似不肖。

【曾解】

天下人都说我所弘之“道”，宏大得不得了，以致什么东西与之相比都不像。

形而上道因无象无形，大而且虚，无以喻之，只好画〇以勉强形象之，强之名曰“无极”——形而上“无极之道”。

夫唯大，故似不肖。

【曾解】

“道”的确是伟大得没法比喻，孔夫子比喻为“其犹龙乎”，见首不见尾？也只是个比喻而已。

形而上道、无极之道，大而且虚〇，无与伦比，“说是一物即不中”。

若肖，久矣，其细也夫！

【曾解】

勉强要说它像个什么具体的东西，久而久之，虚灵大道也变得和万物一样，是个具体、可爱的小东西了，那就不是虚而且灵、其大无外的“大道”了。

万物归类于五行，五行衍源于阴阳，阴阳合抱于太极，太极来自于无极。无极〇本无，太极⊙始有——浑元一气，无象无形，什么也不像，但什么东西里面都有其玄象。

我有三宝，持而保之：

【曾解】

我有三件与修证大道相关的宝贝经常保持着。

吾人所修的具体之道，乃金丹大道——太极真种子！老子说他修持金丹大道时，有三件宝贝须臾不离。

一曰慈，二曰俭，三曰不敢为天下先。

【曾解】

这三件宝贝第一件名叫慈善，第二件名叫俭朴，第三件名叫“但开风气不为先”。

一曰慈，天之元，炼己虚心，慈心广大。二曰俭，反求诸己，笃守于心，守约施博，修道之要。三曰不敢妄为、妄动。

夫慈，故能勇；俭，故能广；不敢为天下先，故能成器长。

【曾解】

大慈者也是大勇者；俭朴者胸怀宽广；不与天下人抢先，就能当“形而之下谓之器”的晚成大器之器长。

始终守住这三件宝贝，虽年过花甲、古稀，亦能成就——大器晚成！

今舍慈且勇，舍俭且广，舍后且先，死矣！

【曾解】

如果舍弃慈善，只讲勇敢；舍弃俭朴，空言宽广；不愿居后，事事抢先，取死之道矣。

丢弃这三件宝贝，后果难料。

夫慈，以战则胜，以守则固。

【曾解】

修身、治国，慈善为先。大慈者亦大勇者，这样的军队将无敌于天下，战则攻无不克，守则固若金汤。

坚持这三件宝贝，以之野战而进阳火，则可一箭透三关；以之守城而退阴符，温养沐浴，滴滴归鼎炉。

天将救之，以慈卫之。

【曾解】

若能坚持此修道三宝，遇到厄难时，老天爷也会出手相救，并以慈爱护卫之。

古人曰：虽花甲古稀之年，只要有一口气在，行补亏筑基之功，施炼精化气之法，以三宝内守不离，均有望重返青春，乃至返老还童，都有可能！

[黄元吉证道解]

道曰大道，其实无极而太极也。然非从无极之始，混混沌沌中觅出津涯，又安知太极之根能测其起止乎？学者须先明道原，于不睹不闻之中，寻出至隐至微之体，即所谓虚而灵者是。顾其细已甚，曰黍珠一粒，又若有可象者。总之，无形之形，无状之状，迎之不见其首，随之不见其后，即人心中蔼然一片仁慈是也。虽至顽至劣之夫，亦不泯仁慈之性。孔子曰："我欲仁，斯仁即至矣。"修丹岂有它哉？不过守此仁慈而已。何谓仁慈？如齐王见牛之觳觫而不忍，乡人见孺子坠井而恻然，此皆仁心发端，天心来复。由此思之，此个动机动念，无时不有，第恐人不及觉耳。学者从天真发动处，扩充行去，自为炼丹有基。但不可务博而荒，只须守约而微。一心扳命，五体投诚。古云："心要在腔子里，念不出总持门。"由此愈约愈博，愈微愈彰。其约弥精者，其拓之愈广也。学者可不以俭为本乎？虽然俭德为怀，固以约鲜失之良法，苟不出以谦和，又恐躁暴之性，起火伤丹，故守约尤须至和，在在自卑自小，不居人先，始为虚己下人。仁心常存，道气常存矣。若不尚慈而尚勇，不务俭而务广，不居后而居先，如此则心是凡有也，安望我有三宝持而不失乎？且人有仁慈，尤足得人之欢心，以之出战，战必胜；以之守城，城必固。此即喻临炉进火，烧退木贼三尸；守城沐浴，则保固胎婴元神。是柔和之心，为炼丹养道之要。况天之生人，予人以生、无不予以仁慈，能克念归仁，长生永命之丹，即在是矣。

诗 颂

（一）

大道是个什么样，都像盲人在摸象。
摸来摸去都不肖，真能摸着成器长。

（二）

两个宝贝慈与俭，还有为先不抢先。
争先者亡不争顺，怀抱三宝去登山。

配画　黄道强

雪山入定

雪沃莽林失群峰，入目尽是白头翁。
胸怀三宝深入静，出定依旧沐春风。

第六十八章　不争之德

善为士者，不武；善战者，不怒；善胜敌者，不争；善用人者，为下。是谓不争之德，是谓用人之力，是谓配天，古之极也。

题示：

老子在本章阐释了上一章“修道三宝”之意，在军事方面的应用，以明不争之德，“是谓配天，古之极也”。

善为士者，不武；善战者，不怒；善胜敌者，不争；善用人者，为下。

【曾解】

善于研究军事者，不崇尚武力；善于打仗的军队，不轻易被敌人激怒；善于胜敌者，不与敌方争一时之胜负；善于用人者，总是礼贤下士。

有为法门，圣人不得已而用之。即使是下手练功仅企求祛病健身，也不能蛮干，宜心平气和，有的放矢，并虚心向师友请教。

是谓不争之德，是谓用人之力，是谓配天，古之极也。

【曾解】

以上几条叫做“不争之德”，亦即处事、用人得当之意，也就是执天理以行人道，古皇治人事天的终极之道也。

天以无为而治，道以无为而成，玄兮妙兮，精兮微兮，天道之微妙无过于此矣。

［黄元吉证道解］

此（段文）言药生进火，虽有猛烹急练功法，然亦因时为动，顺势而行，用武无武，所以无倾丹倒鼎之患也。纵气机之动，真阳之生，至大至刚，充塞乎两大，何异战者之赫然震怒，所向披靡！况采取进火，只因其气之浩然者扩充之，非好为强也。故一经洗练，而凡骨化为玉骨，凡身化作金身。所谓取金丹于反掌，犹取天下如拾芥也。惟其神凝无凝，息调无调，纯任乎天，不杂以人。虽天人交争，理欲迭起，不得不存理以遏欲，尽人而合天。迨至学粹功深，义精仁熟，毫无胜私克己、争功争能之心——仁者所以无敌于天下也。若是者，皆由谦和柔顺，虚己下人，一听气机之动静，而与为转移。故丹之成也，有不见而章，不动而变，无为而成者焉。何殊善用人者为之下乎？修炼人道，果能在在安和，时时柔顺，欲不用遏而自遏，理不用存而自存，是谓不争之德也。且以不争之心，顺理以施，随机而运，犹用人之力以成一己之功，是能范围天地之化而不过也。孔子曰："天何言哉，四时行焉，百物生焉。"圣人与道合真，正不啻天经地纬，而立万世之人极也。

诗颂

（一）

善士不武谓配天，善战不怒德不迁。
古言仁者无敌人，不争之德见一斑。

（二）

三顾茅庐访英贤，群雄逐鹿天下乱。
一将功成万骨枯，从古知兵非好战。

配画　罗鸿声

把酒问花

去年我来花未开，今年花落遍地愁。
明年花比今年好？把酒问花花点头！

第六十九章　轻敌丧宝

用兵有言：吾不敢为主，而为客；不敢进寸，而退尺。是谓行无行，攘无臂，执无兵，扔无敌。

祸莫大于轻敌，轻敌几丧吾宝。故抗兵相若，哀者胜矣。

题示：

本章继续讲“不争之德”用于军事方面。但是老子说，这些军事原则是某些军事家说的：用兵有言。

用兵有言：吾不敢为主，而为客；不敢进寸，而退尺。

【曾解】

善于领兵打仗的军事家有这样的说法：“我不会主动进攻，而以防卫为主；不会冒进一寸，必要时敢退一尺，以等待时机。”

用兵——导引气机。过来人云，小周天神气运行之时，候静中阳动，元气氤氲，火足药灵，河车运转，“饶它为主我为宾”，宾随主而行；切忌神识不明火候，冒进导引。

是谓行无行，攘无臂，执无兵，扔无敌。

【曾解】

这就叫做，欲发动进攻，必先装作不进兵的样子；我要打你，无须先举起手臂让你看见；要擒拿你，先不手执兵器；一旦扔掷投抢，将所向无敌。

玄妙机小周天行功过程的初机，必须符合相应之行、住、起、止程限规则，神气始终不离黄河正道。久之纯熟，则法论自转，自然而然矣。

祸莫大于轻敌，轻敌几丧吾宝。

【曾解】

最大的祸害，莫过于忽视敌情；轻敌几乎丧失了我致胜敌军的法宝。

如果炼己功夫不纯，抗干扰能力微弱，心不在焉，神气易于散离、纵逸，就会前功尽弃。

故抗兵相若，哀者胜矣。

【曾解】

故而两军对垒，悲愤奋勇者一方必胜。

只好重安炉鼎再开张，勇猛其志，炼己精纯，方可一战而天下定！

［黄元吉证道解］

此（段文）喻真阳发生，气机充壮，方可进火行工。如不静候铅气之气，而慢以神升降进退，循环运转，未有不邪火焚身，大遭困辱者。当其四候之际，必候坎气之自动，而离不得以专主，故曰“吾不敢为主而为客”。修炼之道，进行则常，退后则灾。如天之运行不息，水之流行不停，始克蒸蒸日上。若时作时辍，一曝十寒，则是进寸而退尺，功少而过多，终身必无成功矣。若此者，由不知归根复命之道乃日用常行之道，不可以智计取，不可以作为得；惟逆修丹道，顺运自然，学如不学，功而无功，相因而造，顺势而前，无少阻滞，无一把持，若禹之治水，行所无事而已。倘进火行符，轻于进退，犹行兵者之轻视敌人，未有不火起伤丹，炉残鼎败，以致铅汞一齐飞散者。噫，纯任自然，敬慎不败，固缉熙于光明；若妄作聪明，长生之宝必因此后天尸贼，为之戕害无存，又安望其成丹而可大可久哉？惟仁慈一片，哀痛十分，而后出之以和平，行之以柔顺，自然所向披靡，战无不胜。学人慎勿以后天识神为主，而先天元气皆退听焉，庶几其不差矣。

配画　陈彦雄

诗颂

（一）

静之又静识妙本，虚之又虚见天心。
无为即是大有为，不动干戈定乾坤。

（二）

有为之术小术胜，无为之道大道行。
有为法门人练气，无为静虚气炼人。

用兵有言

不敢为主且为客，或进或退握分寸。
轻敌犯险失良机，抗兵相加勇者胜。

第七十章　被褐怀玉

吾言甚易知，甚易行；天下莫能知，莫能行。

言有宗（旨），事有君（本）。夫为无知，是以不我知。知我者希，则我者贵，是以圣人被褐（粗布）怀玉（珍宝）。

题示：

老子说他讲的道，其实稀松平常，易知易行，可是天下人却莫能知、莫能行，只好“被褐怀玉”，以等待缘机。

吾言甚易知，甚易行；

【曾解】

我所说的无为之道，谦冲之德，绝圣弃智，绝学无忧，虚心无我、守中抱一之理，都明白不过，放下便是，毫不费力，极易做到。

大道至简，无非是无中生有，有还归无，道机就在有无之间。大法至易，就是修炼呼吸之功，谁都做得到。自“凡人之息以喉”，而达“真人之息以踵”，则步入长生久视之道矣。

天下莫能知，莫能行。

【曾解】

可是天下人就是喜欢有作有为，老是在知见上争红辩白。我教彼等“苟能息心，立地成圣”；“虚静静笃时，大道来敲门”。彼等就是听不进去，因之莫能行。

“通天大道人难识，旁门小术易见功。”“道之迩而求诸远，事在易而求诸难。”时人不悟真常大道，反求糟粕绪余，其奈何哉！

言有宗（旨）**，事有君**（本）。

【曾解】

老子言他所说的话皆宗无为之道，谦下不争，息妄休心可矣。做任何事情皆无欲无我，顺道而行，如此则事无不成。

老子说他讲的道，都是有根有据的，是他近两百年来亲加艰苦修证而得，非道听途说，更不是天下文章一大抄所抄袭来的。

夫为无知，是以不我知。

【曾解】

一般人皆不了解无为之道的无知之知的大智慧，当然也就不了解老子的苦心孤诣。

老子历经近两百年修证所得的无知之智的大知，一般未证道之人的确难以理解。

知我者希，则我者贵，

【曾解】

老子说，了解我虚灵大道无知之知的人极为稀罕！看来只有前来问过道的孔丘是唯一知音：子曰：“吾有知乎哉？无知也，有鄙夫问于我，空空如也。”若能当下顿悟此无知之知，无为之道，便可立成圣人！实际上，真能效法我的无知之知的无为大道者，屈指可数，宝贵得很！

老子言，真正了解我虚灵大道的人士少之又少，踏着我的脚印行进不辍者，更为稀贵。

是以圣人被褐（粗布）**怀玉**（珍宝）。

【曾解】

所以历来得道的圣人，都外表平常，布衣麻鞋，道之“心宝”皆藏而不露。

得道圣人只好心藏真道，怀抱至宝，布衣草履，游戏人间，以待有缘，择人而教。

［黄元吉证道解］

太上之言，头头是道，字字切身。即人以言道，即道以言身，易莫易于此矣。夫何难知难行者哉？顾人之昧昧者，良由道在迩而求诸远，事在易而求诸难。不务真常大道，反求糟粕绪余。如辞章记诵刑名术数之类，学愈博而心愈荒，事愈繁而性愈劣，无怪乎太上道言。当时为人心所同，后世为太上所独也。良由不明言之有宗，事之有君耳。夫宗者君者，即人身之“中”也。尧舜授受心传，无非“允执厥中”而已。后如文之“纯一”，参之“慎独”，柯之“良知”，莫非人身之一“中”也。此个“中”字，所包甚广。其在人身，一在守有形之“中”——朱子云：“守中制外”。夫守中者，回光返照，注意规中，于脐下（内里）一寸三分处，不即不离是。一在守无形之中——《中庸》云：“喜怒哀乐未发谓之中。”罗从彦教李延平：“静中观喜怒哀乐未发气象，此未发时不闻不睹，戒慎恐惧，自然性定神清，方见本来面目。然后人欲易净，天理复明。自古圣贤仙佛，皆以此为第一步工夫。但始须守乎勉然之中，终则纯乎自然之中。”三圣人名目各有不同，总不外地“中”字为之宗，为之君。即如吾教以凝神调息为主，然后回观本窍，心无其心，气无其气，乃得心平气和。心平则神始凝，气和则息始调。其要只在心平二字。心不起波谓之平，能执其中谓之平；平即在此中也。

心在此中即丹经的玄关一窍。到得神气相依，玄关之体已立，此为大道根源，金丹本始。它如进火退符，搬运河车，有为有作，总贵谦和柔顺。以整以暇，勿助勿忘。有要归无，无又生有。至有无不立，方合天然道体。此即得一而万事毕，吾道“一以贯之”之旨也。学者如此，太上之轻可解，庶不为旁门左道所惑也。若不知言之有宗，事之有君，未许升堂入室而迷于它往者。人能知此行此，自然有得于中，无慕乎外，如圣人之被褐怀玉，而融融泄泄不已焉。

配画　陈彦雄

诗 颂

（一）

通天大道甚易知，大道通天也易行。
天下莫知莫行者，旁门小术障了门。

（二）

大道至简大法易，奈何时人爱奇稀。
被褐怀玉藏不露，如人饮水唯自知。

被褐怀玉

怀中有宝堪论道，奉送诸侯与国王。
老子孔子命运蹇，用之则行舍之藏。

第七十一章　圣人不病

知之不知，上；不知知之，病。夫唯病病，是以不病。圣人不病，以其病病，是以不病。

题示：

古云："知"之一字，是众妙之门，也是众祸之门。圣人则悟无知之知——真知！真知众妙之门者，"是以不病"。

知之不知，上；不知知之，病。

【曾解】

世人之知，不过意识分别，有知之知，所见有限，肤浅短视。圣人无知之知，乃明镜之智——大圆镜空无，无识无知，然物来则照，原形毕露，了然于目，彻见彻知。有此无知之知，而不吹嘘自已，实属高明；不知此高明之知而言知之，半罐水响叮当，此乃自欺欺人之毛病也。

玄关窍开，先天之气运行，阴阳无心而和，造化无意而成，一切自然而然。夙根清净的真知之人，知此者为上，不知此者为病。

夫唯病病，是以不病。

【曾解】

唯有知道此强不知为已知，是一种不好的坏习惯——坏毛病之人，并决心改正之，就不会再犯这样的坏毛病了。

先天元气运行，进阳火，退阴符，自有其程限规则，道者深知。不明程限规则而想当然地勉强运行，是会铅倾汞飞而前功尽弃的。故而道者始终依序运行，所以不会出现差失。

圣人不病，以其病病，是以不病。

【曾解】

圣人无此强不知为已知的坏习惯、坏毛病，因为他知道这是一种不好的坏习惯、坏毛病，所以不会犯这样强不知为已知的坏习惯、坏毛病。

道者对此深有体会，因为犯过这类错误，痛定思痛，就不会再出现这样的差失！

［黄元吉证道解］

此（段文）言慧照之知，是为上等；若矫情之知，实为大患。惟以强知之患为患，是以无患。圣人之得免于患者，常以此患为患，所以无患。大旨已明，兹不复赘。今再将道妙详言之：大凡打坐，必先从离宫修定，做一晌而后自考自证，果然空空无物，即明心见性矣。所以吾尝云：静坐之初，此心悬之太虚，待身心安定，意气和平，然后徐徐以意收摄，回照本宫。到得了无一物，介于胸间，从此一觉一照，即十方三界，无在而不入我觉照之中。然而觉性不生、觉性不灭，不过了了自了，如如自如而已。以此求玄，则水源至清，自可为我结丹之本。一霎时间，自然性光发现。何以见之？即吾前日所示恍恍惚惚中。忽然一觉而动，是修道之要始。而以性摄情，若不先讨出性真本来，突地下水府中求玄，不知既无性矣，何以摄得起情来？夫既有虚灵之蓬勃之机。要知离非属心也，凡凝耳韵、含眼光、戒香味触法，皆是神火主事，故曰属离；坎非是气，精气所在，即是属坎。即以神入血中，火热水里，未必即有气机发动——务须左提右挈，摄起海底之波，上入丹田，久久烹炼。火功既足，忽然天机发动，周身踊跃，从十指以至一身，跳动不止。身如壁立，意若寒灰。丹田气暖，此即火之不老不嫩，合中之时。若非有此效验，尚是微微，不可行火。若久见此景而不知起火。气已散矣始行用火，是为药老无用。学者审之辨之。然微阳初动，未必即有此盛气，只要心安意适，气息融和，亦可行子午河车。盖人身有形有质之血，不经火煅，尚是污污浊浊、一团死血。惟用神火之照，血中自生出一点真气出来。即佛所云“我于五浊恶世修行而得成道果”是。又古谓“鬼窠中取宝，黑山下求铅”，是皆不外浊精败血内以神火煅出此一点真气来。气既动，阳即生，又当知子进阳光，午退阴符，卯酉沐浴诸法，方能采得此真阳，运行流通，内以驱除脏腑之阴私，外以招摄天地灵阳之真气。久久用功，气质亦变。此河车一法，有无穷妙义也。古有言“气明子午抽添”，抽即抽取水府之铅，添即添离宫之汞。汞即心中灵液，后天中先天。从色身浊精败血中，以神火煅炼出而成甘露者是铅，即血中之气。气即古人谓水中之金，此为后天中先天，只可以固凡体，不可以生法身。此是坎离交而生出来的药物，犹不可以作神丹。必要以性摄情，以性归性，性情和合，同煅于坤炉之中，忽地真阳发动，此为乾坤交而结丹。始可炼神丹为真仙子。总之，修炼别无它法，只是一个河车运转。初关河犹须勉强；中关河车，天人合发；到得上关河车，纯乎自然之天，不失其时而已。至于卯酉沐浴诸法，不过恐初学人心烦火起，行工不得不然。若到纯熟，不须法矣。总在学人神而明之可也。

诗 颂

（一）

道者皆有自知明，细搜己过己毛病。
豁然悟觉会心笑，无骨为贱无慧贫。

（二）

知知知知非真知，病病病病却真病。
一知半解作胜解，病入膏肓症日深。

配画　陈彦雄

健美西施

出水芙蓉水灵灵，不怕污秽染衣裙。
涂脂抹粉还多事，酒涡无酒亦醉人！

第七十二章　自知自爱

民不畏威，则大威至矣。

无狭其所居，无厌其所生。夫唯不厌，是以不厌（弃）。

是以圣人自知不自见（现），自爱不自贵。故去彼取此。

题示：

圣人告诫我们，要敬畏天理，遵循天道，否则要遭天诛！

所以圣人明君要敬天爱民，如此才不致成为孤家寡人。自知自爱，才能得到人助天助，成为明君。

民不畏威，则大威至矣。

【曾解】

凡可畏者，皆谓之威——天威至大！

人类若是天不怕地不怕，胆大妄为，那么大祸——天威即将临头。譬如现代人们，滥挖资源，破坏环境……天威不是已经在惩罚我们了么！

气聚而成丹，丹成则金光四射，威风凛凛。内真则外应，丹光与天光相应，育成不朽阳神，更加威风八面。

无狭其所居，无厌其所生。

【曾解】

不要把宝贵的生命，仅仅限制在狭窄的小天地之中，还有更为广阔的道乡风光等待我们去欣赏。

也不要厌倦当下的世俗、人道生活，尽完人道步天道，更为美妙道乡的天仙境界在前面。

炼气化神功成，身内生身——阳神现形，必须继续行九年面壁之功，以期脱壳飞升，炼虚合道，成为真人。

夫唯不厌，是以不厌（弃）。

【曾解】

不应厌弃世俗的人道生活：天道行先人道行，人道全处天道灵。人道有基，必通天有路。

生生不已之大道，不厌后天之化生，禀乾坤之象，按天地之数，耀日月之明，同四时之生，从不间断。

是以圣人自知不自见（现）**，**

【曾解】

独有圣人明白，一灵真性至为珍贵这个道理，至于个体色身之滋养则次之，不必看得太重。

圣人与阴阳同德，共五行运化，以弥纶天地之道，却自甘默默无闻。

自爱不自贵。

【曾解】

虽然圣人也爱惜自己的身体，但不把自我身体看得太贵重——宝贵的是己之一灵真性。

道者从来就是珍爱其道，不贵其身。夫子曰："朝闻道夕死可矣！"

故去彼取此。

【曾解】

故而圣人舍众人世俗养生之俗见，取培育一灵真性之真见。

轻其世俗身，留此真道心。红血化白液，赤心变虚灵。浑身放异香，口吐气成云。俯首来时路，不枉此一生！

[黄元吉证道解]

此（段文）言无狭所居，其所居者必大。无厌所生，其所生者必长。虽然，用工之际，元神识神，不可不知。夫人受气之初，从父母媾精时，结成一点黍珠，此时絪絪缊缊，只有一团太和之气，并无一点知识。然而至神至妙，极奇尽变，作出天下无穷事业出来，都由此一点含灵之气之神，从无知无识而有知有识，从无作无为而有作有为，莫非由此而始。此时天人一理，物我同源，体用兼赅，显微无间，故曰元神。此是天所赋畀的。到得血肉之躯既成，十月胎圆，呱地一声，婴儿落生，此时识神始具。夫元神者先天之元气，天地人物一样，都藏于太虚中。一到人身，则隐伏于人身虚无窟子之内。此是天所赋者。修行人欲修成大道，夫岂可著空著色以求之哉？惟有一无所知，一无所有，扫却一切尘氛，而个中消息自现，灵妙自生。至若识神，乃人身精灵之鬼，万劫轮回种子，必要五官具备，百骸育成，将降生落地时，然后精灵之魂魄，方有依附。古人谓后天识神，因有形魄而生者也。此元神之大分别处也。但有生之后，元识两种神，交合一处——有时元神用事，识神退听，则后天之意气虽动，要皆由仁义礼智，而发为喜怒哀乐，识神亦化为元神者此也；有时识神用事，元神隐没不见，虽仁义礼智之见端，亦皆变为私恩、私爱、私憎、私嫌，元神亦化为识神者此也。总之，为口耳一身起见，皆是识神。一到识神用事，焉有光明正大，可以对天地、质鬼神的事业出来。惟混混沌沌中，神焉一感而动，此时天理纯全，毫不挟后天识见，如能稳立脚根，端然行去，即纯乎天理，而无一毫人欲之私。吾故教人于无知无觉时，寻玄关一窍，良以此时与天地一体，与虚空一致。能从此把握行将去，则天地之生生，不难自我而为生生；虚空之变化，不难自我而神变化。此时一觉，诚为天地人之根源。修士不从此下手，又从何处以为仙圣之阶哉？要之，无思无虑而出者，元神也；有作为见解、自色身而出者，识神也。元神无形，识神有迹。一自虚无中来，一从色身中出，二者大不相侔。既明得元神生于虚无，识神生于色身，我于是正本清源，务令内外三宝闭塞，不许一知一见从有形有象、有思有虑而出。如此操持，如此涵养，久久尸魄之灵皆化为清净元神，八万四千毫毛亦转为护法灵神。所谓化识为元，转阴成阳者此也。此在人实力于虚无一边，不要为色身起见著想得矣。

诗 颂

（一）

消除习气赖习气，参见元神靠识神。
用好有为柱与棍，借假修真大道行。

（二）

太平之世宜严刑，大夫尤要上刑庭，
上官下民皆畏威，强梁不敢肆横行。

花中圣人

桃李芬芳艳春风，丛菊情怀高一着：
雨洗风吹沐浴后，花做茶叶根入药！

菊花开尽又桂花，桂花谢幕又是谁？
老天巧手安排定，天上雪花地上梅！

配画　罗鸿声

第七十三章　天网恢恢

勇于敢则杀，勇于不敢则活。此两者，或利或害。天之所恶（厌），孰知其故？是以圣人犹难之。

天之道，不争而善胜，不言而善应，不召而自来，坦然而善谋。

天网恢恢，疏而不失。

题示：

老子在本章讲宇宙因果律——气数，天命可畏，报应昭然，“天网恢恢，疏而不失”，故不可轻忽。

勇于敢则杀，勇于不敢则活。

【曾解】

天命可畏，报应昭然，不可轻忽。凡人做事，不顾利害，不计后果，勇鲁到敢于作奸犯科，这种人迟早被杀。有的人虽然勇鲁，但做事还考虑后果，把握分寸，且知错能改，则能好好地活下来。

身国的主宰有两位，虚无中来的元神，和呼吸起时的识神；元神无形，识神有迹；识神活（动）则元神死（昧）。

修道之勇，有勇于利欲熏心者，妄想坚固者，必三宝日耗，耗尽而终，元神杀（退）而真元死（昧）矣。精进修道者，不敢违反天理，灰心灭智，常清常静，则识神死（退）而元神活矣。

此两者，或利或害。

【曾解】

这两种人谁做了好事，得好报，谁做了坏事，得恶报，丝毫不爽。

心死而神活，害中反有利。活神须死心，趋利而避害。日久功深，倘能一统江山，化害为利，乃至超越利害，则识神变妙用矣。

天之所恶（厌）**，孰知其故？是以圣人犹难之。**

【曾解】

谚云：人在做，天在看。老天会对他们的为善与为恶记账，以显天道之无私。至于有些人竟然勇鲁到杀人放火，其中的缘故何在呢？圣人也觉得难以理解。

天者，我之灵智。修道过程，意动耗其真，心虑耗其精，息运耗其气，内观耗其神，此皆勇于敢——太过分了也，天灵之所厌恶也。何以如此呢？

勇于敢者，有作有为，易进而难成。勇于不敢者，无作无为，难进而易就。在修道实践中有为、无为之分寸的具体把握，圣人亦小心谨慎。

天之道，不争而善胜，不言而善应，

【曾解】

子曰："求生以害仁，虽生亦死；杀身以成仁，虽死亦生。"天道所以然之妙如此，非世人所易知也。争赢斗狠，两败俱伤，逆天者亡也。不争不斗，不失不败，善胜者也；大道无言，寂然不动，感而遂通，善应者也。

自有为而无为，不动意，不起心，则神气合一，自然而得矣。

不召而自来，坦然而善谋。

【曾解】

祸福无门，唯人自召者也。了此道理，自然成竹在胸，足智多谋也。自然而得，得来才真，真而且灵，灵而且神，神而且妙，妙而入道。

天网恢恢，疏而不失。

【曾解】

天道无私的无形之网——天网密布，万事万物网罗其中，看似稀疏，但是善恶报应，丝毫不爽，无一遗漏！

不少初心修道者，稍有所成就，便开宗立派，敛钱聚财……搞得乌烟瘴气，乃至作奸犯科。这类人活着进监狱，死了还要下地狱。尽管此类人也天天拜菩萨，日日敬神灵，但老天爷有眼，终归难逃天道善恶报应之网络！

[黄元吉证道解]

遏欲贵果，不果则人心放纵，人欲缠绵，故勇于敢者杀——所以杀，人心也。存理贵柔，不柔即凡气暴躁，元气动摇，故勇于不敢则活——所以活，元神也。然死心所以活者相济。人心易死，道心易生，顾其中有天道焉。天有好恶，刑与德并施，生与杀共用。人或知之矣，而具生机于杀机之中，伏活机于死机之内，世人未易窥测焉。天之所恶，孰知其故哉？圣人心同天地，知恶之正所以好之——且非恶无以成好。此中循环妙用，虽圣人犹难知之。然而圣人之道，亦即天之道也。天不与凡民争是非而发育万物，无有不荷其煦妪而悖而驰之者；不与凡民言感孚而阴阳迭运，无有不相为默契而悖而驰之者。盖天人一道，寂然不动，感而遂通，化何神也！物我同源，廓然大公，物来则应，措何当欤？至人以无思无虑之真，默运神功于生杀之舍，暗袭天机于造化之宫，入水府，造金乡，踵希夷，绝视听，杀者生之，生者杀之，初不知其何以相胜相应，如子母夫妇，不召自来，不谋自合。如此其感乎之捷而神耶？至灾祥予夺，祸福贞淫，天网恢恢，疏而不漏，诚无有逃而脱之者，以虚空即道，道即天，不能逃虚空，即不能逃天网。人不违道即不违天，天休不于以滋至哉？

诗 颂

（一）

有才性缓必大才，有勇气和必大勇；
大才不言应者众，大勇善胜在善谋。

（二）

勇到敢于去杀人，人不杀之天杀之！
天网恢恢疏不失，未有强梁得好死。

配画　陈彦雄

人算与天算

人有小九九，天有大算盘。
九九八十一，到底算未全！

第七十四章　敬天保民

民不畏死，奈何以死惧之？若使民常畏死，而为奇（诡异）者，吾得执而杀之，孰敢？

常有司杀者杀。夫代司杀者杀，是谓代大匠斫。夫代大匠斫者，稀有不伤其手矣。

题示：

天道无私，赏罚分明。然嗜杀伤仁，终当自伤。

民不畏死，奈何以死惧之？

【曾解】

侯王如不遵循大道天理，动尚刑威，以死惧民。民则走投无路，也就不怕死了。如此则为什么还要用死去恐吓他们呢？

庄子曰：“通天下皆一气耳。”——人活一口气！

元气是不生不灭的，或曰生灭自在的——天地有坏元气不坏！修道有成者，率皆死而不亡，性真长存，何惧之有！

若使民常畏死，而为奇（诡异）**者，吾得执而杀之，孰敢？**

【曾解】

如果使人民经常处于不情愿死的环境中，凡有奇诡之行为者，可以捉来杀掉，以警来者，看谁还敢再作奸犯科？

奇者阳也，偶者阴也，阴阳合一而成道也。如果妄心累动，乱我至道，阴阳分离，各行其是，身国危殆，吾将执妄心而诛杀之——妄心死而真心活。看你敢不敢诛杀妄心？

常有司杀者杀。

【曾解】

侯王操生杀之权，代行天威以保民。有恶贯满盈者，必杀之。

此时此刻，识神可以派上用场，诛杀妄心——自己教育自己！

夫代司杀者杀，是谓代大匠斫。

【曾解】

侯王代天威以行杀令，杀该杀之人，就像是伐木者代大工匠砍伐树木一样。

大匠元神真心，应该出面诛灭妄心。但他是个稀里糊涂的懒家伙，只好由识神取而代之。

夫代大匠斫，稀有不伤其手矣。

【曾解】

代大工匠砍伐树木的人，很少有不伤其手者——嗜杀者伤仁害慈。

识神的后天小聪明智慧有限，代元神行事，时常有过之与不及之处，难免出现伤害情况。

［黄元吉证道解］

（此段文）以畏死喻慎独。人惟慎独功深，则天人辨白，理欲分明。欲寡过而未能，思免愆而不得——于此兢兢业业，汲汲皇皇，省察其几微，克制其伪妄，不难欲净理纯，立见本来面目。若于不睹不闻之地，平日无操存涵养之功，而于欲动情胜时，思拔除恶孽，顿见性天，势必不除恶而恶多，愈洗心而心乱。太上曰："民不畏死，奈何以死惧之。"理势乃相因也，惟能慎机于幽独，既有以知欲念之非，乃克遏欲于临时，庶可以还天心之正。一念扫除，一念清净，自不萌芽再生于其际。此民常畏死，而为奇者，吾得执而杀之，孰敢颠越不恭，败坏伦常。盖以有道驱无道，犹人君抚绥万姓，统驭群黎，以至仁杀至不仁，以大义诛不义，自然没有顺而存者安，近者悦而远者来，不致有倒戈相向，反戟为攻，而为仇为害也。学者欲去伪存诚，反本归根，其必杜之以渐，守之以恒，庶一窍通而窍窍都灵，元神安而神听命。所谓"人能常清净，天地悉皆归"；又曰人能一正其神，则诸邪自不敢犯。此与司杀者从而杀之不怨、死之亦安，同一自然之道、希有之效焉。

诗颂

（一）

官逼民反民必反，民不畏死何所惧！
殷纣肆虐秦皇暴，酿就苦酒自饮之。

（二）

圣人百姓心为心，爱心慈心又悲心。
天生天杀天之理，心正不怕夜敲门。

司杀者

民常不畏死，奈何死惧之！
以道莅天下，不用费心思。

配画　陈彦雄

第七十五章　民之难治

民之饥，以其上食税之多，是以饥。民之难治，以其上之有为，是以难治。民之轻死，以其上求生之厚，是以轻死。

夫唯无以生为者，是贤于贵生。

题示：

上一章老子讲民不畏死之因，本章则讲民致饥饿之由。

民之饥，以其上食税之多，是以饥。

【曾解】

古云：民以食为天！今天庶民百姓之所以忍饥挨饿，是由于上头各种苛捐杂税太多；交了苛捐杂税所剩无几，所以才致挨饿。

闭五官之门，固神室之真，以惜气保身。反之则五官大开，以食味保身，味多耗气，反受其害。

民之难治，以其上之有为，是以难治。

【曾解】

庶民百姓之所以难以治理，是由于统治者们的强取豪夺，官逼民反，民不得不反。

气机逆乱，以有为法调理，往往愈调愈乱。不如口不贪味，一心内照，无思无欲，则气行有序，“气足不思食”，饥从何来？

民之轻死，以其上求生之厚，是以轻死。

【曾解】

庶民百姓之所以看轻死亡，都是统治者们只重视自己的生存、享受，倒行逆施，致人民于水火之中，以致生不如死，死又何妨！

身国神君过于爱惜自己，未饥先思膏粱厚味，未寒先思衣着华丽……无所不至，殊不知反害其生。

夫唯无以生为者，是贤于贵生。

【曾解】

只有真懂超越生死之道的善养生者，养生先养心，心平则气和，气和则体康，才是最宝贵的养生法门。

苟能心神内固，外绝贪求，一心向道，道存己存，真善于贵生者也。

［黄元吉证道解］

神喻君也，民喻精也。顺行常道，以神为主，而精随之以行。故神一驰，精即泄。精之消耗，由神之飞扬——喻民之饥，由上食税之多。其事不同，其理则一。心为身主，天君泰然，百体从令；天君不宁，则一身精气耗矣，岂但下田倾倒已哉？是以神仙有返还之术，以气为主，而神听其号令——犹君从人欲、顺民情，庶气足神完，而民安国泰。此以上奉下，以上之有余，补下之不足者。即以一人事天下，不以天下事一人之意。丹道虽曰有为，亦要从无为而有为，有为仍还无为，方是先天之神气，可以入圣超凡。若一概有为，则神不静而气亦弱，势必炼而气不聚，愈炼而气愈纷。惟因其势而利导之，顺其时而措施之，修身治民，皆作如是观。若恐货财不足，身命难存，于是竭精疲神，希图养后天之命，日夜焦劳，寤寐辗转，神气之消灭者多矣。又况惟天之命，非人所求。君恐求生者无以幸生，且促其生于死地。惟不贵后天有限之生，隐以持先天无穷之命，庶性全而命固，身形亦足贵矣。

诗 颂

（一）

王侯百姓食为天，淡泊无欲民自正。
鸡鸭鱼肉下等品，天然食物含真性。

（二）

官逼民反民必反，草莽英雄出其间，
演出历史新篇章，频见新天换旧天。

（三）

老子关心国与君，侯王得一天下正。
甘食美服乐其俗，上下一气一条心。

（四）

食肉者鄙食气清，夫子也念辟谷经！
无论百姓与王侯，膏粱厚味腐虫生。

配画　陈彦雄

心灵虎伏

古言苛政猛于虎，须知虎毒不食子。
官逼民反历朝有，洗心革面从此始。

第七十六章　柔弱者生

人之生也柔弱，其死也坚强。草木之生也柔脆，其死也枯槁。故坚强者死之徒（途），柔弱者生之徒（途）。

是以兵强则灭，木强则折。坚强处下，柔弱处上。

题示：

本章继续讲柔弱胜刚强的老子之道。

人之生也柔弱，其死也坚强。

【曾解】

人刚生下来时是柔弱的，死时就变得僵硬起来。

人与万物共得天地之气。人之得气也厚，聚则和融，散则骨立；物之得气也薄，生则易折，死则朽敝。

草木之生也柔脆，其死也枯槁。

【曾解】

万物与草木初生之时很柔脆，死时就变得枯黄凋敝。

人亦天地中一物，物有长久者，速朽者；人亦如斯。生而为人，养而成形，得道以成仙，失道则为鬼，皆在于神气和融与不和融之间，全赖己之修为。

故坚强者死之徒（途）**，柔弱者生之徒**（途）**。**

【曾解】

所以看似坚强的，其实就是将要走向死亡之途的；看似柔弱的，其实就是正处于生长之途的。

人秉天地之灵秀，得四时之和气，感父母之精髓，皆一派冲和柔融之气，外则能保身，内则能养神，宜宝贵之。

是以兵强则灭，木强则折。

【曾解】

以致兵强的常打败仗。木强则容易折断。

气性中和，或和柔而聚，或剽悍而行，皆视人之心意而定。恃强好勇，气烈势猛，奔突外泄，速死之道。无欲无为，气行天然，善自混元，与道共久。

死生二途，在人之和柔与剽悍之中，其柄在我，不在天矣。

坚强处下，柔弱处上。

【曾解】

强大的走下坡路，柔弱的往上长，这些现象我们要仔细地想想。

迷于心者，谓之坚；乱于性者，谓之强；不和于中者，谓之死。道理明矣。

［黄元吉证道解］

修炼之道，最重玄关一窍，是为天地人物生生之始气。此气至柔而刚，至弱而强，且刚柔强弱俱无所见。惟恍惚杳冥中，忽焉阴里含阳，杀里喻生，似有似无，若虚若实，此真无声无臭，上天之载之始机也。人能盗此虚无元始之气，则先天生生之本已得，而位证天仙不难矣。即盗得玄关始气，以为金丹之宝，然二候采药，亦当专气致柔，如稚子骨柔体弱而握固，始得初气以为丹本。四候行火，又要知一身苏软如绵，美快无比，方是先天絪缊蓬勃之机，冲和活泼之象。有此阳气，可炼仙丹。再于退符之候，归炉封固，入鼎烹调，犹当绵绵密密，了了如如，无怠无荒，如醉如痴，神懒于思，口懒于言，所谓“天上春云如我懒，谁知我更懒于春”。如此之柔之弱，方是先天阳气，可以长存而不敝。总之，十月怀胎，三年乳哺，九年面壁，无非先天柔弱之气，为之丹成而仙就耳。修士当寻此柔脆之气，始不空烧空炼，枉劳精神也。

诗颂

（一）

含德之厚如赤子，不知牝牡精之至。
筋强骨健柔且和，返老还童一标志。

（二）

人怕出名猪怕壮，树大招风花遭殃。
岩松不羡栋梁材，安居山崖独自芳。

配画　黄道强

青城探幽

这里宫观亲，老子伴观音。
参禅悟道此处好，更莫外觅真！

木壮遭砍伐，苗柔喜迎春；
树大招风柔者存，教训古到今！

第七十七章　天道人道

天之道，其犹张弓乎？高者抑之，下者举之，有余者损之，不足者补之。

天之道，损有余而补不足；人之道则不然，损不足而奉有余。

孰能以有余奉天下？唯有道者。是以圣人为而不恃，功成而不处，其不欲见贤。

题示：

老子在本章讲天之道“损有余而补不足”，唯有道者能实行之。

天之道，其犹张弓乎？

【曾解】

天道之妙，施而不受，是不是像张弓射箭那样呢？只管射出去，不管其回来与否。

天不言而自高，不称名而自尊，不吹嘘而自大。天道之行也，不偏不倚，不弃有，不离无，既尊性，又爱命，始终行于中道。

高者抑之，下者举之，其余者损之，不足者补之。

【曾解】

太高了就放低一点，太低了就举高一点，有多余的就拿点出来，不足的就补给一些。

行于中道并不难，不过是损有余而补不足而已。

天之道，损有余而补不足；

【曾解】

这就是天之公道流行之理，把有多余的拿出来，补给不足者。

人道若如之，即合天道——中和之道。

人之道则不然，损不足而奉有余。

【曾解】

人之私道就不是这样，乃受而不施，反而要本来就食不果腹的老百姓们，拿出来奉给那些吃得脑满肠肥的侯王们享用。

无奈世风日下，不中不和，逆天道而行，则人道殆也——天道亦危矣。

孰能以有余奉天下？唯有道者。

【曾解】

谁愿意把有余的拿出来，奉给天下贫穷的人们呢？唯有视身外之物如浮云的真修大道之人。

修真证道者，始终行于中和之道，开发己之潜能，同时回馈宇宙，终至人天双赢！

是以圣人为而不恃，功成而不处，其不欲见贤。

【曾解】

所以圣人法天制用，做了好事并不自恃，大功告成也不自居，更不愿意名声外扬。

得道者，不言道，古之得道者的一贯风格。宁愿被褐怀玉，衣锦夜行。

[黄元吉证道解]

人生之初，原是纯阴纯阳，至平至正，无有胜负参差。故日征月迈，骨柔体弱而滋长焉。迨有生后，火常居上，水常居下，水火不交，是以阴常有余，阳常不足。阳水每为阴火所灼，故人心益多，凡气愈炽，而天心所以日汩，真气所以渐亡，生生之机，无有存焉者矣。使阴火之有余，下补阳水之不足；既补阳水之不足，仍制阴火之有余——如张弓者然，有余者损，不足者补，则阴阳正矣。此皆水火自运，阴阳自交，而天亦不知其为之也。夫人道以有为而累，天道以无为而尊。修炼岂有它哉？惟以后天阴阳，返还先天阴阳，流行不息，自在无为得矣。

诗 颂

（一）

天之大道在均衡，截长补短大道临。
独乐不如众人乐，大家携手桃源行。

（二）

天道忌盈盈则亏，地道喜盈盈有余，
人道执中中正道，左右逢源妙而奇。

（三）

有求皆苦昔时苦，无欲则刚今日刚。
悠悠往事付一笑，一轮明月照纱窗。

配画　黄道强

山中小憩

爬上山腰气未匀，溪水叮咚似欢迎。
忽然想起座右铭：勿停脚步！勿问前程！

尽完人道天道行，人不厌穷厌不匀。
手把金弓箭射云：射向贪婪，射死强横！

第七十八章　正言若反

天下莫柔弱于水，而攻坚强者莫之能胜，以其无以易之。柔之胜刚，弱之胜强，天下莫不知，莫能行。

是以圣人言：受国之垢，是为社稷主；受国之不祥，是为天下王。正言若反。

题示：

老子本章进一步讲述柔弱胜刚强之道，凡实行者能为天下王。

天下莫柔弱于水，而攻坚强者莫之能胜，以其无以易之。

【曾解】

天下最柔弱之物，没有超过水者。使用柔弱之物去攻击坚强之物，没有比水更能胜任。常言水滴石穿，就是例子。其他任何东西都不能加以取代。

柔弱之道，易知而难行。柔弱胜刚强，天下皆知此理，而力行者实稀。能体水之柔，以柔以和修身，以和以中修道，方有所得。

柔之胜刚，弱之胜强，天下莫不知，莫能行。

【曾解】

柔能克刚，弱能胜强，天下人都知道，但都做不到；因为都想当强者！

水者，犹如人之性也，柔弱而宁静。虽万情万欲，千心千意，唯柔静之性能治之。然人莫能知，莫能行，不亦悲乎！

是以圣人言：受国之垢，是为社稷主；受国之不祥，是为天下王。

【曾解】

圣人说过：能承受国耻，敢挑重担，就堪当国主。在天灾大难面前，毫不畏惧，救民于水火之中，就可担当天下之王。

社稷者我之身，天下者我之神。性柔心和，心和气固，气固道存，身国安泰。

侯王与百姓的关系，就像水和鱼的关系，性和命的关系。水静则鱼潜，性定则命伏，何水无鱼？水聚则鱼藏，性存则命固，何性离命？如此类推，身国安泰之理毕矣。

正言若反。

【曾解】有时正话反说：严正之语，逆耳之言，治国则国宁，治身则身康，其致一也。

［黄元吉证道解］

此真常不易之理，万古不磨之经，是为天下正言，而圣人则反求诸己，又何尝以此苛求于人哉？水喻一阳初动，真精始生。其机至弱，其势至柔。而渐采渐结，日益月增，以至于浩然之气，至大至刚，塞乎两大，统乎万物，而无坚不入，无强不破者焉。《悟真》云："白虎首经至宝，华池神水真经。上善若水利源深，不比寻常药品。"顾气之柔弱，有似于水：至柔而寓自刚，至弱而兼至强，实有擎天顶地，捧日举月，呼风唤雨，驱雷掣电之威，是天下之坚强者。虽曰浩气，其实真精。须以至柔至弱之神养之，而以无为为为，无功为功，庶几得矣。其曰“受国之垢，是为社稷主；受国之不祥，是为天下王”者何？即古人反躬自责，朕实不德，民有何辜之意也。学者求之于人，何苦反修诸身之为得耶？

配画　陈彦雄

诗 颂

水虽至柔亦至刚，排山倒海钱塘浪。
水滴花岗石也穿，道人以水为榜样。

水边论道

水虽至软亦至硬，载舟覆舟水之能。
水怀大志兼大善，水道行即大道行。

第七十九章　天道无亲

和大怨，必有余怨，安可以为善？是以圣人执左契，而不责于人。故有德司契，无德司彻。天道无亲，常与善人。

题示：

老子在本章讲为善勿结怨；自天佑之，吉无不利；天道无亲，常与善人。

和大怨，必有余怨，安可以为善？

【曾解】

怨生于恩，恩生于怨；借债还钱，再借不难。

怨之成也，常由责人不责己，相责而怨生。和解了大怨，总想得到回报，回报不如意，必然又生余怨——新怨，这样的心态，怎么可以为善呢？

《史记》曰："正己而不求于人，则无怨。"与人相处，和人矛盾，无须记仇忆恨，给自己创造一个修真证道之良好的内、外环境，方宜修道。

是以圣人执左契，而不责于人。

【曾解】

所以圣人施恩，从不要求回报，如执左契，似有若无，并不为难于借贷之人。

道在内而不在外，修在己而不在人。修真之道，唯善为宝。为善之道，自治为先。

故有德司契，无德司彻。

【曾解】

有德之人，握有契约，但不催取；无德者就要索取不休。

有德之圣人修道，如执左契，责己不责于人。迥不同于无德者也，责人而不责己。

天道无亲，常与善人。

【曾解】

有德者贷而不取，以人道看似乎失去了利益，大公无私的老天爷是看得清清楚楚的，它不会让善人吃亏，行善者迟早会得到加倍的回报。这一点一般人难以相信。

有德者内秉中和，外安磐石，不偏不倚，无爱无亲，唯精唯一，允执厥中，故无必和之大怨，因而无有余怨，可以为善，而同天道之无亲疏矣。

［黄元吉证道解］

圣人之学，惟洗心退藏于密。以外之善好丑，是非从违，一概不计。所以汰虑沉思，凝神默照，以至于心明性见，欲净理纯，上与天合德，历万古而不磨。其功始于守中，其成由于胎息，内亦知之乎？古人言胎息，学人莫是看作外息外气，的是凡息停时，那丹田中真阴真阳，元神元气，融会一团，混成一气，氤氤氲氲，蓬蓬勃勃，若开若阖，若有若无。视不见，听不闻，想象之而有迹，恍惚之而有形者，此殆人生之始气。心得之而有体，性得之而有用，人非此气不能生。欲成上品之仙，亦离不得此气为之主。古云人生之始，因理有气，因气有形，此天地生人之顺道也。返还逆修者，实从形形色色中，慢慢运起阳火阴符，收归五明宫内，而以太乙祖气，天然神火烹之，即可化形而为一气。又由此气一炼，即可化气成神。于此固守虚无，保养灵阳，即不还于无极之初，可以出则成形，入则无迹。道有何异于人哉？总之此个胎息，即返到父母媾精一团气血之候。人能养此胎息，日夜以无为有为、无思有思之真意，保宁之，团聚之，即结成灵胎而为元神。迨至十月形全，脱壳而出，上透顶门，直冲霄汉，可以骖鸾鹤，上云霄，遨游天外，飞升玉京，直顷刻间事耳。然此胎息，虽从凡人色身中炼出，却又不是凡精气凡神结成；炼丹者虽离不得后天有形有色之精气以为之本，却又不全仗于此也。盖后天精气，皆有形质，便有气数，生死轮回，势所不免。又况粗精粗气，尽属蠢钝之物，焉能有灵？要不过借此凡色身中所有之顽物，千烧万炼，取出那点清净无尘、至灵至神之精气神，以为真一之气，而返之于我，以成仙胎神丹耳。所谓抽铅添汞之说，不过如此。其余著形色，皆非道之正宗。古之云："胎从伏气中结，气从有胎中息。"是知欲结神丹，成就不老之躯，非养胎息不能；欲得胎息凝结于虚无丹田中，非结得有胎，它亦不肯来归。而纯纯乎动静与俱，若有一点凡气夹杂，凡神外驰，则神必外游，气必外泄，不能如子母夫妇，聚而不散也，知否？

诗 颂

本来无理莫横行，即使有理亦饶人。
苟能和得邻里好，要得仁时即得仁。

配画　黄道强

山峡风光

青峰碧水互为邻，美景留与修道人。
没有大怨与余怨，驾个扁舟自在行。

第八十章　小国古道

小国寡民，使有什伯人之器而不用，使民重死而不远徙。虽有舟车，无所乘之；虽有甲兵，无所陈之。使民复结绳而用之。

甘其食，美其服，安其居，乐其俗。邻国相望，鸡犬之声相闻，民至老死，不相往来（争斗）。

题示：

本章老子描述了他的理想之国：希望有这样一个无为而治的模范邦国，为“春秋无义战”的各邦国树立榜样，令侯王们纷纷效尤，以彻底消弭战祸，让老百姓安居乐业。

小国寡民，使有什伯人之器而不用，

【曾解】

春秋战国时期，最多时有一百余邦国，大都较小，百姓也不多，宜于推行无为之治。老子希望有这样一块试验田：麻雀虽小，五脏俱全，各种器具、设施都有，只是不经常使用，以免欲念机心丛生。

小国者，身国的国中之国，黄庭土釜是也，以聚集混沌之气。功夫境界至此，虽有众多有为法门，已无用处。

静虚能现小国，神静而知寡民，此至道之微妙也。或曰静极小国现，虚极先天起，玄关窍见，光照十方。

使民重死而不远徙。

【曾解】

使人民重视生命，安居乐业，日出而作，日入而息，凿井而饮，耕田而食……没有人愿意远走他乡。

此时正宜抱一守中，沐浴温养，切勿起心动意，以防神识外驰，神气外泄。

虽有舟车，无所乘之；

【曾解】

河道纵横，虽有船有车，却没有人去乘坐——本自具足，无须外求。

沐浴温养功夫不足，元气尚未氤氲，切勿急着进行河车搬运。

虽有甲兵，无所陈之。

【曾解】

虽然有盔甲兵器，没必要拿来陈列——因无用武之地。

上、下鹊桥皆系危险之地，河车搬运时一般准备有相应的辅助工具，能安全渡过时可以不用。

使民复结绳而用之。

【曾解】

如此的和平景象，人民好像又回到过去结绳记事，无争赢斗狠的太古时期。

一团太和浑元之炁，氤氲回旋，自然而然。

甘其食，美其服，安其居，乐其俗。

【曾解】

非上古时期的茹毛饮血，而是有好的食品享用，有美丽的衣服穿，都有舒适的居室，满意的职业，做自己想做的事情。

此时就能体味到小国寡民，浑元一气的其味之甘，其服之美，其居之安，其俗之乐。

邻国相望，鸡犬之声相闻，民至老死，不相往来（争斗）。

【曾解】

相邻邦国居民经常相互看望，自由探亲访友，国境一片宁静，鸡鸣狗吠都能听见，百姓直至老死，从不相互争赢斗狠。

邻国者，中丹田与下丹田也，相望而化为虚灵之境，相闻而化为太清之地，安于深深大定之中，复归于无始之先，与道合真矣。

［黄元吉证道解］

此（段文）喻年老精衰者修炼之法。夫人到老来，精气耗散，铅汞减少，欲修金丹大道，亦似难乎其难。不知金丹一事，非属后天精气，乃先天铅汞。得其至一之道，采而取之，饵而服之，不论年老年少，皆可得药于一时半刻，成功于十年三月。特患不闻先天真一之气，徒取服于后天有形之精，不惟老大无成，即少壮之士，亦终无得也。惟下手之初，勉强支持，使手不妄动，足不轻行，目不外视，耳不它听，口不闻言，心无妄想，自朝至暮，涤虑洗心，制外养中，退藏于密，不使一丝之牵，不令半毫之累——积之久久，诚至明生，自然目光内凝，舌神内蕴，心灵内存，四肢舒徐，头头合道。此喻“什伯之器而不用”，然后用之无不足也。“民”比身也。人到老来，莫不畏死情极，好生心深。然畏死而不知求生，徒畏亦无益耳。惟谨慎幽独，时时内观，刻刻返照，不离方寸之中，久则致中致和，虽天地可位，万物可育矣！何况近在一身，而有不位不育者乎？此立玄化，养谷神；绵绵若存，用之不勤；惺惺常在，守之不败；寂而常照，照而常寂（即常应常静，无文无武）。所谓动观自在，静养中和者此也。固不事河车运转，斗柄推迁；又无须戡乱以武，野战则宜，守城以文，沐浴为尚，取喻于临炉进火，用师克敌也。此清净而修之法，非阴阳补益之工。不但老人行持，可得药还丹，即少年照此修持，亦可绵绵密密，不二不息，上合乎于穆之天。第躁进无近功，急成非大器，惟慢游餍饫，如水之浸润，火之熏蒸，久则义精仁熟，道有成矣。故“虽有舟舆，无可用之；虽有甲兵，无所陈之”也。且夫进退升降，朝屯暮蒙之法，太上前已喻言：“兵事之后，必有凶年。”足见临炉采药行火，特为后天气拘物蔽深者立一法程——倘不如此，则凡气无由化，真金不可还也。若能静养为功，不施烹煎之术，惟守虚静中，则不知不觉，无为无思，自然浑浑沦沦，纯乎以正，默然合天，不待言思拟议，而与天地流行无间。此即“使民复结绳而用之”。不立文字，不假言诠，而“上计不用筹策”也。“甘其食，美其服”，即精贯于中，气环于外。内甘而外美，有不可名言者。“安其居，乐其俗”，则中心安仁，随其所之，无不宜也。修炼至此，了了常明，如如自在，对境可以无心，遇物何能相染——虽有所见所闻，亦若无见无闻，绝不因色声而生其心。故曰“邻国相望而不相往来”。此无上上乘，无下下乘，玄之又玄，妙而又妙之功。呜呼！学至于此，与道大适矣。

若论修道，古有两等修法：有清净而修者，有阴阳而补者。清净而修，即炼虚一著，不必炼精炼气为也。然非上等根器，不能语此。若果根蒂不凡，从此一步做去，都是顺天地自然之道，不似吾师今日之教，尚多作为也。盖人身之中，原有阴阳坎离、乾坤阖辟、日月水火、升降进退之机，犹天之运行，皆自然而然，无须为之推迁。但只一正其元神，使之不知不觉，无思无虑，那清空一气，浩浩荡荡，自然一呼一吸，上下往来，如乾坤之阖辟，日月之往来，水火之升降，阴阳之否泰，进退如此而已矣。虽有火候，不过清心寡欲，主静内观，使真气运行不息而已。虽有进退升降，不过以真水常升，真火常降而已。纵道沐浴，亦不过惩忿窒欲，涤虑洗心，令太和在抱而已。虽有得药成丹，亦不过以神为父，以炁为母，两两扭结一团，融通无间，生出天地生我之初一点真灵，即所谓离宫之真精，又谓人身之真汞；以我神炁炼比一个真汞，结胎成婴，日后生出阳神，官骸血脉，五脏六腑，毛发肌肤，灵明知觉，无一件不与人肖——分之可化为万身，合之仍归一气——要皆自神父气母，两两交媾，而煅出这个真汞之精，以为阳神者也。然此真汞，须有生发之候。盖心为五脏之中气，中气一升，五脏之气随升，中气一降，五脏之气随降。其生也，由于真汞之动；其息也，由于真汞之静。要之动静升降，皆属自然之道，惟顺其自然之运用可矣。但此步工法，自古神仙，少有从此一步下手者。何谓阴阳两补？必先识得太极开基，先天一阳发生，然后将我这点真阳之气，投入丹田之中，犹父母交媾，精血合作一团，入于胞胎之内，此为先天真种，种在乾家交感宫，日运铅汞，渐生渐长，它日出胎，方成脱壳神仙。若无此个真种，是空炼也。虽有所得，亦不过保固色身，不能生出法象也。知之否？有此一点真阳之气，入于胞胎，然后加以神光下照，久久真阳有动机，不妨将坎中之水，引之上升，离宫之火，导之下降，直将色身所有阴滓尸气炼化，只取得一味真气，配我灵阳，合而为丹，养之为神，可以飞升变化——然此亦自然之道也。凡人落在后天，神气多耗，年华又老，犹走路之人，离家已远，不得不从远处回来，所以必要费力也。夫以神气两分，未能合而为一，日间打坐，必用一点意思，几分气力，将我神气，两两入于丹田之中，不许一丝外走，一息出，一息入。我惟顺其呼吸之息，自一而十，自十而百，而千而万，在所不拘。如此紧闭大门，存神丹扃，作一阵，然后外息暂停，真息始动。我于此又温养一阵，然后真阳之气，蓬蓬勃勃，真如风涌云腾一般，我急忙开关引之上升。其升也以神不以气，但须凝神了照尾闾，一路之上足矣。到得真气冲冲，温养片刻，然后下降。总之真阳初动，必须用点气力，然后可升可降。盖以凡身浊气太重，必十分鼓荡，乃能祛其尘垢，而后有清清白白之神气，为我炼成丹本。所以古人云：始而采药，非用武火猛烹急炼，则真金不能出矿——此武火所以名为野战也。至于升降已毕，丹田气满，心神安泰，然后以炼虚之法，顺其气机而为之足矣。此虽勉强，亦是自然当如此者，生须照此行持可也。

配画　黄道强

诗 颂

（一）

知足常乐道者乐，简事息缘大闲人。
渴饮清泉饥食气，何来战争风与云？

（二）

甘其食兮美其服，安其居兮乐其俗。
鸡犬之声常相闻，老死不相争荣辱。

古邦小镇

小国乡邦宁且静，皆把近邻当远亲。
上不贪婪民自乐，大家研习长寿经！

第八十一章　信言不美

信言不美，美言不信。善者不辩，辩者不善。知者不博，博者不知。圣人不积，既以为人，己愈有；既以与人，己愈多。

天之道，利而不害；圣人之道，为而不争。

题示：

本章老子讲述了他的立言之旨，弘道之宗，强调：“天之道，利而不害；圣人之道，为而不争。”

信言不美，

【曾解】

道本无言，非言不显；言有不达，道无以明。然道之妙处，语言无功。勉强言之，仅得道迹。今曰信言，乃老子修道、体道、悟道、证道、了道、传道、弘道的真实之言，可信之言——由衷之言矣！说给一般人听了，可能是不够美丽动听的。

美言不信。

【曾解】

华美好听的话，有可能是不实在的，即是不可以轻信的。

善者不辩，

【曾解】

世道衰微，人心不古，学者不达无言之言的道旨，各擅专门之业，以辩博为宗，自以为善，实离道日远。真善于修真悟道者，深知无言之言，不辩之辩，乃可深入道境。

辩者不善。

【曾解】

喜欢引经据典、夸夸其谈的所谓善辩者，大多是实际道境较为肤浅者。

知者不博，博者不知。

【曾解】

真知在胸者，常说自己是“有限公司”；万事通者，必缺乏真知灼见。

圣人不积，既以为人，己愈有；

【曾解】

圣人与道合真。大道体虚，运而不积，用而无穷，可以慷慨给与别人。犹如橐籥，虚而不屈，动而愈出——愈出愈有。

既以与人，己愈多。

【曾解】

既然给了别人，教学相长，反馈回来，越回越多。

天之道，利而不害；

【曾解】

天道系无言之圣人，圣人是能言之天道，虽利尽万物而不伤道体。

圣人之道，为而不争。

【曾解】

圣人法天行道，为物作则，不与物竞，不与人争，游戏人间，遇缘则应，从流飘行，止所当止，年年过年年年过，处处无家处处家，乐天而知命，随缘而安处。

［黄元吉证道解］

此经注毕，呼群弟子而告之曰：日今大道，危如累卵。所赖尔学道诸人，以撑持天地，救正乾坤。纵说奸匪之徒，将有兵戈之动，然天有安排，总不至令尔等有不测之虞也。只怕尔等执德不宏，信道不笃，二意三心，或作或辍，斯亦自绝于天。不能上与天通，天纵有十分仁爱，欲生尔等于休养安恬之天，而无如其不能承接天休何也？生等近已见道明，体道力，自家确有把持，惟有一言一动，息息与天相流通，天自爱之重之，保抱之而不置也。夫以道在即天在，重道即重天，爱道即爱天。如此默契潜孚，自臻休祥。天道原与人道通也，试观古今来，只有悖道而为天厌者，未有遵道而不获天休也，生等可恍然悟矣。总之各行其是，各尽其诚，那以外之是非祸福，概有天作主张，生等切勿作越俎代庖之忧可也。夫大道之要，不过神气二者而已；但有先后天之别，修士不可不知。古经云：先天元神，体也；后天识神，用也。无先天元神，大道无主；无后天识神，大道无用。尔等用工修炼，必要于混混沌沌、无知无觉时，养得先天元神以为主宰；然后一惊而醒，一觉而动，发为后天识神。此个识神，非朋从尔思，憧憧往来之私识，乃是正等正觉之元神，因其发动而有知觉，故曰识神。只怕此识一起，即纷纷扰扰，恶妄杂念，纷至沓来而不已者，就堕于私流于欲，而不可以炼丹也。惟有一心了照，矢志靡它。如此用志不纷，乃凝于神，神凝而息可调，息调即丹可结。故曰："一心只在丝纶上，不见芦花对岸红。"如此一心，虽曰识神，其是即元神也。所以古云"天心为主，元神为用。巧使盗机，返还造化"，何患不立跻圣神！尔等亦明之否？总要于天心发动之后，常常稳蓄，不许一念游移，一息杂妄，庶几天心常在，道心常凝，虽有识亦比无识也。学者修真下手之际，贵乎一心制服两眼并口耳身意之妄识；于是集神于丹扃，调息于丹田，务使凡息断灭，然后元气始来归命。既得元气来归，氤氤活泼，宛转悠扬，如活龙动转，十分爽健。此元气之充壮，可以运行河车矣。苟气机大动，不行河车化精为气，化气为神之工，仍然凝聚丹鼎，奈未经火化，阴精难固，不能长留于后天鼎中，一霎时凡火一起，必动淫根、生淫事而倾矣。即或强制死守，不使它动，奈后天精气，皆属纯阴，未经煅炼，不强制它必泄，即强制它亦必泄也。夫以此诀一行，即可以夺天地鬼神之权，参造化阴阳之法，而自主自夺，"我命由我不由天"矣。实为长生不老之仙，所谓阎罗老子，亦无奈我何者此也。所以不许匪人得门而入，使天神无善恶报应之权。尔生属知道者，谅亦深明厥旨，切须稳口闭舌，莫妄泄天机、密钥可也。既有元气于丹田，而行河车之法，尤须假后天凡气为阳火阴符，逼迫而催促之，使之上升下降，往来无穷，鼓舞而煅炼之，使之化凡成真，变化莫测。苟徒有元气之发生、活子之现象而无后天凡气，则先天元气，岂能自上自下、自煅自化？此金丹虽先天的元气为本，然亦必需后天凡气为之功用也。至于金丹，始终全仗火候。古人临炉，十分慎重，惟恐一气偶乖，有干阴阳造化。故曰进火行符，犹之煮饭，火缓则生，故贵惺惺常存；火急则焦，故贵绵绵不绝。生于此二语，可知用火之微矣。到得地下雷鸣，火逼金行，此时若非武火，金气安能上升？然必善于用武，任它烈焰万丈，光芒四射，我则以一滴清凉水，遍洒十方足矣。此即气壮而心享之道也，亦即清净恬淡为本之妙术也。故曰："龙虎相逢上战场，霎时顷刻定兴亡。劝君逢恶须行善，若要争强必损伤。"

诚哉以势可畏，其机至危，而此心不可不临炉审慎也。生既明得此旨，永无倾泄之患焉。虽然，此行河车之法，当如是耳。若一概施之于守中，气机未畅，心神未宁，一以纯任自然之法行之，则神气安能打成一片，有何药物可采哉？此必于玄关初现时，肾气上升，心液下降，用起数息之武火，不许一念走作，一息奔驰。如此紧催慢鼓，鼓动橐龠机关，然后凡息方停，真息始见，人心乃死，道心乃生。否则漫说自然，必无自然也。故曰虽有生知之圣人，亦必下困知勉行工夫始得。古云："西山白虎正猖狂，东海青龙不可当。两手捉来令死斗，化成一块紫金霜。"又曰："降龙须要志如天，伏虎心雄气似烟。痴蠢愚人能会得，管教立地作神仙。"此种武火，施之于龙虎不交、水火不济之时则可，若行河车，则已龙吟虎啸，夫唱妇随，于此仍用此个法，则又恐迫逐真气散乱，孟子云："如追放豚"，既入其苙，又从而招之，此为大错矣。吾将全功毕露，生等须努力修持，以慰吾师之望焉。切勿妄泄，自干罪咎。

诗 颂

（一）

信言不美少人听，美言不信有知音。
与人越多己越多，德风吹拂古与今。

（二）

有真有信真善美，媚言不信好动听。
谎言骗人亦骗己，妄言引来祸丧身！

（三）

读书千遍义自通，老子之道不管用！
若于字面觅道理，不如闭目学痴聋。

（四）

通天大道人难识，旁门小术易见功。
道人不必惧天谴，广开道门刮道风。

（五）

佛家心印拈花笑，道家正传金丹道。
性命重建人天一，单传直指同窍要。

（六）

气功热又丹道热，于今外热胜内热。
墙内开花墙外香，还是墙内花奇绝！

（七）

两万年前画八卦，七千年已传仙经。
仙经八卦系一气，廿一世纪日月新！

（八）

物欲横流没遮拦，乌烟瘴气气熏天。
恭迎夫子扬仁道，再请老子回函关！

（九）

道在人中不知道，端着金碗把饭讨。
再不觅师问正传，只此一生白过了！

一、出关弘道

经已讲完愿已了，有无相生没玄妙。
牛鞭一甩说再见，关外去传德和道！

配画　罗鸿声

二、流光海外

流光海外

老子出关向西行，欧洲犹多肖子孙，

诺奖得者口一词：灵感来自道德经！

诺贝尔奖获得者普利高津与汤川秀树对话：

普利高津：到东方传统文化中去寻找灵感！

汤川秀树：在老子、庄子著作中受到启发！

附　录

道在天地间　领悟在一息

—— 把握呼吸　长生久视

一、气之与息

古人曰：道在天地间，领悟在一息。

息——呼吸之息，宇宙元始祖气的重要机能，各级生命体的存在形式。其中又分为后天之气的一呼一吸之息——凡息，与先天之炁的不呼不吸之息——真息；真息无息！

人天相应！现代宇宙观认为，诞生于距今约120亿~150亿年前的宇宙，一直在膨胀。有膨胀必然会有收缩！大宇宙的膨胀、收缩，是否就是宇宙之息呢?

息之一字，上自、下心——自心为息。有心则有息，心动则息动；无心则无息，心虚则息定。

伍冲虚真人曰："一呼一吸故为息，不呼不吸亦为息。"修仙了道过程大致可以粗分为：凡人之息以喉；仙人之息以脐；真人之息以踵。

谚曰：人活一口炁——先天元始祖气之道炁！

先天道炁自身无需呼吸，它能使后天之气产生呼吸。

人们每呼吸一次，便消耗一份来自先天的元阳真气之道炁，故凡人一呼一吸，即一生一灭。通过修炼、返还至先天境界即可不呼不吸，如此则就可不生不灭！——大道至简，呼吸功夫贯穿全程！

古人曰：人禀天地之炁数有限，宜于保养：炁存数即存，炁尽数即尽。故而培元养炁、固炁，为心身双安的重要原则。

生物体呼吸频率的快慢及深度，与其寿命成正相关！

现代生命科学测定，呼吸频率快的生物，元炁消耗得也越快，因之寿命也越短。反之亦然，呼吸频率越慢的生物，寿命就越长。事实上就是这样！狗每分钟呼吸 30 余次，其寿命就很短，20 年左右。人每分钟呼吸约 17、18 次，平均寿命约 80 年。乌龟每分钟呼吸 5 次，它们的寿命可达 300 岁以上；曾发现有 1500 岁的玳瑁。大蟒每分钟呼吸 2 次，其寿命可达 800 岁之多。

原中国气功研究会会长李谨伯《呼吸之间》一书中写到，动物呼吸频率大小，可以决定动物的寿限，并列表如下：

猴	鸡	鸭	狗	牛	象	人	龟
32 次 / 分钟	30 次 / 分钟	28 次 / 分钟	24 次 / 分钟	20 次 / 分钟	18 次 / 分钟	16 次 / 分钟	2 次 / 分钟
寿限	寿限	寿限	寿限	寿限	寿限	寿限	寿限
8 年	12 年	16 年	20 年	32 年	60 年	72 年	200—500 年

至于寿高千岁的大树、古树，它们根本就不用“口鼻”呼吸，主要依靠“体呼吸”来维持生命，还“嘲笑”人类众生只知道口鼻呼吸这华山一条道——其实这个秘密，东方佛、道两家的养生家们早已知道了！

由此可见，呼吸之道分为后天生命一呼一吸的凡息，与先天性命不呼不吸之真息——真息无息！“脐息”“胎息”则为从后天生命一呼一吸、一生一灭之凡息，过渡到先天性命不呼不吸、不生不灭之真息的桥梁。无此桥梁，修真证道者即使精通天下所有的大法、秘法，神通也很广大，没有“脐息”“胎息”这个基础，必难以返还先天无极、圆明之道而跻身天仙、金佛果位！

由此可见，老子教内真传的长生久视之道，佛祖教外别传的长久住世之法，原来至简至易，简易得仅两个字：呼吸！故而古人曰：不根于虚静者定系左道，不归于简易者必是旁门！伍冲虚真人更明确指出：“达观往昔千千圣，呼吸分明了却仙。”

中派大师李道纯诗：“谛观三教圣人书，息之一字最简直。若于息上做工夫，为佛为仙不劳力！”

二、三关之变

新生命体受孕成胎之初，道之代表天命元神、佛之第八阿赖耶识（俗谓之“灵魂”）挟其相应的生命能量先天一炁，以“圆陀陀、光灼灼先天一点灵光”形式，进入父精母血媾成的胚胎之中，成为新生命体的“生化之理，不息之机”。此时若无天命元神、第八阿赖耶识“灵魂”入体，十月胎满，生出的必是死胎无疑；医学实践中不乏其例。

父精母血交媾而成的新生命体，乃后天生命活动之基，为先天性命寄居之体，有生有灭，它既是吾人顺化人道生儿育女之具，同时也是修真证道逆反先天道源之器，具备双重功能。故此三丰真人曰：“顺则凡，逆则仙，只在中间颠倒颠。”

坚持性命双修、佛道双证的伍冲虚真人说过：人这个生命体顺行人道之序要历经“三关”之变。第一关受孕成胎，先天性命带着“阿赖耶识”“灵魂”的“轮回种子”入胎，以了历劫之因，完成命定的“果报”。胎儿形成之后，从无息而渐有“胎息”。胎息一启动，立判性命！即圆满的先天性命分离，“性潜于顶（上丹田泥丸内院），命归于脐（下丹田炁穴玄关）”。这对从先天而来的“神仙夫妇”，阴鱼性灵与阳鱼命炁从此别居，不再互通消息，直至下丹田中的先天命炁耗尽而人老物化，先天性命不得不离体而去，呜呼哀哉，复归性海无极。可惜的是，先天性命带来的智慧和能量“先天之炁”未能得到充分的开发利用，导致人体生命潜能与智慧的最大浪费！

胎息一启动，新生命体即进入后天生化程序，直到十月胎圆而呱呱坠地，“脐带剪断，地覆天翻”，闯过第二关，先天胎息遂化为后天口鼻呼吸，以汲取五谷精微而生长发育。此时，下丹田元阳真炁藏于炁穴，而成为后天生命的呼吸之根，名曰窍中之窍；上丹田第八阿赖耶识、元神，隐于上丹田泥丸内院，叫做天中之天；第七末那识、识神，存于中丹田绛宫，称为心中之心。先天性命落入后天形身一分为三，各司其职，在生命大舞台上演出一幕幕动人的生命活剧，既当演员，又充观众，直至曲终人散，各奔东西。

通过后天呼吸，生命体滋养培育至男十六、女十四，天癸至，即后天形身补养至神全、气全、精全的三全状态，生理机能——特别是性机能成熟，能够担当顺行人道的神圣职责，从此生子育女而生生不息。

张三丰祖师曰：“顺行的时候，即逆行的时候。”“捉住元初那点真（道炁），万古千秋身不朽。”道家的金丹之道曰逆修之道，此时将此欲顺行人道而外游的“元初精炁”，依法诀收归根窍，培育温养，并进一步“还精补脑”，令下丹田元炁（阳鱼、夫）与上丹田元神（阴鱼、妻）在后天色身中重新团聚，复还其来时的本来面目，结而成丹，育而成胎——道胎，成就阳神、法身而重返先天。

要令这一对分别已久的“神仙夫妻”团圆而重铸性命，再造乾坤，必须有“媒婆”牵线才行！

这个“媒婆”非常现成，乃自已身中的“胎息”是也！故而古人曰：中宫胎息号黄婆（媒婆）；胎息无息，无息则三家相见——三家相见结婴儿，育就道胎。

所谓三家者，一般来说，黄婆胎息为一家，上丹田元神为一家，下丹田元炁又一家。其中黄婆最为重要，没有她穿针引线——即内炼未能进入胎息状态——元神元炁不会露面而重新团聚，炼而成丹，孕而成胎。

三、宁心与调息

入手兴功，宁心调息，自后天性命的意息相融，达先天性命的心息相依……为道、佛、儒、武、医诸家下手修炼的不二法门。具体理法有调心止念与调息宁心两大基本模式。

如果说佛家与道、医等诸家，在具体修身时还有哪些不同之点的话，那就是佛家一般多不主张守窍，只关注出入之息，数息、随息，至息止而观慧、见性而明心为其目的；至于色身这个“臭皮囊”不必太过于关心——心平则气和，心无病则身无病。

但是，修持长久住世拈花微笑的“教外别传”则不止于此，与道家下手功夫可谓大同小异。

道家特别强调凝神守窍，以开发关藏在下丹田玄关里面的先天元炁，对色身进行脱胎换骨地彻底改造，使之达到“炁足不思食、神足不思眠”、百病难侵的金刚不坏之体，为尔后的“三年乳哺”“九年面壁”、了道成仙的大定、常定打下牢固之基！

伍冲虚真人有句名言：“心不守窍，心息不依，神气不注，玄关不开”，如此，则生命体的健康层次难以向上升华。

过来人云：调息不如调心。守住本心胜过一切法门。对于心性容易宁静的利根之人，可参用此一模式。如《参禅日记》中年已六十的金满慈老太太，第一天上座放松入静，便心如止水，一念不生；甚至想生一点杂念起来体味一下都不可能！然而大多数人、尤其是中下根器之人、老年人、“识字分子”，入静止念比较困难，杂念反而越止越烦；特别是静修过程中不期而冒出来的“游思杂念”，可谓防不胜防——古人谓之“家贼难防”，则宜采用调息宁心模式，以息止念而循序渐进，方可有望制服此“家贼”。

四、降龙与伏虎

南老（怀瑾）讲，人的呼吸平均18次1分钟，24小时共25920次。脉搏72次1分钟，为呼吸次数的4倍。有趣的是，太阳系统的运转，也是25920年为一周期。——人天相应！

人的思虑与气息是息息相关的，“神随气走，气随神运”，神到哪儿，气跟随之，“神返身中气自回”。念头先动，气再跟着动。念头清净了，呼吸也放慢了。识神受后天之气时时流转的影响，一刻不能停留，因此我们的思想停不下来。睡觉也在想——梦幻不断；可惜好梦容易醒。

黄元吉真人说：“学人欲了性宗，又必须以命为基。”心动气就动，气动心就动、念就动了，它们是伙伴、是同类。如果不把后天呼吸之气降住，你想做到完全的念不动，是不可能的。

一个人的思虑，是随着气息而生的，气息的作用就是以念虑表现出来。《周易参同契》经典名言：“同类易施功，非种难为巧。”心与息乃同类也！故依息而制心，比较容易收敛。心息相依，心气合一，杂念自消，泊然大定，定而生慧，无得而得。

心念跟气息是离不开的。可是心念跟气息又有两个分途。只有当你心念专一的时候，那个呼吸一定是停止的！所以调服心念叫降龙，收敛气息名伏虎——龙降虎伏，妄念不生。

打起坐来，先注意自己的呼吸。呼吸粗的、大的叫“风”。一般人的呼吸只到肺部为止的，叫“喘”——“凡人之息以喉”；入肺部再深一点，叫“气”——后天呼吸气；到丹田、肚脐，进入玄关，找到“金矿”矿苗了，那个就叫“炁”了，此时接通了元始祖炁——达“仙人之息以脐”了。再进一步，好像停留了，不呼不吸了，那个就叫“息”——无胎的粗胎息、初胎息，也叫“先天一炁”从胎息中来，它是圆满无缺的，无须粗呼吸，仅有微呼吸——似有似无之息。进一步即达不息之真息——真息无息，无息则三家相见："三家相见结婴儿。"

伍冲虚真人说过："一呼一吸故为息，不呼不吸亦为息"，先天一炁之真息——真息无息。无息则无出无入，不生不灭、圆满自在！

一般人的气息，鼻子呼吸是很粗的，进一步是心肺部分的呼吸，再进一步，普通所谓丹田呼吸、脐息、胎息，都在肚脐或以下。再进一步，息到达足跟，叫真人呼吸——"凡人呼吸以喉，真人呼吸以踵"（南华真人庄子的名言），整个停掉而气住，不需要呼吸了，脉也极少跳动了；息停脉住，杂念则不消而自消。

"先天一炁"就是不呼不吸之息炁，这个时候我们的后天呼吸宁静了，身、心、性命都空了，没有了感觉，"静极生动"，此时就会发生"先天一炁从虚无（静极）中来"；要自己完全空虚到极点，达老子所谓虚至极、静至笃时才能发生，并不是说"先天一炁"从虚空中掉进来的。

过来人云：息不止则念不止，息若定则念即定。故陆潜虚云："调息之法，自调心始。凝神之法，自调息始。"——调息止念的辩证法。

黄元吉真人也再三告诫："苟不求养气而徒曰养心，无惑乎终身不得其心之宁者，多矣！"我们还是要充分应用"养气培元""调息宁心"这两股绳索，迟早拴住、制服"心猿意马"而气定神闲，使水源清净而源清精真。

总而言之，有效无效，神光下照，日久功深，自有好消息来报！

当然，利根之人从任何一个法门入手都能很快上路！中、下根人则要难一些。所以对于大多数人而言，循调息宁心模式而进，较为稳妥。

五、调息宁心　宁心调息

古人曰：道在一身，其机在目。目之所至，心即至焉；心之所至，气亦至焉。数息、随息、止息，念头清净了，呼吸自深长，自然过渡到丹田呼吸——脐息、胎息而重返先天，步入道门，身心双安。

初阶为修，高阶为证。

《西山记》：“虽知养生之理，不悟修炼之法，则生亦不长。虽知修炼之方，不得长生之道，则修亦无验。”

道家仙宗性命双修内炼下手，“借有为之术，达无为之境”“假世法以修道法”，则必须守窍——守窍调息、调息守窍；或曰守中抱一，以混沌神气，交媾阴阳，孕育灵丹妙药。

紫阳真人也说：“但识无为为要妙，虽知有作是根基。”入门守窍，凝神调息，全系有为法：“有为虽伪，弃之者佛、道难成”，有为这根拐杖，入门内炼需用时还是要用的。

至于练功的姿态，佛家比较强调盘坐，而仙道修持则较为自由，以舒适安泰为宜，站、坐、卧均可；如陈抟老祖以睡功闻名于世。

所有的外在形式，都是为内在的“意息相融”“心息相依”“制服家贼”服务；凡是有利于心息相依、宁心止念的身相、手印、咒语、音乐……都是好的入门内炼的外在形式。

盘坐有盘坐的好处，尤宜于年老体虚、心功能低下者。双腿盘坐，两手交叉，使四肢活动静止，内气相互交流，便可减轻心脏的负担，所以静止的时间愈久，对于恢复心脏功能的功效愈大。双盘、单盘、散盘均可；能双盘则更妙！可根据自己的体能情况而定。身体弱者，可以背靠椅子或沙发，臀部下面置一坐垫，令尾闾虚出，以免阻碍任、督二脉气血的交换与运行。

初次练功，精神疲惫，容易昏沉，乃至很快入睡——此乃“带功睡觉”，睡得既深且沉，效果特好！哪怕只睡十来分钟，醒后头脑非常轻灵，即行接着练功，功效尤显！

“调息”的方式，可谓多如牛毛，读者自可择其善者而从之。笔者推崇张三丰祖师的“凝神调息”法门：

“以眼观鼻，以鼻对脐，上下相顾，心息相依，着意玄关，便可降伏思虑。”总的原则是：调息凝神，凝神调息。调度阴跷之息（炁）与吾心中之气，相会于气穴之中——约在脐下一寸三分、往里二寸的虚无窟子。显然，凝神就是修性，调息就是炼命，凝神调息，则性命双修。

性命在人体什么地方进行双修？——就在凝神守窍的窍位处，下丹田肚脐部位，“前七后三”的“虚无窟子”处，假设这里有一个可供凝炼“灵丹妙药”的炉鼎而意守之，即古人所说的：前对脐轮后对肾，中间有个真金鼎。

伍冲虚真人说，先天元炁运行的路线，与我们后天呼吸之气运行的路线正好相反。一般保健气功修炼者采用的是“顺呼吸”方式，即我们吸气时，呼吸气由上而下行；而元炁此时则自下朝上走，呼气时，彼此正好相反。高阶养生修持方式必须顺应元炁的运行路线，以利日后火候的掌控，故应采用“逆呼吸”方式，即吸气时引肾气上升，呼气时引心气下落，两两相会于炁穴、金鼎之中而交媾之，始终不管口鼻。

上坐，闭目塞听，凝神于脐下一寸三分、内里二寸处的“虚无窟子”中，假设那里就是混融神气的道场、炁穴。凝神炁穴，意照阴跷，吸气，意想肾气从会阴部阴跷处上升，进入虚无窟子，闭气 3~5 秒而令意息相融，神定不移。呼气，心气下降，进入虚无窟子，与肾气混沌而心肾相交，水火互济。如此神气相交，滋生玉液。每神气交媾一次，玉液必滋生一分。这样往复循环，量变终将质变而步入佳境。

为了使“汞火不飞”——思想不向外驰，调息时可以像佛家修持六妙法门那样进行数数。若数到中途思想开了小差，立即终止，重新自 1 起数。有的主张数吸，不数呼（补法）；有的主张呼时数数（泄法），吸时不数数；也有的主张呼、吸都数，以期补泄平衡，如吸时默数 1，呼时默数 2，如此等等。这些都可以在实践中经摸索、体验而确定，以自感效果上佳者为准。

数为有意，调为无意。自有意而无意，无意则息调，息调则心定，心定则息越调，真息往来，心息相依，则息息归根。

自数息而随息，到止息而心静。念头清净了，呼吸自深长，自然过渡到肚脐、丹田呼吸之“息调”而更上一层楼。

“杂念少者得道早，杂念多者得道迟。”对于杂念多的修持者，调息＋数数，是泯灭杂念的妙招。

丰祖对他自己凝神调息的修持过程，进行了生动的描述：“心止于脐下曰凝神，气归于脐下曰调息。神息相依，守其清净自然曰勿忘，顺其清净自然曰勿助……忽然神息相忘，神炁融合，不觉恍然阳生，人如醉矣！

“每日回光返照，子午卯酉1~2时，久之，下田微动，胸中热液下流，下田温暖，达于全身、四肢，渐于督脉，过关穿窍而达黄庭——血气流通。

“渐而下田异热，内肾汤煎，睾丸过热气，目前闪光，华池液流，血脉通畅，外肾不举（君火制相火），阳关紧闭，复返童身，百病不侵。”

丰祖多次提到“调度阴跷之息（炁）”这一话题：“神光下照，即调息也——调度阴跷之息（炁），与吾心中之气相会于炁穴中也。即以后天之呼吸，寻真人呼吸之处。”阴跷即会阴部尾闾区，乃任督交接之处，水火聚散之乡，逐日生炁之地；佛密海底轮拙火燃起之域；是人身潜在的巨大能源库，属于下丹田炁穴管辖的范围。故有“会阴动，炁脉活”之说。

丹经中所说的“一阳初动”，并非单指阳举而言，而是指虚极静笃之际“阴跷初开，元炁生发”之意。

丰祖还说：“神在炁穴中，默注阴跷，不交而自交，不接而自接，所谓‘隔体神交理最详’，古仙已言之确也。”

黄元吉真人也很重视凝神炁穴，意照阴跷：“凝神要也，而调息亦不可少。苟知神凝炁穴，而不知调呼吸之息下入阴跷穴中，则神住而息不畅，无以煽风动火（冲开玄关），使凡息停而真息见，凡心死而真心生；又况神火全凭神息，若无神息吹嘘，不唯水火不清，亦金胎（炁）不化。”

意照阴跷是大道！后来出现了一些“小术”——大力收肾提肛。提倡者意在固摄肾气，然过分的提肛，极易把废、浊之气提入肺经、肝经，引起旧病大爆发；提入头部将导致神经系统中毒而头昏脑胀。

“心息相依”“息深则精固”，此乃培补元炁、固养肾精的正道！旁门小术不是不可应用，但要小心从事，如发现效果不佳，即应中止！

黄元吉真人曰：“下田炁壮，自能升至泥丸，销铄上田渣滓，令神炁运于周身，化掉阴气……一身毛窍晶莹，肌肤细腻。”

一位过来人云：神是不需要修的，它怀抱的消息是先天的，你修它不会增加，不修它也不会减少，它起用时却需要能量、精气作后盾，所以我们下手须要修的是下丹田的精气，气壮自然上行，化掉头上阴渣，与神相会——神有气则灵！

意到气到，气到生效。我们除了以“心光”调息之外，还应同时以“耳光”听息——听呼吸之自然，心息之相交，神气之相融。南华真人庄子是听息修炼法门的祖宗。观音菩萨的听海潮音法也得到佛祖的肯定。黄元吉真人也推崇听息法门：“存心于听息。此个听字，大有法机。勿听之以心，而听之以气。我当凝神以正，抱意以听，此阴阳交媾之一端也。我一心以听，即耳窍常闭而众窍无音也。此个听法，第一修炼良法。”

黄元吉真人告诉修道者，随时随地都应该保持炼功状态：“学道人无论茶时饭时，言语应酬，微微用一点意思，凝神于虚无一穴之中，自然合气于漠，直见真炁调动，有不可名言之妙。然于此调息，则知觉不入于内，而坎水自然澄清。”

调息、听息同用，心光、耳光并存，二者相得益彰，成功指日可待！

古今中外名人对老子的认识

中国古今名人论老子

孔子（公元前551～前479）见老子归而谓弟子曰：“鸟，吾知其能飞；鱼，吾知其能游；兽，吾知其能走。走者可以为网，游者可以为纶，飞者可以我矰，至于龙，吾不能知，其乘风云而上天。吾今日见老子，其犹龙邪！”

庄子（约公元前369～前286）：“关尹、老聃乎，古之博大真人哉！”

司马迁（公元前145年～不可考）：“道家无为，又曰无不为，其实易行，其辞难知。其术以虚无为本，以因循为用。无成执，无常形，故能究万物之情。不为物先，不为物后，故能为万物主。有法无法，因时为业，有度无度，因物为合。故曰：圣人不朽，时变是守。虚者道之常也，因者君之纲也，群臣并至，使多自明也。”

葛洪（283～363）：“道者儒之本也，儒者道之末也。”

王弼（226～249）：“老子之书，其几乎可一言以蔽之。噫！崇本息末而已矣。”

唐太宗李世民（599～649）：“夫安人宁国，唯在于君。君无为则人乐，君多欲则人苦。”“天下大定，亦赖无为之功，宜有改张，阐兹玄化。”百官“各当其任，则无为而治矣”。

唐玄宗李隆基（685～762）：《道德经》“其要在乎理身、理国。

理国则觉矜尚华薄，以无为不言为教。理身则少私寡欲，以虚心实腹为务。”

宋徽宗赵佶（1082～1135）：“道无乎不在，在儒以治世，在士以修身，未始有意，殊途同归，前圣后圣，若何符节。由汉以来，析而异之，黄老之学遂与尧、舜、周、孔之道不同。故世流于末学，不见大全，道由之以隐，千有余岁也。”

明太祖朱元璋（1162～1227）：“朕虽菲材，唯知斯经乃万物至根。王者之上师，臣民之极宝。”

清世祖爱新觉罗·福临（1638～1661）：“老子道贯天人，德超品汇，著书五千余言，明清静无为之旨。然其切于身心，明于伦物，世故鲜能知之也。”

纪晓岚（1724～180）：道家思想“综罗百代，广博精微”。

魏源（1794～1857）：“老子之书，上之可以明道，中之可以治身，推之可以治人。”

梁启超（1873～1929）：“道家，信自然力万能，而且至善；以一涉人工，但损自然之朴。”

鲁迅（1881～1936）：“不读《老子》一书，就不知道中国文化，不知人生真谛。”“中国根柢全在道教。”

丁文江（1887～1936）：“老子思想对中华民族的贡献，至少可以与孔子相提并论。我个人认为，他的贡献要超过孔子。”

陈寅恪（1890～1969）：“中国以后若想在思想上自成系统，有所创获，必须一方面输入外来之学说，一方面不忘民族之本位。此二种相反而相成之态度，乃道教之真精神，新儒家之旧途径。”

胡适（1891～1962）：“老子是中国哲学的鼻祖，是中国哲学史上第一位真正的哲学家。”“这个在老子书里萌芽，在以后几百年里充分生长起来的自然主义宇宙观，正是经典时代的一份最重要的哲学遗产。”“道家集古代思想的大成，而《淮南王书》又集道家的大成。道家兼收并蓄，但其中心思想终是那自然无为而无不为的‘道’。”

郭沫若（1892～1978）：“道家思想可以说垄断了两千年来的中国学术界，墨家店早已被吞并了，孔家店仅存了一个招牌。”“《道德经》是一部哲学著作，又是一部兵书。”

林语堂（1895～1976）：“老子的隽语，像粉碎的宝石，不需装饰便可自闪光耀。”

毛泽东（1896～1976）：“《道德经》是一部兵书。”

张岱年（哲学史家，1909～2004）：“道家，其理论之湛深，思想之缜密，实超过了儒墨两家。”

董光璧（自然科学史研究员）在《当代新道家》中说：“当代新科学的世界观向东方特别是道家的某些思想复归的特征，提倡一种以科学新成就为根据的、贯通古今、契合东西的新文化观。这是一种基于文化趋同性的世界主义文化观。”“我确信重新发现道家具有地球船改变航向的历史意义。黄土文明与海洋文明的融和，有如黄颜色和蓝颜色调出绿颜色，将产生人与自然和谐的新的绿色文明。”

李政道（物理学家）：“从哲学上讲‘测不准定律’和中国老子说的‘道可道，非常道，名可名，非常名’的意思，颇有符合之处。”

陈鼓应（道家文化学者）：“道统意识是中华文化的思想内核。”“中国哲学史实际上是一系列以道家思想为主干，道、墨、儒、法诸家互补发展的历史。”

黎鸣（哲学家）在《人性与命运》一书中说：“老子是迄今人类中最伟大的本体论思想家，他提出的‘道’的观念，将在今后的世纪中，把希伯来人的上帝、希腊人的逻各斯（逻辑）最有力地统合在一起，成为全人类的文化之‘道’。”

萧焜焘（哲学家）：“李耳的思想意境之高超，洞意世情之深邃，远远超过孔丘。老子是中国第一个真正的哲学家，《道德经》是一部不朽的哲学全书。他研究了自然的本质、宇宙的构造、生命的奥妙、人类的秉性、社会的生成。……他高瞻远瞩，深入解剖人生，积极介入人生。……冷静地睿智地把握了宇宙人生的本质与规律，那就是‘道’。”

牟钟鉴（哲史学家）：“老子所说的‘道’，有三大特征：第一，从发生论角度，突出一个‘生’字，指出道乃是万物生命的总泉源。第二，从本体论的角度，突出一个‘通’字，指出宇宙万物相联系而存在。第三，从价值论角度，突出一个‘德’字，指出道兼具真善美的品格，社会人生的正路。”“不读《老子》不足以谈论中国文化和东方文化，已成为国际学界的共识。老子建立了一座道的丰碑，诸子百家环绕而敬仰之，得大道之滋润，用大道而生辉。”

宫哲兵（宗教文化学者）：“我认为中国古代具有极丰富极有价值的哲学，它就是唯道论。”“老子的道论与他同时代的道论是不同的，道是唯一的、最高的范畴。”

外国名人论老子

德国哲学家康德（1724～1804）：“斯宾诺莎的泛神论和亲近自然的思想与中国的老子思想有关。”

德国哲学家黑格尔（1770～1831）：“中国人承认的基本原则是理性——叫做‘道’”；“道为天地之本、万物之源。中国人把认识道的各种形式看作是最高的学术……老子的著作，尤其是他的《道德经》，最受世人崇仰。”

德国哲学家谢林（1775～1854）：“道不是人们以前翻译的理性，道是门。”“真正思辨的”“完全地普遍地深入到存在的最深层。”

德国哲学家尼采（1844～1900）：“老子思想的集大成——《道德经》，像一个永不枯竭的井泉，满载宝藏，放下汲桶，唾手可得。”

德国学者赫伯特·曼纽什：“中国哲学是我们这个精神世界的不可缺少的要素。公正地说，这个世界的精神孕育者，应当是柏拉图和老子，亚里士多德和庄子，以及其他一些人。”

德国学者克诺斯培：“解决我们时代的三大问题（发展、裁军和环保），都能从老子那里得到启发。”

德国总理施罗德：“每个德国家庭买一本中国的《道德经》，以帮助解决人们思想上的困惑。”

德国诗人柯拉邦德，《听着，德国人》（1919）：德国人应当按照“神圣的道家精神”来生活，要争做“欧洲的中国人”。

德国学者尤里斯·葛尔，《老子的书——来自最高生命的至善教诲》（1910）：“也许是老子那个时代没人真正理解老子，或许真正认识老子的时代至今还没有到来，老子已不再是一个人，不再是一个名字。老子，他是推动未来的能动力量，他比任何现代的都更加具有现代意义，他比任何生命都更具有生命的活力。”

德国哲学家海德格尔，《语言的本性》（1957）：“老子的‘道’能解释为一种深刻意义上的‘道路’，即‘开出新的道路’，它的含义要比西方人讲的‘理性“精神”意义’等更原本，其中隐藏着‘思想着的道说’或‘语言’的‘全部秘密之所在’。”

德国物理学家、协同论创始人哈肯：“协同学含有中国基本思维的一些特点。事实上，对自然的整体理解是中国哲学的一个核心部分。”

法国传教士傅圣泽（1663～1739）认为：“真正的儒教就是《道德经》的教义。”“是否可以说在中国古经中唯一真实的道即代表基督信仰的神？答案是肯定的。道是神，是救世主”；“道是唯一，是宇宙之创造及保存者，在本质上与宇宙真主合二为一。”

法国数学家、突变理论创始人托姆：“在老子的理论中，有很大一部分是关于突变理论的启蒙论述。我相信今天中国许多喜欢中国学说的科学人才，会了解突变理论是如何证实这些发源于中国的古老学说的。”

英国科学史学家李约瑟（1900～1995），《中国科学技术史》：“中国人性格中有许多吸引人的因素都来源于道家思想。中国如果没有道家思想，就会像是一棵某些深根已经烂掉的大树”；“说道家思想是宗教和诗人的，诚然不错；但是它至少也同样强烈地是方术的、科学的、民主的，并且在政治上是革命的。”

英国天文学家沙里斯，《新科学的诞生》：“前进的唯一道路是转过身来重新面向东方，带着对它的兴趣以及对其深远意义的理解离开西方的污秽，朝着神圣的东方前进。”

英国哲学家、历史学家阿罗德·汤因比（1889～1975），《人类与大地母亲》：“在人类生存的任何地方，道家都是最早的一种哲学，它推断人类在获得文明的同时，已经打乱了自己与‘终极实在’精神的和谐相处，从而损害了自己在宇宙中的地位。人类应该按照‘终极实在’的精神生活、行为和存在。”

英国哲学家克拉克：“现代经济自由市场的原理源自《老子》的无为而治。”“道家在西方的发展，可能与佛教、印度教不同，它不会表现为宗教运动，而会体现在：挑战过头的启蒙理性精神、非此即彼的简单化思维原则，提供新话语、新洞识、新范式，影响西方人的思维方式，替代唯物主义与彼岸宗教信仰并引导我们树立生态化精神的态度，有助于西方人灵肉二元论的克服和整体精神态度的转变，道家治疗性的哲学对西方人的有关真理观、自我、性别认同等的反思有积极的作用，对诊治西方虚无主义的顽症具有显著疗效，因而一般性地对西方反思启蒙的后现代化计划有意义。”

美国物理学家、诺贝尔奖获得者卡普拉：“在伟大的诸传统中，据我看，道家提供了最深刻并且最完美的生态智能，它强调了在自然的循环过程中、个人社会的一切现象和潜在两者的基本一致。”

美国学者蒲克明曾预言《道德经》是未来大同世界家喻户晓的一本书：“当人类隔阂泯除，四海成一家时，《道德经》将是一本家传户诵的书。”

美国哲学史家、历史学家威尔·杜兰：“或许除了《道德经》外，我们将要焚毁所有的书籍，而在《道德经》中寻得智慧的摘要。”“老子是孔子前最伟大的哲学家。《道德经》出自何人手笔，倒是次要的问题，最重要的乃是它所蕴含的思想，在思想史中，它的确可以称得上是最迷人的一部奇书。”

美国知名学者、名医张绪通：“整个中国历史上只有两个朝代即汉代与唐代奉行道的哲学。这两个帝国是当时全部地球文明中最健康、最幸运、最先进的国度。”

日本物理学家汤川秀树：“老子是在两千多年前就预见并批判今天人类文明缺陷的先知。老子似乎用惊人的洞察力看透介体的人和整体人类的最终命运。”

日本著名学者卢川芳郎：“《道德经》有一种魅力，它给在世俗世界压迫下疲惫的人们以一种神奇的力量。”

日本著名家学家、哲学家福冈正信：“自然农法就是老子‘道法自然’这一伟大命题的启发下提出来的。”“如果我们早听老子的话，也不致使科技的发展对人类自然环境造成如此严重的后果。”

俄罗斯作家、哲学家列夫·托尔斯泰（1828 ～ 1910）：“我的良好精神状态归功于阅读孔子，而主要是老子《道德经》。”“做人应当像老子所说的如水一般。没有障碍，它向前流去；遇到堤坝停下来；堤坝出了缺口，再向前流去。容器是方的，它成方形；容器是圆的，它成圆形。因此它比一切都重要，比一切都强。”

苏联汉学家里谢维奇：“老子是国际的，是属于全人类的。”

荷兰汉学家施舟人："道家文化不同于西方文化，这对西方文化来说，是一个不可多得的、能使西方文化得以更新的动力和活力的泉源。"

荷兰汉学家许理和："《道德经》在西方人眼中，无论从任何西方的思想派别看来，都是中国最重要的典籍，也最富于中国智慧，或甚至更广泛而言——东方智慧。"

比利时物理化学家、理论物理学家普利高津：他的耗散结构理论"对自然界的描述也非常接近中国道家关于自然界中的自组织与和谐的传统观点"；"道家的思想，在探究宇宙和谐的奥秘、寻找社会的公正与和平、追求心灵的自由和道德完满三个层面上，对我们这个时代都有新启蒙思想的性质。道家在两千多年前发现的问题，随着历史的发展，越来越清楚地展现在人类的面前。"

丹麦物理学家、诺贝尔奖获得者玻尔："我不是理论的创立者，我只是个（道家）得道者"；"我们在这里面临着人类地位所固有的和令人难忘的表现在中国古代哲学中的一些互补关系。"

（以上摘自曹金洪主编《道德经》一书）

《金丹四百字》简注

紫阳真人　著

存诚子曾庆余　注

七返九还金液大丹者，七以火（神）数，九乃金（炁）数。以火炼金（以神驭炁），返本还元（太极真种子），谓之金丹（炁——水中金；丹——纯阳之炁）。

以身（坤）心（乾）分上下两弦，以神炁别冬夏二至，以形神契坎离二卦。以东魂之木（甲乙木）、西魄之金（庚辛金）、南神之火（丙丁火）、北精之水（壬癸水）、中意之土（戊己土），是以攒簇五行（精神魂魄意五行之炁混沌为一以辅助结丹）。

以含眼光（返观内照），凝耳韵（听呼吸），调鼻息（守窍调息），缄舌气（闭语言），是为和合四象（四象归一象——息；一呼一吸之后天凡息，至不呼不吸之先天胎息）。

以眼不视而魂在肝，耳不闻而精在肾，舌不声而神在心，鼻不香而魄在肺，四肢不动而意在脾，故名曰五气朝元（回归各自本元）。

以精化为炁，以炁化为神，以神化为虚，故名曰三花（化）聚顶。

以魂在肝而（神气）不从眼漏，魄在肺而（神气）不从鼻漏，神在心而（神气）不从口漏，精在肾而（神气）不从耳漏，意在脾而（神气）不从四肢孔窍漏，故曰无漏。

精、神、魂、魄、意，相与混融，化为一炁，不可见闻，亦无名状，故曰虚无。

炼精者，炼（先天）元精，非（后天）淫泆所感之精。炼气者，炼（先天）元炁，非（后天）口鼻呼吸之气。炼神者，炼（先天）元神，非（后天）心意念虑之神。故此（元）神、（元）炁、（元）精者，与天地同其根，与万物同其体。得之则生，失之则死。以阳火炼之，则化成阳炁，以阴符养之，则化成阴精。故曰：见之（后天精气浊质系有状之状）不可用，用之不可见（先天神炁虚灵乃无象之相）。

身者，心之宅。心者，身之主。心之猖狂如龙（神识动，杂念纷飞），身之狞恶如虎（精气足，情欲难控）。身中有一点真阳之炁（铅精），心中有一点真阴之精（汞精）。故曰：二物。

心属乾，身属坤，故曰乾坤鼎器（心身为炉鼎，坎离为药物）。

阳炁属离（阴中之阳的真阳），阴精属坎（阳中之阴的真阴），故曰：乌（金乌、真阳）兔（玉兔、真阴）药物。

抱一守中（守窍调息而孕药），炼元养素（以神驭炁为调药），故曰采先天混元之炁。

朝屯、暮蒙（二卦），昼午（沐浴）、夜子（起火），故曰行（小）周天之火候。

木液（神）旺在卯，金精（炁）旺在酉，故当沐浴（子午卯酉四个正时不行火，以充分混沌神炁）。

震男饮西酒，兑女攀北花，巽风吹起六阳，坤土藏蓄七数，故当抽（铅）添（汞）（混化为真铅真汞而还精补脑）。

夫采药之初，动乾坤之橐籥（自呼自吸之内呼吸；无孔笛颠倒两头吹），取坎离之刀圭（孕、调药成就之药物）。初时如云满千山，次则如月涵万水，自然如龟蛇之交合，马牛之步骤。龙争魂，虎争魄，乌战精，兔战神，恍惚之中见真铅（静寂中铅汞浑一），杳冥之内有真汞（虚寂中汞铅一统）。以黄婆（元神真意）媒合，守在中宫（黄庭、土釜）。铅见火（凡火一欲念）则飞，汞见火（凡火—欲念）则走。遂以无为油（元神真意）和之，复以无名璞（性光寂照）镇之。铅归坤宫，汞归乾位，真土（真意）混合，含光默默（寂照）。火数盛（过）则燥，水铢多（过）则滥。火之燥，水之滥，不可以不调匀，故有斤两法度（把握圣度—河车搬运之程限规则）。

修炼至此（玄关窍开，元炁发动，调药至不老不嫩），泥丸风生，绛宫月明，丹田火炽，谷海波澄，夹脊如车轮，四肢如山石，毛窍如浴之方起，骨脉如睡之正酣，精神如夫妇之欢合，魂魄如母子之留恋，此乃真境界也，非譬喻也。

以（小周天）法度炼之，则聚而不散。以斤两（河车搬运程限规则）炼之，则结而愈坚。魂藏魄灭，精结神凝，一意冲和，肌肤爽透。随日随时，渐凝渐聚，无质生质，结成圣胎（太极真种之—真本来面目）。

夫一年十有二月，一月三十日，一日百刻。一月总计三千刻，十月总计三万刻。行住坐卧，绵绵若存。胎气既凝，婴儿显相，玄珠成象，太乙含真（真本来面目）。

三万刻之中，可以夺天上三万年之（炁）数。何也。一刻之工夫，自有一年之节候。所以三万刻，可以夺三万年之（炁）数也。故一年十二月，总有三万六千之（炁）数。虽愚昧小人（下德、精气亏损者）行之，立跻圣域。奈何百姓日用而不知，元精丧也，元气竭也，元神离也。是以三万刻，刻刻要调和（神炁混沌）。如有一刻差违（神驰炁散），则药材消耗，火候亏缺。故曰：毫发差殊不作丹。

是宜刻刻用事，用之不劳。真气凝结，元神广大。内则一年炼三万刻之丹，外则夺三万年之数。大则一日结一万三千五百息之胎，小则十二时行八万四千里之气。故曰夺天地一点之阳，采日月二轮之炁。

行真水于铅炉（下丹田），运真火于汞鼎（上丹田）。以铅见汞（浑一处），名曰华池。以汞入铅（浑一处），名曰神水。

不可执于无为（防落顽空），不可形于有作（原地打转），不可泥于存想，不可着于持守，不可枯坐灰心，不可盲修瞎炼。惟恐不识药材出处，又恐不知火候法度（不可老是囿于种种有为法所缚）。

要者，须知夫身中一窍，名曰玄牝（玄关一窍）。此窍者，非心非肾，非口鼻也，非脾胃也，非谷道也，非膀胱也，非丹田也，非泥丸也（非有固定处所之凡窍也）。能知此（玄牝、玄关）一窍，则冬至（阳生）在此矣，药物在此矣，火候亦在此矣，沐浴亦在此矣，结胎亦在此矣，脱胎亦在此矣。夫此玄牝一窍，亦无边傍，更无内外，乃神炁之根，虚无之谷，则在身中求之（静中一动下丹田狭义的肾之玄关开；虚中一觉广义的上丹田心之玄关萌），不可求于他（身外）也。此之（心肾、神炁合成）一窍，不可以私意揣度，是必心口传授（性功可自悟，命功须师传）。苟或不尔，皆妄为矣（紫阳真人："任君聪明过颜闵，未遇真师莫强猜"；华阳禅师："寻法觅师问正传，不得真诀难为仙"）。

今作此《金丹四百字》，包含造化之根基，贯穿阴阳之骨髓，使炼丹之士，寻流而知源，舍妄以从真，不至乎忘本逐末也。夫金丹于无中生有（静中一动元炁萌发；虚中一觉元神显现），（神炁混沌）养就婴儿，岂可泥像执文，而溺于旁蹊曲径？然金丹之生于无（虚极静笃中）也，又不可为顽空。当知此空，乃是真空（能生妙有者）；无中不无，乃真虚无。今讲此数语，当细味之。

金丹四百字

真土（中宫土釜—元神真意）擒真铅（真命元炁），真铅制真汞（铅能伏汞）（先命后性—以命实性，而真性命双修）。

铅汞归真土（神炁在中宫土釜内进行混沌），身心寂不动（神不妄驰，身不妄动）。

虚无生白雪（天上飘—性光光耀），寂静发黄芽（土内藏—元炁初凝）。

玉炉火温温，金鼎飞紫霞（灵丹妙药在炉鼎内沐浴、温养、壮大，紫气腾腾）。

华池莲花开，神水金波静（神凝、炁聚）。
夜深月正明，天地一轮镜（性珠圆明）。

朱砂炼阳气，水银烹金精。
金精与阳气，朱砂而水银（神入炁中，炁包神外，混沌圆融）。

日魂玉兔脂，月魄金乌髓。
擒来归鼎中，化作一泓水。（与上义同）

药物生玄窍（玄关开，妙药产），火候发阳炉（进行调药、采炼）。
龙虎交会罢（神气炁三家混沌为一），宝鼎产玄珠（太极真种子现）。

此窍非凡窍（玄关一窍乃神炁浑一、无中生有之虚窍、灵窍），乾坤（真阴真阳—元神元炁）共合成。
名为神炁穴（凝神入炁，神炁合融，形成窍穴），内有坎（坎中之满）离（离中之虚）精（先天精华）。

木汞（元神）一点红，金铅（元炁）四斤黑。
铅汞结成珠，耿耿紫金色（丹产珠圆—紫金丹）。

家园景物丽，风雨正春深（重建性命，超凡入圣）。
犁锄不费力，大地皆黄金（紫阳真人：“倘能够入静，金丹可坐而致也”；炼神还虚，心想事成）。

真铅生于坎（坎中之满—真阳元炁），其用在离宫（离中之虚—真阴元神——以神驭炁而结丹）。

以黑而变红，一鼎云气浓（神炁充分混融）。

真汞（元神—汞精）产于离，其用却在坎（元炁—铅精——先以铅伏汞）。

姹女过南园，手持玉橄榄（次以汞迎铅）（终铅汞浑一而丹成）。

震兑非东西，坎离不南北（不必拘泥于卦象）。

斗柄运（小）周天，要人会攒簇（五行——调药至不老不嫩，才能运炼小周天）。

火候不须时，冬至岂在子（须认活子时）。

及其沐浴法，卯酉时虚比（子午卯酉四个正时位，停息沐浴，进行神炁气混沌）。

乌肝与兔髓，擒来共一处。

一粒复一粒，从微而至着。（运炼一次小周天，产生一粒丹头，补足一点元炁以添油接命，一般人300—360头数足而返老还童，男性金龟缩首、马阴藏象；女性则斩断赤龙、常葆春颜；中、青年不须那么多粒数，老年人则需要更多一些，故其粒数视人而定）

混沌包虚空，虚空括三界。

及寻其根源，一粒黍米大（“一粒黍米光烨烨，三十三天咸统摄”）。

天地交（产生）真液，日月含真精（阴阳、天地、日月合一才名真；孤阴寡阳不得名真）。

会得坎离（中真阴真阳而筑就丹）基，三界归一身。

龙（元神）从东海来，虎（元炁）向西山起。

两兽战一场（神炁进行混融），化作天地髓（真阳之精）。

金花开汞叶，玉蒂长铅枝。

坎离不曾闲，乾坤今几时。（同上义）

沐浴防危险（无过之与不及，按河车搬运程限规则运炼），抽添（大周天抽铅添汞）自谨持（防止上、下鹊桥漏丹）。

都来三万刻，差失恐毫厘（子午卯酉四个正时，进行充分沐浴混沌为正功）。

夫妇（真阴真阳）交会时，洞房（玄窍）云雨作。

一载生个儿（身内生身——阳神、法身），个个会骑鹤（身外有身——千百亿化身）。

后　记

有关解读《道德经》方面的著作，真可谓汗牛充栋。有些学员、同修也常在一起议论：老子在《道德经》里面到底要表达什么？我们学道者应该怎样阅读、理解《道德经》？有感于此也想写一本普及文本，试图从做人、修道方面来理会《道德经》的精髓。为了不落入老生常谈的窠臼，也不是故意标奇立异，至少能令读者——修行人士，在做人、修道方面有所得益，于是就动笔写了这本书稿。几经斟酌，就成了这个样子。如果说本书有何特点的话，除了正文的解读以外，还配了诗颂与画赞，使读者阅读起来更轻松一些。

本书一直得到诸位朋友的关怀和帮助；还要感谢易学家韩毅院长、易经画家陈彦雄先生、实力派画家黄道强先生、罗鸿声先生提供的佳作；尤其要感谢格桑泽仁教授、贤徒唐琳女士、何意富先生的“神来之笔”，使本书得以锦上添花，在这里一并致谢！

2021.11

存诚子曾庆余于成都存诚斋

图书在版编目（CIP）数据

悟道：道德经身解 / 存诚子编著 . -- 北京：华龄出版社，2022.10

ISBN 978-7-5169-2397-9

Ⅰ . ①悟… Ⅱ . ①存… Ⅲ . ①道家②《道德经》—研究 Ⅳ . ① B223.15

中国版本图书馆 CIP 数据核字 (2022) 第 164830 号

责任编辑 郑雍		装帧设计 媛媛	
书　名	悟道：《道德经》身解	作　者	存诚子
出　版 发　行	华龄出版社 HUALING PRESS		
社　址	北京市东城区安定门外大街甲 57 号	邮　编	100011
发　行	(010) 58122255	传　真	(010) 84049572
承　印	固安兰星球彩色印刷有限公司		
版　次	2022 年 10 月第 1 版	印　次	2022 年 10 月第 1 次印刷
规　格	787mm × 1092mm	开　本	1/16
印　张	27	字　数	340 千字
书　号	ISBN 978-7-5169-2397-9		
定　价	89.00 元